D1475134

POÉTIQUES
DU QUINZIÈME SIÈCLE

Jean-Claude MUHLETHALER

PQ
198
M8
1983

POÉTIQUES

DU

QUINZIÈME SIÈCLE

Situation de
François VILLON et Michault TAILLEVENT

LIBRAIRIE A.-G. NIZET

PARIS

1983

CAT 306 - 410

I.S.B.N. 2-7078-1016-9

© Librairie A.-G. Nizet - Paris 1983

Je tiens à exprimer mes remerciements à tous ceux qui m'ont aidé dans mes recherches, surtout à M. Marc-René Jung, professeur à l'Université de Zurich, dont les conseils m'ont aidé à mener à bien la présente étude.

INTRODUCTION

> (...) est notandum quod difficile est ma-
> teriam communen et usitatam conve-
> nienter et bene tractare. Et quanto dif-
> ficilius, tanto laudabilius est bene trac-
> tare materiam talem, (...)
> (Geoffroi de Vinsauf)

Dans les manuels scolaires François Villon fait encore aujourd'hui figure de bloc erratique, ceci d'autant plus qu'il y est —
héritage de la conception romantique du poète maudit — considéré comme le premier auteur moderne (1). De Pierre Champion (2) à Robert Deschaux, l'éditeur des œuvres de Michault Taillevent, la critique n'a pourtant pas manqué de relever de nombreux
indices qui permettraient de rattacher Villon à la poésie de son
temps. Malheureusement la plupart des rapprochements opérés ne
tirent pas à conséquence : on s'est contenté de signaler les analo-
gies de brefs passages en faisant abstraction du contexte respectif.
Le procédé est d'autant plus sujet à caution que le même motif,
le même proverbe, le même élément structurel peut être appelé à
jouer un rôle qui varie d'une œuvre à l'autre. D'où la nécessité de
commencer par une lecture immanente du texte perçu comme
un système clos dont tous les éléments sont solidaires, de manière
à prendre conscience des liens qui unissent le détail à l'ensemble.
Seulement alors l'œuvre peut être envisagée comme un système
ouvert, susceptible de puiser, au 15ᵉ siècle, dans un large fonds
thématique et structurel hérité du moyen âge. Italo Siciliano a
jadis exploré la tradition des thèmes dont s'inspire le *Testament* (3). Les multiples rapprochements proposés par cette étude

---

(1) C'est l'image que proposent encore D. Boutet/A. Strubel, *La littérature française du moyen âge*. Paris, 1978.
(2) *Histoire poétique du 15ᵉ siècle*, vol. II/chap. consacré à Taillevent.
(3) *François Villon et les thèmes poétiques du moyen âge*, Paris, 1934.

ne sauraient pourtant nous satisfaire ; s'ils permettent d'évaluer quel devait être l'horizon d'attente du public de l'époque, ils n'indiquent pas si l'emploi d'un thème dans l'œuvre répond pleinement à cette attente. A l'unité apparente imposée par la tradition, correspond souvent la variation, la diversification, le jeu avec des éléments connus au niveau de la réalisation individuelle (4). Ce rapport à la fois d'observation et de transgression, de constance et de variabilité, a été relevé chez Villon dans la mesure où son œuvre s'inspire d'un modèle d'écriture fortement codifié : le testament. L'étude de A.J.A. van Zoest (5) sur la structure du *Lais* et du *Testament,* celle de V.R. Rossmann (6) sur les connotations qu'impliquait à l'époque le terme de « testament », se complètent heureusement. Rien de semblable n'a été tenté dans une perspective littéraire.

Les principaux recueils de la fin du 15e siècle qui nous ont conservé le *Testament* (B.N. fonds fr. 1661, Arsenal 3523, Stockholm V. u. 22), placent pourtant François Villon dans le sillage de maître Alain Chartier avec les poètes du cycle de la *Belle Dame sans Merci* et Michault Taillevent, auteur et joueur de farces au service de Philippe le Bon (7). Ce poète bourguignon a écrit, probablement en 1440, le *Passe Temps,* une suite de réflexions sur la fuite du temps, auxquelles font écho, vingt ans plus tard, les plaintes de Villon dans la première partie du *Testament.* Mais bien avant, en 1441, Pierre Chastellain avait répondu à Taillevent en rédigeant son *Temps Perdu* ou *Contre-Passetemps* comme l'intitule le manuscrit 1642 de la Bibliothèque Nationale à Paris ; en 1451-1452 il complète ce poème par le *Temps Recouvert* qui reprend les mêmes thèmes. Mais dans le but d'expliquer les parallélismes et les différences qui à la fois apparentent et distinguent le *Passe Temps* et le *Testament*, il n'a pas été possible de nous limiter à la production littéraire des générations qui séparent Alain Chartier de François Villon. Amenés à faire une étude de poétique (8),

---

(4) C'est ce que constate aussi une étude thématique récente : Ch. Martineau-Génieys, *Le Thème de la mort dans la poésie française de 1450 à 1550,* Paris, 1978.

(5) *Structures de deux testaments fictionnels,* Paris/La Haye, 1974.

(6) *François Villon et les concepts médiévaux du testament,* Paris, 1976.

(7) Voir aussi D. Poirion, « L'Enfance d'un poète : François Villon et son personnage », ds. *Mélanges... J. Lods,* Paris, 1978, vol. I/p. 517. La fortune littéraire de Michault Taillevent a même souffert du renom d'Alain Chartier, puisqu'encore en 1617, Duchesne, éditant les *Œuvres complètes* de Chartier à partir des manuscrits qu'il avait à disposition, lui attribue le *Régime de Fortune.*

(8) Dans ce travail le terme « poétique » désignera d'abord le procédé

force nous a été de combiner les perspectives diachronique et synchronique (9). La première découvre la présence de types d'écriture (10) qu'exploitent Villon et Taillevent, et dont les origines remontent au 13ᵉ siècle. La deuxième les situe soit par rapport aux foyers de création artistique que représentent les cours, la ville, le Palais (la Basoche), le monde des tréteaux et des foires, soit par rapport aux courants littéraires les plus importants de l'époque. Les relations intertextuelles invitent à tenir compte surtout du théâtre profane, des rhétoriqueurs et de l'humanisme naissant. A cheval entre le moyen âge et la Renaissance la deuxième moitié du 15ᵉ siècle est considérée comme une période de transition où se manifestent déjà les signes avant-coureurs d'un nouvel esprit. Il est impossible de situer Villon sans poser la question : Villon est-il pré-renaissant ?

La littérature du 15ᵉ siècle, système de relations complexes, exigeait une approche combinant différents points de vue, afin que les résultats obtenus dans un domaine des recherches puissent être confirmés ou, si nécessaire, corrigés à l'aide de ceux obtenus dans un autre. La deuxième partie de cette étude (chapitres 3 et 4) est essentiellement consacrée aux problèmes de l'organisation du discours poétique. Les structures qui permettent de mieux décrire le *Passe Temps* et le *Testament* apparaissent déjà dans les *Congés* d'Arras et dans les *Vers de la Mort* de Hélinand ; structure-base concédant une marge de liberté à l'auteur, nous en rele-

---

critique qui consiste à élaborer des critères permettant de saisir à la fois l'unité et la variété des œuvres littéraires, ensuite le choix opéré par l'auteur parmi les différentes possibilités de s'exprimer. Dans ce sens nous parlerons de la poétique de Villon, de Taillevent, etc.

(9) La démarche adoptée s'apparente à celle préconisée, dès 1927, par J. Tynianov, représentant du formalisme russe, dans un article intitulé « De l'évolution littéraire » (ds. *Théorie de la littérature*, p.p. T. Todorov, Paris, 1965, p. 120-137) : le critique nous met en garde contre les insuffisances d'une lecture purement immanente et nous invite à tenir compte des corrélations de l'œuvre avec ce qu'il appelle le « système littéraire », système qui se trouve en évolution permanente. A la suite de médiévistes comme H.R. Jauss (*Literaturgeschichte als Provokation der Literaturwissenschaft*), P. Zumthor (*Essai de poétique médiévale*), conscients du poids de la tradition au moyen âge, nous accorderons plus d'importance aux séries diachroniques que ne le faisait J. Tynianov.

(10) Le « type d'écriture » existe d'abord au niveau de la conscience du critique ayant découvert des phénomènes récurrents, et cela même chez des auteurs qu'à prime abord on ne serait pas tenté de rapprocher. Si de tels phénomènes conditionnent l'organisation du discours poétique, il devient possible de décrire une façon de s'exprimer parfois commune à plusieurs domaines de la création littéraire. La notion de « type d'écriture » est plus

vons les traces dans les dits à dominante lyrique (11) du 13ᵉ au 14ᵉ siècle. A travers la comparaison de différentes réalisations d'un même type d'écriture se dessine peu à peu la limite séparant l'exploitation d'une marge de liberté et la transgression d'un horizon d'attente créé par l'emploi récurrent des mêmes principes structuraux. Un jeu analogue entre observation et transformation se découvre quand on aborde le problème du moi du poète, autre aspect de la structuration du discours. Depuis Rutebeuf, depuis les *Congés* l'espace du texte s'organise autour de la figure centrale du « je » qui se définit par rapport à un monde extérieur — personnes, forces de la nature, personnifications — auquel il est confronté. Ce système virtuellement ouvert permet l'intégration d'effets de réel dans le texte, l'ensemble prend l'aspect du bilan d'une vie, l'étiquette de « poésie personnelle » appliquée à Villon, Taillevent, Pierre Chastellain semble justifiée. Cette idée d'une confession devra être également examinée au niveau du détail, ce qui présuppose l'analyse de motifs isolés, de lieux communs en vue de comprendre jusqu'où va la sincérité et où s'arrête la convention. Reflet d'une attitude d'enseignement qu'assume fréquemment le poète au 15ᵉ siècle, les manifestations d'une intention didactique, la volonté de conférer une portée générale au message ne sauraient être, dans ce contexte, négligées. Ainsi s'explique en partie la position privilégiée qu'occupe le proverbe dans la création poétique ; mais, entre le recours au discours sapientiel en tant qu'autorité et son emploi à des fins rhétoriques, le 15ᵉ siècle oscille. Profondément dépendant du contexte dans lequel il est inséré, le proverbe en arrive même à être corrodé par l'ironie ; ces différents emplois reflètent les attitudes possibles pour un auteur devant le matériau poétique que lui offre la tradition. Il est aussi un indice de l'attitude envers la langue en général, instrument dont l'écrivain se sert pour formuler son message. Le poète et la parole — c'est à ce problème de poétique que nous consacrerons la première partie de l'étude, destinée à mettre en évidence les attitudes principales du 15ᵉ siècle, de manière à comprendre ensuite les raisons à la fois du choix d'un type d'écriture et, le cas échéant, des transformations que lui fait subir un auteur.

---

large que celle de « genre » où s'impose une délimitation plus rigide, une codification plus poussée et, souvent, un point de vue normatif.

(11) Pour la définition de ce terme voir P. Zumthor, *Essai de poétique médiévale,* p. 405-06.

CHAPITRE PREMIER

LE POETE ET LA PAROLE

Paul Valéry était convaincu de la différence profonde qui sépare l'emploi quotidien de la langue à des fins essentiellement utilitaires de celui qu'en fait l'écrivain en vue de créer un système d'expression personnel (1). Sous différentes formes cette pensée ne cesse de réapparaître tout au long de notre siècle : Paul Claudel, Roger Caillois, Pierre Emmanuel ont exprimé leur méfiance vis-à-vis des mots usés et désormais vides de sens. Alain, René Char, Yves Bonnefoy — parmi d'autres — ont plutôt mis l'accent sur la difficulté d'un processus créateur qui exige une conscience aiguë à la fois des pièges et des possibilités de la langue. En termes saussuriens on pourrait dire que le poète, aujourd'hui, voit son travail comme un combat contre l'arbitraire du signe. Depuis la publication du *Cours de linguistique* en 1915, linguistes et critiques ont abordé, eux aussi, ce problème : qu'est-ce qui fait d'un message verbal une œuvre d'art ? En 1960 Roman Jakobson définit la « fonction poétique » comme l'accent mis sur le message lui-même (2) ; en 1966 Jean Cohen croit pouvoir expliquer la spécificité du langage poétique par la notion de l'« écart » (3). Les critiques rejoignent les poètes : il ne leur semble pas possible d'atteindre à l'art sans un emploi conscient du matériau linguistique.

---

(1) P. Valéry, « Questions de poésie », ds. *Œuvres*, vol. I, p. 1280-94.
(2) « Linguistique et poétique », ds. *Essais de linguistique générale*, p. 218-222.
(3) *Structure du langage poétique*, p. 12-14. Voir, sur la fortune de la notion de l'« écart » au 20e siècle, l'article de G. Genette, « Langage poétique, poétique du langage », ds. *Figures II*, p. 123-153. Genette y postule également la non-pertinence de ce critère pour définir le langage poétique. Nous ajouterons, pour notre part, que l'idée d'un écart par rapport à une norme (quelle qu'elle soit) ne saurait nous servir d'instrument de travail, puisque nous nous limiterons à comparer un texte poétique avec un autre texte poétique.

Ces affirmations répétées ont marqué de leur sceau notre sensibilité de lecteur. Nous abordons les textes littéraires d'époques révolues — et pré-linguistiques ! — avec un horizon d'attente et un intérêt bien définis : il s'agit d'y découvrir les traces d'une même conscience critique vis-à-vis de la langue. Le 15ᵉ siècle offre un riche éventail de réflexions sur la valeur de la parole humaine, les poètes oscillant entre deux positions extrêmes : la confiance et le doute. Mais, largement tributaires du contexte et souvent de la tradition, les critiques des abus de la langue ne portent pas nécessairement à un doute généralisé ; la parole du poète, son message, ne doivent pas être mis en cause, comme par exemple dans le Nouveau Roman où une méfiance réciproque domine le rapport entre auteur, œuvre et lecteur (4). Le médiéviste, lui, évitera des rapprochements faciles et (trop) suggestifs entre le 15ᵉ et le 20ᵉ siècle, en vue de conférer une actualité majeure à la fin du moyen âge. Notre devoir est de poser le problème dans sa dimension historique : l'actualité d'un message ne correspond en effet qu'exceptionnellement aux valeurs qu'y découvraient les contemporains.

1.1. *Situation de Michault Taillevent*
1.1.1. La louange et la gloire

Poète courtisan, Michault Taillevent trouve sa place dans une longue tradition conduisant de la Renaissance du 12ᵉ siècle à la littérature qui, au 15ᵉ, fleurit à la cour ducale de Bourgogne. Il met sa plume au service du prince et affirme clairement sa confiance en la parole orale comme écrite :

Revivre c'est, a mon entente,
Quant on tient de leurs fais parolles
Soit en pavillon ou en tente
Ou soit par livres ou par rolles.
(STO, v. 369-72)

L'art entier (5) concourt à perpétuer la mémoire des héros ; mais, poète, Taillevent s'en remet à dame Rhétorique, Caliope et Jubal, inventeur de la musique (6) ; c'est à eux de soutenir Bonne

---

(4) Voir. N. Sarraute, *L'Ere du soupçon*, p. 71-86.
(5) Taillevent mentionne les tapisseries (STO, v. 185-92) et les « salles painturees » (Res, v. 134).
(6) C'est la définition qu'en donne Jacques Legrand dans l'*Archiloge So-*

Renommée dans sa lutte contre Mort et Fortune (Lux, v. 597-602). Le même but est poursuivi par la poésie encomiastique et les « chroniques » et l' « hystoire » (7) qu'on lit encore après des siècles (Lux, v. 237-44 et STO, v. 633-40). Et Taillevent de rappeler les vicissitudes de Troie, Athènes et Rome. Tributaires d'un important héritage culturel, ces références mélangent histoire et littérature : le *Roman de Troie* et le *Roman de Thèbes* étaient à l'honneur dans les bibliothèques des ducs de Bourgogne (8). A l'instar d'autres auteurs Taillevent cite indifféremment les noms de personnages historiques et de héros sortis de la littérature (9) dans l'intention évidente de conférer une certaine dignité au texte (10) :

— Philippe de Bourgogne n'aurait jamais fondé l'Ordre de la Toison d'Or, s'il n'y avait été incité par ses lectures (STO, v. 537-540 ; 705-10) ; les héros que l'écriture a arrachés à l'oubli, servent d'exemple au prince qui sera à son tour un modèle pour les générations à venir. Le texte assume une valeur profondément didactique où s'affirme déjà l'idéal du « praeceptor principis » que proclameront les grands rhétoriqueurs. Le didactisme est une constante des différents temples d'honneur de Froissart à Jean Bouchet qui, lui aussi, veut « induire aucils ieunes hommes du temps présent (...) a y prendre exemple » (11). Le même langage se retrouve dans les épitaphes et sous la plume des chroniqueurs. Dans la préface à leurs chroniques Froissart, Molinet et l'auteur du *Livre des Faits du bon Chevalier Messire Jacques de Lalaing* mettent en évidence la valeur éducative de leur œuvre. L'intention didactique est une constante des épitaphes et des complaintes, de Jehan de La Mote qui pleure Guillaume 1ᵉʳ de Hainaut en 1339 à Jean Lemaire des Belges [(*Plainte du Désiré* (12)]. Au 15ᵉ siècle George Chastelain (*Epitaphe de Messire Pierre de Brézé*), Jean Molinet (*Le Trosne d'Honneur*) présentent le défunt

---

phie, ms. B.N. fonds fr. 24'232/fo. 5vo.

(7) Pour les différences entre la poésie encomiastique et les chroniques, voir F. Joukovsky-Micha, *La Gloire dans la poésie française et néolatine du 16ᵉ siècle*, p. 19 ; la première est censée faire naître l'enthousiasme, la seconde de relater les faits. Cette étude approfondie sur le thème de la gloire nous permettra de nous limiter avant tout au rapport gloire-écriture.

(8) G. Doutrepont, *La Littérature française à la cour des ducs de Bourgogne*, p. 132-33/135/171/485-86.

(9) Voir D. Poirion, *Le Poète et le prince*, p. 105.

(10) Pour Brunet Latin, *Li Livres dou Tresor*, chap. III/3, proverbes, similitudes et exemples font partie de l'ornatus.

(11) *Temple de Bonne Renommée*, Paris, s.d., fo.*ii/vo.

(12) Voir C. Thiry, *La plainte funèbre*, p. 34-35/66-74.

comme un modèle à suivre ; dame Clemence, dans les *Epitaphes
de Charles VII de France* de Simon Greban, glorifie le roi de la
manière suivante :

> Cy gist le roy piteux et debonnaire,
> De clemence le *parfait exemplaire,*
> (v. 681-682)

Souvent les poètes recourent au même langage pour pleurer la mort
d'une dame (13) : Jean Regnier présente Anne de Chauvigny
comme « exemple de noblesse » (14), et Amé de Montgesoie se
demande après la disparition d'Isabelle de Bourbon en 1465 :

> Ou prendrons nous exemple desormais
> D'humilité ne de vertueux fais,
> Puisque cassee est du miroir la glace
> Ou, en mirant, les nobles imparfais
> Devenoient valeureux et parfais, (15)

Le même décès inspire à un autre poète, Pierre Michault, deux
complaintes (16) qui se présentent comme des illustrations d'une
« ars moriendi » où l'auteur concède une place importante aux
louanges des vertus de la comtesse. A la fois moraliste, éducateur
et panégyriste le poète se découvre à la cour une tâche d'importance.

— Dans le *Songe de la Thoison d'Or* Taillevent a recours au
symbolisme des chiffres pour mettre en évidence le degré de perfection nécessaire à qui désire accéder à la gloire : Bonne Renommée
est accompagnée de dix personnifications (ht. XXIX), chiffre de
la perfection et de l'achèvement. Plus tard il lui faut gravir six
marches (ht. XXXI), chiffre de la perfection terrestre (17). Dans
le *Temple d'Onnour* Froissart s'était déjà servi d'un procédé
comparable pour présenter les noces exemplaires entre Désir, fils

---

(13) C. Thiry, *La plainte funèbre,* p. 41-42, explique l'apparition de la
femme dans les épitaphes par l'importance croissante que celle-ci a au
15e siècle dans sa fonction d'état. La glorification de la princesse manque
dans le *Lai sur la Mort de Catherine de France* (1446) de Taillevent ; morte
à l'âge de dix-sept ans elle est pour le poète une preuve de la puissance
néfaste de la Mort.

(14) « La Complaincte de la Mort d'Anne de Chauvigny (1457) » ds.
Les Fortunes et Adversitez, p. 181.

(15) *Medium Aevum* 2 (1933) 25.

(16) Publiées dans *La Danse aux Aveugles et autres Poésies du 15e Siècle,*
A.J. Panckoucke, Lille, 1748.

(17) Voir V.F. Hopper, *Medieval Number Symbolism,* p. 34/179 : 10
contient tous les chiffres, donc toutes les choses. 6 (= 1+2+3) est le premier nombre parfait selon les pythagoriciens. Le sixième âge est l'âge de
la perfection terrestre que beaucoup de contemporains de Dante attendent
encore.

d'Honneur, et Plaisance, fille de Courtoisie. Devant l'autel est placé un trône surélevé auquel conduisent sept marches que le marié doit gravir ; sur chacune d'elles est posté un personnage, symbole des vertus nécessaires pour s'élever au trône d'Honneur. La mariée a également devant elle sept marches où l'attendent sept dames personnifiant les qualités qui conduisent à la perfection requise. En plus Froissart énumère différents héros à valeur exemplaire ; le texte acquiert ainsi une profondeur (temporelle) qui, liée au symbolisme des chiffres et à l'emploi de la personnification, annonce le double idéal de totalité et d'« ornatus » que poursuivront les rhétoriqueurs dans la deuxième moitié du 15ᵉ siècle. Ils l'exprimeront de façon plus complexe, au point d'y soumettre parfois la structure même du texte.

Le *Temple de Boccace* illustre bien cette esthétique qui semble s'imposer autour de 1460. George Chastelain place dans la bouche de Boccace des paroles consolatrices que confirment des exemples de patience choisis parmi les anciens et parmi les modernes ; dans le cimetière sont enterrés des morts provenant de tous les pays et de toutes les époques. L'architecture circulaire de ce cimetière et du temple placé à son centre exprime une structure parfaite à l'image du macrocosme (18). La volonté d'embrasser la création entière se retrouve, simplifiée, dans la complainte sur la mort de Philippe de Bourgogne (1467) attribuée au même auteur ; il rappelle que depuis Adam l'homme est condamné à mourir, fait intervenir tour à tour le ciel, la terre, les hommes et les anges dans une *complainte universelle* (19). Il ne se contente pas, comme l'ont par exemple fait Deschamps, Taillevent et Regnier, et comme le fera encore Molinet dans certaines brèves complaintes, de s'adresser à la seule cour ou à ceux que le décès du prince touche d'une manière quelconque. La deuxième moitié du 15ᵉ siècle exploitera de différentes manières la « brèche » ouverte par George Chastelain. Dans les *Epitaphes de Charles VII de France* (1461) de Simon Greban apparaissent tour à tour les bergers, Noblesse et Eglise, la tripartition du poème reflétant la

---

(18) L'école des Vertus dans le *Doctrinal du Temps Présent* de Pierre Michault présente la même structure circulaire.

(19) C'est un procédé familier aux mystères (terme par lequel l'auteur désigne d'ailleurs sa complainte) ; ainsi le *Mystère de la Passion* d'Arnoul Greban entend intégrer l'univers tout entier à l'œuvre dramatique :
si verrez, en briefve sentence,
le fait de la creacion
et la noble plasmacion
du ciel, terre, anges et humains (v. 6-9).

tripartition (traditionnelle) de la société (20). Cette solution permet à l'auteur de renforcer la théâtralité de l'ensemble: la mise en scène (au niveau narratif) chez Froissart et Taillevent annonçait déjà cette possibilité. Dans l'œuvre de Chastelain la théâtralité devient un élément-clé de sa poétique; l'omniprésence du mot « mystère » en dehors des pièces de théâtre en est un indice, ainsi dans le *Temple de Boccace*.

D'autres procédés servent également à conférer plus de poids aux plaintes des poètes dans ces années soixante. Simon Greban confère une profondeur (temporelle) aux *Epitaphes de Charles VII* en rappelant les deuils les plus célèbres du passé (v. 581-600). Dans la *Complainte faicte par Maistre Simon Greban de la Mort de Maistre Jacques Millet* (1466) il cède la parole à Caliope, à dame Rhétorique et, nouveauté dans le domaine de la complainte funèbre, fait défiler les orateurs du temps passé (21). Même idée chez Guillaume Cretin (22) qui écoute les plaintes des muses, de Caliope et de Musique, et finit par appeler à son aide à la fois les auteurs anciens et modernes pour inciter le peuple à pleurer. Une telle importance de l'art dans les complaintes n'apparaît guère avant la fin du 15ᵉ siècle ; cette tendance s'annonce chez un Greban, se renforce chez un Robertet (23) et triomphe dans la *Plainte du Désiré* de Jean Lemaire des Belges où l'on assiste au concours des différents arts. Paincture prend la parole, et Rhétorique appelle à son aide rhétoriqueurs et musiciens, de sorte que la plainte même s'efface au profit de réflexions sur la nature de l'art (24).

Les invocations à Caliope et aux muses, les appels aux bons facteurs, la mise en scène de dame Rhétorique sont autant de

---

(20) Dans les *Vigiles de Charles VII* (1477-1483) de Martial d'Auvergne la distinction des groupes sociaux est plus poussée : il parle également des marchands, des clercs et des dames.

(21) On remarquera qu'à l'exception de Jean de Meung, de Guillaume de Lorris et d'Alain Chartier, l'auteur ne mentionne aucun poète français ou bourguignon : les modernes sont absents de ce défilé en l'honneur de Jacques Millet, c'est la présence des anciens (onze en tout) qui témoigne de la valeur du poète défunt, assimilé, dans cette apothéose, aux « auctoritates » les plus célèbres.

(22) « Deploration sur le Trespas de feu Okergan », ds. *Œuvres poétiques,* p. 60ss.

(23) « Complaincte de la Mort de Maistre George Chastellain », ds. *Œuvres,* p. 159ss.

(24) Phénomène comparable dans le *Temple de Bonne Renommée* de Jean Bouchet ; la déploration se réduit à un cadre qui permet à l'auteur d'aborder différents thèmes, dont l'art.

signes de l'importance accordée par les rhétoriqueurs à l'élaboration formelle du texte, à l' « ornatus » :

Tant quobliez sont les larmes et les crys
Des ducz et des roys/silz ne sont par escrips
Graves en tumbe ou plaisante cronicque
Bien atournee de fleurs de rethoricque (25)

F. Joukovsky-Micha décèle déjà dans le *Songe de la Thoison d'Or* la volonté de hausser le style au niveau de la matière, lorsqu'elle parle du caractère bruyant de la gloire chez Taillevent (26). Mais cette expérience reste fort limitée par rapport à ce que tenteront de réaliser des poètes plus tardifs, notamment Molinet dans son *Trosne d'Honneur* (1467). Comme Taillevent il a recours au procédé traditionnel de la vision ; mais au moment où Noblesse prend la parole, le discours s'enrichit d'accumulations, de répétitions, de la recherche d'effets sonores et de l'invocation de figures mythologiques (27). S'y ajoutent l'emploi de proverbes (28) et le jeu avec le nom « Philippus » ; à chaque lettre correspond une vertu, et cette glorification du duc de Bourgogne se double d'un passage de la terre au ciel — nouvel exemple de déploration universelle et, en même temps, témoignage de la confiance qu'ont les rhétoriqueurs dans les ressources de la langue.

1.1.2. *Une poétique de la confiance*

Les rhétoriqueurs chantent beaucoup plus souvent la gloire du mécène ou du guerrier qu'ils n'expriment la conviction que le poète peut survivre grâce à ses écrits (29). Cette idée n'apparaît que sporadiquement avant 1463 (30) — année présumée des *Douze Dames de Rhétorique* (31) —, devient plus fréquente par

---

(25) *Jardin de Plaisance,* vol. I/fol. 227vo : le texte est attribué à André de La Vigne (voir vol. II/p. 300).

(26) *La gloire dans la poésie française* (...), p. 132-34.

(27) Sur la mythologie mise au service de la rhétorique et de l'universalité de la déploration, voir F. Joukovsky-Micha, « La mythologie dans les poèmes de Jean Molinet », *Romance Philology* 21 (1967) 298-300.

(28) Sur le proverbe comme ornement rhétorique voir le chap. 2.1.1.

(29) F. Joukovsky-Micha, *La gloire dans la poésie française* (...), p. 168.

(30) Par exemple la fin du *Dit dou Florin* de Froissart, les ballades de Deschamps en l'honneur de Machaut, la complainte du livre à la fin du *Champion des Dames* de Martin Le Franc.

(31) Il ne s'agit pas d'indiquer la date précise de l'avènement d'une nou-

la suite, alors que les signes d'une conscience de la *dignité de la poésie* se multiplient. On écrit des épitaphes et des complaintes en l'honneur d'artistes défunts (32), on échange des épîtres souvent accompagnées d'éloges hyperboliques au destinataire. A la place d'une traditionnelle formule d'humilité qui consistait à demander au public de lire l'œuvre avec indulgence ou, si nécessaire, de la corriger, Regnaud Le Queux place au début de son *Barâtre Infernal* une requête adressée à un autre poète, Jean Meschinot, l'invitant à revoir le tout. Il adopte ainsi un procédé connu dans les cercles humanistes parisiens autour de Robert Gaguin qui écrit à Martin de Delft :

Utcunque tamen de meis carminibus judicium facies,
censuram tuam et eruditorum omnium subire non vere-
[bor ; (33)

Dans son *Abbrégé de l'Art poétique français* Ronsard invitera les jeunes poètes à faire corriger leurs œuvres par des collègues reconnus avant de les présenter au public. Cette attitude de mutuelle estime se reflète dans les différentes listes des bons facteurs, de Simon Greban à la *Louange et Excellence des bons Facteurs qui ont composé en Rime tant deça que dela les Montz* (1533) de Pierre Grosnet (34) ; son énumération commence avec Alain Chartier et entend consacrer le triomphe des poètes du 15ᵉ et du premier tiers du 16ᵉ siècle. Jean Lemaire des Belges (*Le Temple d'Honneur et de Vertus*) et Jean Bouchet (*Le Temple de Bonne Renommée*), défendant la supériorité de la poésie actuelle, avaient déjà proposé de telles listes, plus brèves il est vrai, mais visant aussi à l'apothéose des modernes. Lorsque dame Rhétorique fait appel, dans la *Plainte du Désiré,* aux différents orateurs, les anciens sont nettement minoritaires. Cette conscience de la valeur de la poésie moderne transparaît aussi dans l'*Art de Réthorique* de

---

velle esthétique, d'ailleurs tributaire de différentes traditions médiévales. Les *Douze Dames* représentent simplement le premier texte où s'articulent dans leur complexité les idéaux qui s'imposeront chez les rhétoriqueurs.

(32) En France le premier véritable tombeau littéraire consacré à un poète est la *Complaincte (...) de la Mort de Maistre Jacques Millet* (ms. B.N. fonds fr. 1716) de Simon Greban. Voir M.-R. Jung, « Jacques Milet et son Epître épilogative », *Travaux de Linguistique et de Littérature* 16 (1978) 241.

(33) *Épistole et Orationes,* lettre n° 64, p. 380 : voir aussi la lettre n° 49.

(34) Publié ds. Roger de Collerye, *Roger de Collerye et ses Poésies dolentes, grivoises et satiriques,* Paris, 1942. Comme l'indique le titre de l'opuscule de Pierre Grosnet, l'auteur mentionne aussi les poètes italiens : à la suite de Jean Lemaire et Jean Bouchet il cite Dante, Pétrarque et Boccace auxquels il ajoute Serafino Aquilano — déjà rappelé par Jean Lemaire dans la *Concorde des deux Langages* en compagnie de Gian Mario Filelfo.

Jean Molinet : dans l'introduction il souligne la modernité de
certaines formes qu'il entend présenter, promettant à son destinataire qu'il y trouvera « patrons, exemples, couleurs et figures de
tailles modernes qui sont maintenant en usage » (35). Par rapport aux arts de rhétorique antérieurs ceci représente une innova-
tion ; en plus Molinet propose à plusieurs reprises ses propres
œuvres en tant que modèles (36). A la conscience de la propre
valeur s'ajoute chez lui une autre conviction : la langue française
évolue dans le temps et, sous la plume des poètes, s'améliore :

> (...) car puis le temps que le Romant fut premier
> compilé, nostre langaige est fort agency, fort mignon et
> [renouvelé. (37)

Cette historicité fera son chemin au 16ᵉ siècle (38), au point
que Peletier du Mans et Ronsard conseilleront de se servir d'anciens mots français comme ornement poétique. Les expériences
des rhétoriqueurs montrent que cette évolution a commencé bien
plus tôt : déjà au 15ᵉ siècle Regnaud Le Queux anticipe dans son
Instructif de la seconde Rhétorique la mise en garde de Ronsard
de ne pas abuser de latinismes en vue d'enrichir la langue française.

A cette conviction d'une amélioration correspondent, dans les
milieux humanistes, les déclarations d'un Fichet et d'un Gaguin
qui exaltent la renaissance des études classiques. En latin comme
en français plusieurs textes défendent la dignité de la poésie.
Certes, tout au long du moyen âge on a tour à tour dénigré et
défendu la poésie, mais les cercles humanistes au début du 15ᵉ
siècle semblent ressentir le problème de façon aiguë (39). Dans sa
lettre *Auffugiente michi* (40) Jean de Montreuil oppose aux
condamnations d'un Boèce ou d'un Saint Jérôme le célèbre passage du 14ᵉ livre de la *Genealogia Deorum Gentilium* de Boccace.
Avant que Jean Miélot n'en traduise deux chapitres en français
(1471 ?), Nicolas de Gonesse écrit une défense de la poésie dont

---

(35) *Recueil d'Arts de seconde Rhétorique,* p. 215.
(36) Dans son *Art et Science de Rhétorique* (publié par Vérard en 1493),
Henri de Croy présentera Jean Molinet comme inventeur de nouvelles
formes, notamment de la « rhetorique batellée » (fo. 9vo).
(37) Cité d'après N. Dupire, *Jean Molinet, la vie — les œuvres,* p. 96.
Molinet manifeste cette prise de conscience au moment où il entreprend de
rajeunir le *Roman de la Rose.* Pour l'importance de tels remaniements à la
cour de Bourgogne, on se référera à l'étude de G. Doutrepont.
(38) Voir Y. Giraud/M.-R. Jung, *La Renaissance I,* p. 35-38. Certains
auteurs sont conscients des *dangers* que cachent l'évolution et la modification de la langue : nous en parlerons en relation avec Villon.
(39) Voir G. Di Stefano, « Il Trecento », ds. *Il Boccacio nella cultura
francese,* p. 17-20.
(40) *Opera I : Epistolario,* lettre n° 102.

les arguments rappellent de près ceux de l'auteur italien (41). Regnaud Le Queux invoque à son tour l'autorité de Boccace, lorsqu'il défend les fictions poétiques contre les ignares incapables de les comprendre (42) ; mais il est en cela, comme l'auteur de la *Bible des Poètes,* l'héritier d'une longue tradition médiévale qui remonte à la Bible (43). Au début du 15ᵉ siècle Alain Chartier avait attaqué les courtisans qui se font gloire de leur ignorance dans son *Traité de l'Espérance* où il parlait de la poésie comme *savoir.* Peu avant lui Eustache Deschamps avait rapproché science et poésie dans son *Art de Dictier,* une idée qui sera monnaie courante à la fin du moyen âge (44). Pierre Chastellain la reprendra vers le milieu du 15ᵉ siècle, déclarant dans son *Temps Recouvré* qu'il parle « par similitude » à ceux qui ont entendement. Il reprend une image biblique pour l'appliquer à son œuvre : la vigne dont le vin est la quintessence symbolise la portée morale que l'auteur entend conférer au poème (45). Mais c'est dans l'*Archiloge Sophie* de Jacques Legrand que la synthèse de savoir et poésie est proposée le plus explicitement comme idéal. Sophie, c'est Sapience (46) : la poétrie, affirme l'auteur en avançant l'autorité de Boèce (47), est une de ses « chamberieres ». Des formulations

---

(41) Voir G. Mombello, « Per la fortuna del Boccaccio in Francia. Jean Miélot traduttore di due capitoli della " Genealogia " », ds. *Studi sul Boccaccio,* vol. I/p. 415-44 ; G. Di Stefano, « Ricerche su Nicolas de Gonesse », *Studi Francesi* 26 (1965) 201-21.

(42) *Barâtre Infernal,* ms. B.N. fonds fr. 450/fo. 3ro.

(43) Dans la préface au *De Arte Metrificandi* Gaguin se réfère explicitement à une tradition chrétienne. Voir à ce sujet A.P. Saccaro, *Französischer Humanismus des 14. und 15. Jahrhunderts,* p. 137-38. Sur la dignité de la poésie chez les rhétoriqueurs et leurs liens avec les humanistes, voir P. Zumthor, *Le masque et la lumière,* p. 102-103.

(44) On la rencontre tout au long du moyen âge. Rappelons, dans le domaine de la poésie lyrique, que les *Leys d'Amors* parlent du « sabers de trobar » des anciens troubadours. Dans son *Prologue,* véritable art poétique, Guillaume de Machaut est visité par les trois enfants de Nature : *Scens,* Retorique et Musique. La conception du « poeta philosophus » implique également la combinaison de poésie et savoir, synthèse que Jean de Montreuil admire dans l'œuvre de Virgile (*Opera I : Epistolario,* lettre n° 112) ; même attitude de Boccace (*Genealogie Deorum Gentilium,* livre XIV/ chap. 10) vis-à-vis de Dante et de Pétrarque, « lacte Musarum educatos et in laribus phylosophie versatos », comparés en cela à Virgile.

(45) Ms. B.N. nouv. acq. fr. 6217/fo. 35ro-38ro. L'image de la vigne se trouve dans l'Eccl. XXV/16. C'est l'emploi constant de telles métaphores qui rend difficile la lecture du *Temps Recouvré.*

(46) Pour la connotation religieuse de « sophie » au moyen âge, voir W. Rath, *Der Anticlaudianus,* p. 44-46 et O. Petit-Morphy, *Villon et la scholastique,* p. 185.

(47) Ms. B.N. fonds fr. 24'232/fo. 64ro.

comparables se rencontrent chez les humanistes Clamanges et Montreuil (48), Christine de Pisan fait à son tour écho : elle est « ancelle de sapience », la sibylle la conduit à la fontaine de Sapience (49). Son œuvre marquée par l'érudition semble vouloir embrasser l'univers tout entier, un idéal de totalité qui n'est pas étranger à la poétique des grands rhétoriqueurs. Dame Science est la première des *Douze Dames de Rhétorique ;* dans son *Petit Traictié soubz obscure Poetrie* Jean Molinet invoque Apollon, dieu de lumière et de sapience (50), invitant le public à lever le voile de la fiction. Octovien de Saint-Gelais rencontre les philosophes et les poètes « abreuvez du fleuve de sophie » dans un « locus amoenus » qui n'est pas sans rappeler les vergers fertiles où s'endorment tant de poètes au 15ᵉ siècle (51). Regnaud Le Queux s'en remet à Apollon, Sophie et Minerve ; Pierre Fabri considère que l'art de l'éloquence ne saurait se passer de la sapience et de la science (52). Le chemin est ainsi préparé à l'idéal de la poésie-vertu, tel qu'il se définit chez Ronsard (53) : d'ori-

---

(48) Voir A.P. Saccaro, *Französischer Humanismus* (...), p. 59-60/84.

(49) *Le Livre de long Estude,* p. 34 ; *Œuvres poétiques,* vol. II/p. 30.

(50) *Faictz et Dictz,* p. 707 : on trouve la même définition d'Apollon dans les « Règles de seconde Rhétorique » (*Recueil d'arts de seconde rhétorique,* p.p. E. Langlois, p. 44) et dans le chapitre que l'auteur du *Commentaire aux Echecs amoureux* consacre à Apollon et aux muses :

> (...) qu'il (= Apollon) extermine toute obscurté par sa lumiere, et qu'il monstre et declare la verité des choses occultes. Pour les choses dessus dites peult il bien estre que le soleil fut anciennement appellé dieu de sapience et de divinacion. (Ms. B.N. fonds fr. 24'295/ fo. 37ro)

La neuvième muse est prononciation, car, remarque l'auteur, « on doit descouvrir sa science et departir liberalement aux aultres par desves paroles aornées et belles, car science repusé c'est le tresor mucié qui ne proffite en riens » (fol. 43vo). C'est là une maxime d'origine biblique (voir Sirach 20/ 33) déjà courante au 12ᵉ siècle ; elle ouvre le *Roman de Thèbes* et le *Roman de Troie,* Marie de France la cite au début du « Prologue » des *Lais.*

(51) D. Poirion, *Le poète et le prince,* p. 115, rappelle que le motif printanier et le « hortus conclusus » sont l'expression d'un moment propice à l'inspiration. Quand Regnaud Le Queux parle du « jardin de rhetorique » (*Jardin de Plaisance,* vol. I/fo.VIIIvo), le lecteur y associe l'image fréquente des fleurs de rhétorique. Molinet invoque à plusieurs reprises *Zephyrus* dont les *Règles de la seconde Rhétorique* nous disent qu'il est le « dieu des doulz vens et des flours, pour cause qu'il estoit le plus bel en *langaige* » (*Recueil des arts de seconde rhétorique,* p. 40).

(52) *Jardin de Plaisance,* vol. I/fo. Xvo ; *Le grand et vrai Art de pleine Rhétorique,* part. I/p. 6.

(53) Voir H. Franchet, *Le poète et son œuvre d'après Ronsard,* p. 46-55 et 72-77.

gine divine la poésie ne tolère pas la médiocrité, et l'auteur doit
se garder de rechercher les applaudissements du peuple (54). Le
mépris du « vulgus » s'exprime déjà au 15ᵉ siècle dans le milieu
humaniste français (55). Il transparaît chez les rhétoriqueurs,
lorsqu'ils exaltent la prééminence du « facteur », comme dans ces
vers des *Douze Dames de Rhétorique* :

> Il a grace particulaire,
> Ne commune ne populaire
> Ne en bas lieu a tart trouvable (56)

A la dignité de la poésie contribue aussi la *recherche formelle*.
Au niveau théorique les rhétoriqueurs reprennent des arguments
essentiellement traditionnels : l'association de la musique et de
la poésie que l'on connaît de Machaut et de Deschamps, est chez
eux un véritable leitmotiv qui se prolongera d'ailleurs bien au-delà
de la Renaissance. Harmonie, « delectatio » et « utilitas » vont
de pair (57) ; cette faculté de persuader et de dissuader grâce à la
parole (autre héritage médiéval et antique !) est un idéal qui
s'exprime, entre autres, par l'emploi fréquent de l'expression
« langue melliflue » chez les humanistes comme chez les rhétoriqueurs (58). Les jongleries verbales de ces derniers ne sauraient

---

(54) « Abbrégé de l'Art poétique », ds. *Œuvres complètes*, vol. XIV/p. 65.

(55) J. de Montreuil, *Opera I : Epistolario*, lettre no. 215 ; Gregorio da
Città di Castello (autour de 1457/1458 à Paris), *Ad Thomam Reatinum*
(« ignarum vulgus ») ; R. Gaguin, *Epistole et orationes*, vol. II/p. 50. Il
n'entre pas dans le dessein de ce travail d'établir si de tels passages sont
influencés par Pétrarque chez qui la même idée est centrale (voir A. Tripet,
Pétrarque ou la conscience de soi, p. 35-36), ou s'ils proviennent directement
de l'Antiquité : on pensera au « profanum vulgus » d'un Horace (*Carmina*,
3, 1, 1).

(56) Biblioteca Medicea Laurenziana, ms. Ashb. 51 (121)/fo. 9ro.

(57) C'est ce qu'affirme Eloquence dans les *Douze Dames de Rhétorique*.
Dans la première ballade du *Régime de Fortune* Michault Taillevent reprend cet autre rapprochement traditionnel entre « utilitas » et « brevitas »
en nous renvoyant (correctement) à Horace. Pour l'importance de ces problèmes, même en dehors de la poésie, voir J. Suchomsky, « *Delectatio* »
und « Utilitas », Berne, 1975.

(58) Nous ne connaissons aucun texte français de la première moitié du
15ᵉ siècle où apparaisse cette expression, et les exemples indiqués par Hu-
guet et Godefroy confirment cette observation : les deux dictionnaires renvoient à des textes de Lemaire Le Belges, Cretin, Octovien de Saint-Gelais,
Jean Bouchet, Rabelais, André Le Maçon, Bourdigné et citent les *Actes
des Apôtres* (éd. de 1537) et l' « Epître du Cheval gris » (*Recueil de poésies françaises des 15ᵉ et 16ᵉ siècles*, vol. III/p. 272). Jusqu'à preuve contraire nous pouvons donc considérer les *Epitaphes de Charles VII* (1461)
et les *Douze Dames de Rhétorique* (1463) comme étant parmi les tout premiers témoignages de l'emploi de « melliflue » en langue vulgaire pour
désigner l'éloquence poétique : avant de transcrire le discours de Noblesse,

être considérées comme un jeu gratuit où forme et contenu seraient indépendants l'un de l'autre (59). Au contraire ! Les arts
de seconde rhétorique ne manquent pas de souligner le lien qui
existe entre certaines formes fixes et certains sujets. Longtemps
(jusqu'à Molinet), l'alexandrin est au 15ᵉ siècle le mètre de l'épitaphe, de l'inscription, réservé à des sujets illustres (60) ; pour le
registre pastoral, les auteurs préfèrent les vers impairs. Cette
sensibilité aux différents niveaux du langage poétique détermine
la structure d'une œuvre comme les *Epitaphes de Charles VII de
France* de Simon Greban : à la tripartition du poème correspond
un triple changement de style chaque fois adapté à la matière. La
première partie écrite en octosyllabes décrit les pleurs des bergers ; la deuxième emploie le décasyllabe pour rendre les plaintes

---

Simon Greban invoque en effet Clio et la prie de lui prêter « son beau
parler et sa langue melliflue » (v. 356) ; Jean Robertet présente un Montferrand « plain de melliflue faconde et courtoisie, oustil et organe des Muses » (*Œuvres*, p. 129).
   En latin, l'expression se rencontre sous la plume de Nicolas de Clamanges
(*Opera omnia*, p. 24/lettre no. 5), quand il combat le mépris que Pétrarque
témoigne à l'égard des lettres françaises. Bien qu'on y trouve aussi l'image
des abeilles, chère au poète italien en tant que métaphore du travail poétique, l'influence de celui-ci n'est pas nécessairement déterminante. Le terme
« mellifluus » est couramment employé par les poètes de l'époque classique
et ceux de la Basse Antiquité (voir les exemples cités par le *Thesaurus* et
L. Quicherat, *Thesaurus poeticus linguae latinae*) pour parler d'un style
agréable : « mellifflui canit oris Homerus », affirme Boèce (*De Consolatione
Philosophiae*, 5.2). Au moyen âge ce terme ne disparaît pas : le *Thesaurus*
et le *Novum Glossarium Mediae Latinitatis* citent de nombreux exemples
où l'adjectif « mellifluus » désigne une qualité de la langue ; ainsi Bernard
de Clairvaux a droit au titre de « doctor mellifluus » (*Lexikon für Theologie und Kirche*, vol. II). Pour les auteurs chrétiens du 6ᵉ siècle (Fulgence,
Laurentius episcopus) et les pères de l'Eglise (Augustin), on pourrait pos-
tuler une influence des rapprochements bibliques entre langage et miel (Prov.
16/24 et 24/13-14 ; Ps. 118/103). Mais dans le domaine de l'art poétique
Geoffroi de Vinsauf parle aussi de « verba melliflua » (*Doctrina*, II/3/16).
Le terme « mellifluus » apparaît dans les différents domaines de la littérature latine au moyen âge : cette continuité, combinée au décalage entre le
latin et le français, semble parler en faveur d'une influence des humanistes
— et/ou de l'Italie — sur les rhétoriqueurs : Boccace, dans le XIVᵉ livre
de la *De Genealogia* (chap. 16), s'adresse à David : « mellifluum cecinisti »,
juge-t-il. Mais Simon Greban, s'attaquant au mépris que Pétrarque affiche
pour la poésie française dans la *Complainte de la Mort de Jacques Milet*
(v. 361-68), ne semble pas avoir lu la lettre IX/1 des *Seniles* : il ne fait
que reprendre les arguments de Nicolas de Clamanges, auteur dont l'œuvre
circulait dans un nombre considérable de manuscrits au 15ᵉ siècle.
   (59) Les jeux de mots appartiennent traditionnellement à l'« ornatus fa-
cilis » : voir L. Arbusow, *Colores rhetorici*, p. 36ss.
   (60) Voir M.-R. Jung, « L'Alexandrin au 15ᵉ siècle », ds. *Orbis Medie-
valis : Mélanges ... offerts à R.R. Bezzola*, 1978, p. 203-17.

de dame Noblesse, auxquelles s'intègrent des latinismes, des exemples fameux, des rimes difficiles (61). La troisième partie n'apporte aucune amélioration sensible, mais l'auteur regrette de ne pas savoir varier son style, afin de rendre la complainte d'Eglise dans toute sa richesse :

> Car ses regrez, piteux et desplaisans,
> Noyez en pleurs, de tristesse pesans,
> Ne furent pas de huyt ne de dix vers
> Mais infiniz, voire trestous divers (62).

Au style « rustique » (v. 309) des bergers s'oppose le style élevé des deux autres parties ; la même distinction, Molinet et Henri de Croy l'opèrent dans leurs arts de seconde rhétorique, en plaçant d'un côté la science (!) des « termes leonismes », de l'autre la « rhetorique rurale » (63). Ainsi un Simon Greban tente de réaliser un double idéal de variété et d'universalité non seulement au niveau du contenu, mais aussi au niveau de l'expression. On ne saurait sous-estimer une telle tentative (64) que semble répéter, d'une autre manière, le mélange de vers et de prose fréquent dans les grandes œuvres de l'époque. Dans le *prosimètre* les parties versifiées obéissent à la double loi de la variation et de la mise en relief. La structure simple de la *Complaincte faicte par Maistre Jehan Robertet de la Mort de George Chastellain* (65) laisse entrevoir une telle recherche esthétique : une première partie de décasyllabes à rimes plates (v. 1-48) sert d'introduction à caractère narratif ; suit un bref passage en prose où l'auteur nous confie ses hésitations à aborder un sujet si élevé. Seulement alors commence la complainte proprement dite (v. 98-367) par une

---

(61) Le contraste ressort parfaitement quand on lit l'une à côté de l'autre les invectives de Cœur Loyal (v. 58-216) et de Noblesse (v. 411-460) : dans la première de brefs vers hétérométriques, dans la seconde des strophes carrées décasyllabiques. Ici les comparaisons s'en tiennent au registre pastoral, et Cœur Loyal fait appel aux nymphes et aux sirènes ; là les exemples sont tirés de la Bible ou du monde classique, et le thème de l'art fait son apparition. — Dans son ensemble la structure du poème annonce celle du *Temple d'Honneur et de Vertus* de Jean Lemaire, où la vision d'Aurore s'oppose à la partie bucolique.

(62) « Epitaphes de Charles VII de France », v. 521-24, ds. *Studies in Medieval Literature in Honor of A.C. Brough*, 1961, p. 333.

(63) « Art de Rhétorique », ds. *Recueil d'arts de seconde rhétorique*, p.p. E. Langlois, p. 249 ; *Art et Science de Rhétorique*, Vérard, 1493, fol. 8vo.

(64) Au 15ᵉ siècle, les mystères accordent une place toujours plus large aux « bergeries », développant ainsi un système de contrastes comparable. Voir O. Jodogne, « La structure des mystères français », *Revue Belge de Philologie et d'Histoire* 42/III (1964) 842.

(65) J. Robertet, *Œuvres*, p.p. M. Zsuppán, p. 159-178.

invocation à la muse Clio et à Caliope. Cette partie centrale à
structure strophique (décasyllabes aab aab bcc) est suivie d'un
passage en prose où Robertet s'excuse encore une fois pour sa
« petite et foible escripture » (p. 176). Il ajoute à la composition
quatre quatrains (abba) décasyllabiques, attribués à des « auctoritates », proposant une conclusion morale et sententieuse à l'auditeur ; « sic transit gloria mundi » — voilà le message que transmet aux vivants l'épitaphe en l'honneur de George Chastelain
[décasyllabes aab aab bcc dcd (66)], placée à la fin du poème
par l'auteur. La volonté de varier est beaucoup plus poussée chez
Jean Molinet : dans le *Trosne d'Honneur* il s'applique à trouver
une nouvelle forme métrique pour le discours de chaque personnage [à l'exception de celui de Vertu en prose (67)]. S'agit-il simplement de démontrer la propre virtuosité ? La *Ressource du
petit Peuple* (68) suggère une réponse : les trois complaintes de
Vérité et de Justice, situées au début (après une introduction en
prose), au milieu et à la fin du poème, se présentent comme les
points culminants du texte. Molinet ne distingue ces trois inter-
mèdes lyriques pas seulement par la forme, chaque fois différente,
mais aussi par la façon de les présenter. Il parle de :
a) l'invective de Vérité (décasyllabes abaabbcc) ;
b) la complainte de Justice (strophes hétérométriques) (69) ;
c) l'oraison de Justice (octosyllabes ababccdcd).
   Cette variété semble avoir pour but d'émouvoir le public, puisqu'après l'invective de Vérité l' « acteur » constate :
   Les paroles de Vérité estoyent tant hautaines, tranchants
   et vives qu'elles pénétroyent les cœurs de tous ceux qui
   les escoutoyent (...) (70)
Dans le *Doctrinal du Temps Présent* Pierre Michault a égale-

(66) La structure de l'épitaphe rappelle de près celle de la strophe " Hélinant " employée, on le sait, dans des textes moralisants, ainsi les *Vers
de la Mort* d'Hélinant de Froidmont et les *Congés* d'Arras. De même le quatrain apparaît souvent dans la littérature didactique : dans son *Testament*
Jean de Meun a recours au quatrain monorime ; les *Enseignemens Moraux*
de Christine de Pisan à son fils sont des quatrains (aabb) s'inspirant à des
proverbes connus ; Jean Molinet introduit sa paraphrase des *Trionfi* (les *Six
Triumphes en Latin et Franchois*) par un quatrain (abab). Pour le quatrain,
voir : D'A.S. Avalle, « Le origini della quartina monorima di alessandrini »,
ds. *Saggi e ricerche in memoria di Ettore Li Gotti*, Palermo, 1962, vol. I/
p. 119-60.
(67) *Faictz et Dictz*, vol. I/p. 44-45.
(68) Publié par P. Zumthor, *Le masque et la lumière*, p. 282-298.
(69) On rapprochera la structure de cette complainte de celle du *Lai sur
la Mort de Catherine de France* de Michault Taillevent.
(70) P. Zumthor, *Le masque et la lumière*, p. 287.

ment tâché de varier les leçons offertes par les professeurs dans l'Ecole des Vices par une recherche métrique et formelle poussée. Lui aussi veut faciliter la tâche du public ; il recourt à la poésie lyrique pour ses valeurs mnémotechniques, comme l'ont déjà fait Martin Le Franc dans l'*Estrif de Fortune et de Vertu* et Alain Chartier dans le *Traité de l'Espérance* (71) :

> Par rieuglectes *a entendre legieres,*
> Esclarcissans les pensee obscures,
> Ceans monstre on les effetz des figures, (72)

Or, au début de l'évolution du genre, dans le *De Consolatione Philosophiae* de Boèce, la valeur didactique de la poésie lyrique était déjà suggérée. Après avoir écouté les leçons de la Philosophie, l'auteur nous avoue :

> Iam cantum illa finiverat, cum me audiendi avidum
> dum stupentemque arrectis adhuc auribus carminis
> mulcedo defixerat. (73)

Le prosimètre au 15ᵉ siècle correspond donc bien à l'idéal de « totale escripture » proclamé par Robertet (74) : savoir, richesse du contenu, élaboration et variation de la forme, le « facteur » doit tenir compte de toutes ces exigences.

1.1.3. *Les Douzes Dames de Rhétorique*

La poétique de confiance des rhétoriqueurs trouve son expression la plus consommée dans cette correspondance entre George Chastelain, Jean Robertet, Montferrand et La Rière (75). Robertet

---

(71) Voir à ce sujet F. Rouy, « Le prosimetrum : les poésies de l' « Espérance », ds. *L'Esthétique du traité moral d'après les œuvres d'Alain Chartier*, p. 337-349. Il constate : a) que chaque poème a une structure particulière ; b) qu'il y a une relation entre forme et contenu (les schémas où se succèdent plus de trois vers monorimes sont employés quand la matière requiert une certaine solennité) ; c) que les vers apportent une illustration lyrique aux idées exposées en prose ; d) que les poésies représentent une sorte de couronnement, ayant pour fonction de toucher l'âme du lecteur par la suggestion lyrique.

(72) *Doctrinal du Temps Présent*, p. 133/v. 1-3.

(73) *La Consolazione della Filosofia*, p.p. A.M. Severino, livre III/1, p. 178.

(74) J. Robertet, *Œuvres*, p. 130 : par là il entend aussi la capacité d'écrire dans tous les genres (voir aussi p. 124/v. 89).

(75) Pour une introduction à cette œuvre, voir les remarques de M.

y adresse des éloges hyperboliques à Chastelain, promettant au bourguignon une gloire durable parmi les hommes. Il le voit déjà parmi les « poètes que de vert on couronne », une mention du laurier poétique qui le rapproche de l'Italie (où il a séjourné) et des humanistes (76). Jugeant de telles louanges exagérées, Chastelain met en doute la sincérité de Robertet et refuse de se laisser, lui, simple homme, « angéliser », voir « déifier » (77). Le thème de la gloire réapparaît plus tard dans la partie centrale des *Douze Dames* : les *Enseignes*. Ces descriptions des douze dames retiendront notre attention, et nous les lirons comme un poème isolé. Le procédé se justifie, puisque le manuscrit Ashb. 51 (124) de la Biblioteca Medicea Laurenziana à Florence ne transcrit que cette partie de l'œuvre.

Dès l'abord s'établit un étroit lien entre savoir, érudition et poésie : la première des douze compagnes de Rhétorique est dame Science que suit immédiatement Eloquence, « fille intrinseque a damne Sapience » (78). Une fois de plus la poésie est censée réjouir tout en étant utile ; non seulement sa fonction sociale n'est pas négligée, mais elle est par deux fois rattachée à la théologie, la philosophie et la morale (79).

Déjà le double idéal de dignité et d'universalité est suggéré. On ne manquera pas de le formuler de façon explicite :

Je monte au ciel, je descens aux enfers,
Je plonge en mer, je parole es aers ;
Mon œil j'embusche ou comprent des estoilles,
Je porte au seign tout l'entier univers. (80)

Le postulat d'universalité, répété par presque chacune des douze dames, constitue un leitmotiv des *Enseignes*. L'idée de la valeur, de la richesse de la poésie se traduit au niveau des images du

---

Zsuppán ds. J. Robertet, *Œuvres*, p. 112-13. Le présent chapitre a aussi profité du travail de E. Zinn-Bergkraut, *Les Douze Dames de Rhétorique*, Mémoire de Licence dactylographié, Zurich, 1976.

((76) G. Chastelain, *Œuvres*, vol. VII/p. 169 : K. de Lettenhove n'a publié que de brefs extraits. — Il s'agit là de l'une des premières mentions du laurier en langue vulgaire. Une autre, postérieure de peu d'années, se trouve ds. S. Greban, *Complaincte (...) de la mort de maistre Jaques Millet*, v. 373-76. Avant, R. d'Anjou présente Ovide comme poète couronné de laurier dans son *Cœur d'Amours Espris*, mais les liens de cet auteur avec l'Italie sont spécialement étroits.

(77) G. Chastelain, *Œuvres*, vol. VII/p. 170.

(78) Fo. 4ro.

(79) Fo. 5ro (Profundicté) ; fo. 9ro (Precieuse Possession).

(80) Fo. 3ro (Science). E. Zinn-Bergkraut, *Les Douze Dames de Rhétorique*, p. 50, remarque avec raison que Science participe des quatre éléments traditionnels.

texte : il s'agit de découvrir un trésor, Multiforme Richesse possède d'incomparables joyaux (81), l'œuvre poétique parfaite devient une source de lumière :

> (...) que qui d'œil me remire
> Et gette regart sur mon corps
> S'il est de jaspe ou de porphire ;
> Ne puis faillir donc a reluyre,
> Et que ceur noble fruit ne tire
> De la beauté de mon dehors (82)

La dernière des douze dames, Glorieuse Achevissance, fait
ainsi allusion à deux problèmes centraux : le rapport œuvre-
public et la perfection formelle du texte. Cette « beauté de mon
dehors » (l'ornatus) est une source de gloire pour le poète (83),
s'il réussit à adapter la forme au contenu ; c'est l'exigence que
formule Noble Nature à travers la métaphore du vaisseau digne
de transporter une huile précieuse :

> Je suis vesseau de matiere subtile,
> Predisposé a toute noble chose
> Pour prendre en soy digne precieuse huyle,
> Basme excellent ou conserve de rose (84)

Clere Invention reprend le même problème de façon explicite :

> La (= l'œuvre) bien bastir, la noblement pourtraire,
> L'assortir bien selon son exigence,
> Sans y riens mettre impropre ne contraire
> Dont blasme a moy yssist ou negligence. (85)

Chaque œuvre ne saurait pourtant avoir la même importance
aux yeux de l'auteur :

> (...) j'ay fait ung mont de fleurs disperses
> Selon le temps de diverse importance. (86)

---

(81) Fo. 6vo. Au début de la correspondance Robertet se compare à l'ou-
vrier qui, à l'aide d'un instrument primitif, doit extraire l'or de la mine
(voir J. Robertet, *Œuvres*, p. 115). De telles comparaisons sont fréquentes
dans les *Douze Dames* et mettent en valeur le côté technique de l'œuvre
littéraire ; une miniature du ms. B.N. fonds fr. 1174 présente Clere Invention dans une carrière, en train de travailler le rocher. On trouve un vocabulaire comparable sous la plume de Dante : voir R. Dragonetti, « La Conception du langage poétique dans le " De vulgari eloquentia " de Dante »,
Romanica Gandensia 9 (1961) 48-49.

(82) Fo. 10vo.

(83) Fo. 11ro (Glorieuse Achevissance) ; déjà la onzième dame, Deduction
Loable, parle de la richesse extérieure nécessaire à l'œuvre au fo. 9vo.

(84) Fo. 7vo.

(85) Fo. 8vo.

(86) Fo. 6ro. L'image des fleurs apparaît déjà dans les artes dictamini,

Universalité dans le domaine de la forme, du contenu, des genres, c'est ce que représentent la richesse et la variété des fleurs de rhéthorique. La musique du vers (87), sa splendeur incitent le lecteur à souscrire aux éloges d'un Robertet ravi, ébloui par « les beaux rais issans de maint volume » (88) que Chastelain a écrit. Le thème de la lumière symbolise la relation œuvre-public, une relation qui obéit au principe du « *movens* » - « *motus* ». C'est un même mouvement qui pousse le poète à écrire : dame Science se présente comme la « *clarté* primitive des anciens philosophes » (89), Noble Nature possède des matières précieuses dont les parfums ont un pouvoir inspirateur. Elle réfléchit aussi la lumière du ciel, établissant ainsi une correspondance entre le microcosme et le macrocosme. C'est bien une théorie de l'inspiration que reflètent ces différentes images, puisque dans un autre passage des *Douze Dames* George Chastelain se voit comparé au cristal qui reflète la lumière de l'univers (90). La chaîne aimantée, telle que nous la connaissons de Marsile Ficin, se réalise aussi ici ; seulement, à la place des muses, nous avons les douze dames. Le public, ultime élément de cette échelle, ne participe qu'indirectement au monde supérieur que lui transmet le poète. Voilà pourquoi ce dernier tient à avertir le public des difficultés qu'il lui faudra surmonter pour tirer profit de l'œuvre. C'est une telle *esthétique de la profondeur* qui caractérise la majeure partie des poèmes de Chastelain : le terme « mystère » y désigne souvent un phénomène difficile à concevoir, comme à la fin du *Livre de la Paix* où la vision est qualifiée de « couvert mistere » (91).

Un tel texte court le risque d'être mécompris, et le poète doit assumer le rôle de guide qui, déjà chez Jean de Meung et chez Alain de Lille, incombe au clerc vis-à-vis du laïc (92) ; c'est de

---

notamment chez Geoffroi de Vinsauf, *Poetria nova*, 959, où elle désigne les couleurs rhétoriques.

(87) Eloquence la mentionne au fo. 3vo.

(88) J. Robertet, *Œuvres*, p. 120 ; la même métaphore est reprise à la page 128.

(89) Fo. 3ro. Profundité reprend le même motif au fo. 5ro.

(90) Voir M.-R. Jung, « Poetria », *Vox Romanica* 30 (1971) 49-50.

(91) *Œuvres*, vol. VII/p. 418. L'apparition des douze dames est également qualifiée de mystère ; dans les deux exemples le sens traditionnel de « mistere » en tant que représentation dramatique reste également vivant, puisque Chastelain doit se servir de l'adjectif « couvert » en vue d'expliciter l'idée de la difficulté. L'œuvre, chez lui, est conçue comme une mise en scène ; elle obéit à une double poétique de la profondeur et de la théâtralité.

(92) *Roman de la Rose*, v. 18'249-256. Voir M.-R. Jung, « Jean de Meun et l'allégorie », *CAIEF* 28 (1976)27. L'attitude de guide semble intimement liée à l'emploi de l'allégorie, et la difficulté du texte sert, selon Alain de

ce point de vue que nous allons reprendre et approfondir l'étude de la relation poète-public.

1.1.4. *Débat et glose : le poète et le public*

Au début de la partie disputative, la profondeur et la difficulté du *Livre de Paix* sont rendues sensibles par un dédoublement de l'auteur en Sens Superficiel et Entendement Pénétrant (93). Il s'agit là de la variante d'un procédé qu'on rencontre chez différents auteurs tout au long du 15ᵉ siècle : Alain Chartier, Pierre Michault et Jean Lemaire placent aux côtés de leur moi poétique la figure d'Entendement, chargé de décoder les choses vues (94), parfois même de commenter et d'enseigner. George Chastelain va un pas plus loin en ajoutant à son œuvre une quatrième partie « declarative de la fiction », à son tour suivie d'une addition « deffensive » où il cherche à prévenir les objections de ceux qui l'auraient mal compris. Une telle démarche s'apparente d'un côté à l' « expositio » ou « glossatio » des scholastiques, de l'autre aux débats universitaires que sont la « disputatio » et la « determinatio » (95). Dans le domaine de la poésie Jean de Meung avait eu recours, bien avant le grand George, à des procédés analogues : il intègre au *Roman de la Rose* un long passage où il se défend à l'avance contre les médisants (v. 15'105-272). Ce danger de *mal lire* un texte est évoqué à plusieurs reprises au 15ᵉ siècle : Martin Le Franc craint l'incompréhension de son entourage et s'en remet,

---

Lille, à préserver la majesté des secrets de la curiosité des indignes : « Ab hujus ergo operis arceantur ingressu, qui solis sensuum speculis dediti, rationis non aurigantur incessu » (« Anticlaudianus » (introduction), ds. *Opera omnia*, p.p. J.-P. Migne, p. 488).

(93) Les illustrations du ms. Med. Palat. 120 à la Biblioteca Laurenziana n'oublient pas de représenter le dédoublement de la persona du poète.

(94) A. Chartier, *Le Livre de l'Espérance* ; P. Michault, *La Danse aux Aveugles* ; J. Lemaire, *Le Temple d'Honneur et de Vertus*. Voir à ce sujet : U. Bergweiler, *Die Allegorie im Werk von Jean Lemaire des Belges*, p. 147-48.

(95) Voir O. Petit-Morphy, *Villon et la scholastique*, p. 445-46/439-41. Nicolas Oresme, par exemple, accompagne sa traduction du *Livre des Ethiques d'Aristote* d'une glose où il ne se contente pas de commenter le texte du philosophe grec, mais prévoit les questions et les critiques que pourraient lui adresser ses lecteurs. De là l'emploi de tournures comme : « Aucun pourroit dire encontre » servant à introduire une observation à laquelle Oresme ne manque pas de répondre. Ainsi naît, à l'intérieur de la glose, un débat fictif entre auteur (commentateur) et public.

comme le fera plus tard Ronsard, aux générations à venir (96).
Molinet, attentif à obtenir l'appui d'un mécène, fait allusion aux
médisants dont il se prétend menacé (97). Une traduction en
français de l'*Ars Loquendi et Tacendi* d'Albertano da Brescia
témoigne d'un authentique souci philologique : l'auteur constate
dans le prologue (98) que le texte a été jusqu'à présent maltraité
et déformé et qu'il s'agit de le corriger. George Chastelain justifie
de la même façon l'interprétation qu'il va donner de la mort
d'Hector, interprétation qui vise à prouver que les louanges habituellement adressées au vainqueur, Achille, sont injustifiées (99).
Jamais un auteur ne met en doute la valeur de son message ;
c'est le public, négligent et mal instruit, qui se révèle incapable de
découvrir le sens caché d'une œuvre difficile. De là la nécessité
pour le poète de lever de temps à autre le voile de la fiction,
d'indiquer où se trouve le « sensus allegoricus » — à l'instar du
Livre de Paix, du *Bergier sans Soulas* de Molinet, de la *Ballade
poétique* de Robertet. C'est ce que fait aussi, dans le domaine de
la bergerie allégorique, l'auteur du *Pastoralet,* lorsqu'il révèle le
nom des personnages historiques qui se cachent derrière ses bergers ; mais il invite en plus son public à compléter l'œuvre par un
commentaire (100). Ceci peut être considéré comme une variante
de la prière de corriger le texte, que les auteurs placent souvent
à la fin d'une œuvre (101). En même temps de telles invitations
au jugement, l'importance que les poètes accordent en général au
public, témoignent que pour eux toute œuvre littéraire a un caractère éminemment social. Les ballades de Christine de Pisan (102),
placées sous le signe de la « delectatio », en sont une nouvelle
preuve : l'auteur tient à plusieurs reprises compte des réactions de
son public et lui cède même, ça et là, la parole (ainsi dans la bal-

---

(96) *Le Champion des Dames,* ms. B.N. fonds fr. 12'476/fo. 149vo-
150ro ; « A son livre », ds. *Œuvres complètes,* vol. VII, p. 315ss.

(97) *Roman de la Rose moralisé,* ms. B.N. fonds fr. 24'393/fo. 4vo.

(98) *Recueil des poésies françoises des 15ᵉ et 16ᵉ siècles,* p.p. A. de Mon-
taiglon/J. de Rothschild, vol. X/p. 351-368.

(99) « Epitaphes d'Hector et d'Achille », ds. *Œuvres,* vol. VI ; Benoît de
Sainte-Maure présente déjà Achille comme un traître qui a surpris le héros
troyen de derrière (*Roman de Troie,* v. 16'007-16'316), le traitant de « coil-
verz » (v. 16'222). Au 15ᵉ siècle Christine de Pisan repropose la même
version de la mort d'Hector dans l'*Epître d'Othéa,* et la miniature no. 91
du ms. 9392 de la Bibliothèque Royale de Belgique, reproduite par J. van
den Gheyn, Bruxelles, 1913, illustre cet épisode.

(100) Bucarius, *Le Pastoralet,* v. 9123-25. Sur l'importance de la bergerie
allégorique au 15ᵉ, voir M.I. Gerhardt, *La pastorale,* p. 56ss.

(101) Voir p. 12 du présent travail.

(102) *Œuvres poétiques,* vol. I/p. 1ss.

lade L) — procédé qui recrée l'atmosphère d'une récitation pu-
blique. Taillevent ne l'ignore pas : une voix anonyme l'exhorte
ironiquement à ne pas exagérer (STO, v. 139-40), « ly gent »
commentent ironiquement les plaintes du « je » (PT, v. 344-47).
Dans la *Bien Allée* (v. 41-42) l'auditoire lui présente une objection
au sujet du mal d'amour et le force à préciser sa pensée (103).
L'œuvre s'ouvre à une sorte de jeu auquel le public est intégré ; cet
aspect caractéristique de plusieurs domaines de la littérature au
15ᵉ siècle, nous le retrouverons chez Villon. Seulement, chez lui les
interventions du public seront l'expression (ironique ?) d'une mise
en question de l'œuvre elle-même — une possibilité que n'em-
visagent ni Taillevent ni les rhétoriqueurs.

1.1.5. « *Passetemps* »

Par plusieurs aspects les poèmes officiels de Taillevent annoncent la poétique des grands rhétoriqueurs, mais il reste plus modeste : les clauses d'humilité sont fréquentes, il n'assume jamais
explicitement le rôle de guide. Digne élève d'Alain Chartier, il
lui arrive de souligner l'absence de toute glose en se présentant
comme un simple témoin chargé de rapporter fidèlement ce qu'il
a vu (104). Mais quelle est la poétique du *Passe Temps,* pièce-clé
pour une comparaison avec Villon, où Taillevent abandonne toute
perspective chevaleresque, où le thème de l'écriture au service de
la gloire n'apparaît pas ? Pour esquisser une réponse, il faudra
d'abord définir la valeur qu'assumait le terme « passetemps »
à l'époque, et situer ainsi une première fois ce poème que l'éditeur
de Taillevent, Robert Deschaux, rattache aux « poésies personnelles » de l'auteur.
    Selon le *Petit Robert* « passetemps » signifiait en 1413 « joie »,
« plaisir ». Chez Alain Chartier, Charles d'Orléans et encore chez
Guillaume Cretin (105), ces termes sont employés dans un paral-

---

(103) Au début du *Psautier des Vilains* la pensée de Taillevent serpente,
comme si un auditeur l'invitait sans cesse à se corriger. Mais nous sommes
là dans le domaine de la poésie didactique dont le premier but est de
persuader le public.
    (104) *Débat du Cœur et de l'Œil,* v. 814-16 ; *Songe de la Thoison d'Or,*
v. 694-96. C'est là un rôle que le moi du poète assume fréquemment au
15ᵉ siècle.
    (105) A. Chartier, *Le débat des deux fortunés d'Amours,* v. 686-88 ; Ch.

lélisme absolu ; dans ces textes agit le charme d'une atmosphère
courtoise que Taillevent n'ignore pas (106). « Beau », « gai »,
« joyeux », « plaisant » sont les adjectifs qui accompagnent le plus
souvent le terme de « passetemps » ; sans être toujours dominante, l'idée de plaisir, délassement est présente d'Alain Chartier
à Montaigne, en passant par le théâtre où apparaît Passetemps
personnifié (107). Seulement, les auteurs se réfèrent à des occupations fort diverses (108) ; un premier groupe rassemble tous les
loisirs des nobles (chasse, volerie, pêche, tournoi), un second
l'amour et l'acte sexuel (109), un troisième les occupations de
moindre importance comme les passetemps anodins de l'homme
désormais vieux et fatigué (110). Dans de tels textes l'idée de
futilité s'ajoute à celle de délassement, comme dans la traduction
que propose Clément Marot du premier sonnet du *Canzoniere* de
Pétrarque, v. 9-10 :

> Ma ben veggio or si come al popol tutto
> *favola* fui gran tempo, (...)

Marot, v. 9-10 :

> Si voy je bien maintenant et entens
> Que long temps fuz au peuple *passetemps,*

Cette connotation négative apparaît déjà, si on en croit l'édition
de 1976 du *Grand Larousse* (111), dans l'*Histoire de Charles VI*

---

d'Orléans, ballade no. CXXIII/v. 5-6 ; G. Cretin, *Deploration entre deux
dames sur le passetemps des chiens et des oyseaux,* v. 8.
  (106) *Passe Temps,* v. 519-25.
  (107) Voir la « Condamnation de Banquet », ds. *Recueil de farces, soties
et moralités du 15e siècle,* p.p. P.L. Jacob/A. Delahays, p. 279 ; « Moral de
tout le monde », ds. *Recueil général des sotties,* p.p. E. Picot, vol. III/p.
31 : Passetemps s'attable avec Bonne Compagnie et est chassé lorsque l'argent se met à manquer et qu'Avarice entre en jeu.
  (108) H. Guy, *Histoire de la poésie française au 16e siècle,* vol. I/§ 209,
remarque que le titre « passetemps » s'applique à des œuvres sans dénominateur commun. — On trouvera des énumérations détaillées de passetemps
chez E. d'Amerval, *Le livre de la Deablerie,* p. 49, et Marguerite de Navarre, *L'Heptaméron,* p. 6-10.
  (109) M. Duchein, *Michault Le Caron, dit Taillevent,* p. 17, indique que
l'expression « passe-temps Michault » peut se référer à : temps perdu, musage, prouesse amoureuse.
  (110) Voir la « Resolucion d'Amours », ds. *Recueil des poésies françoises*
(...), p.p. A. de Montaiglon/J. de Rothschild, vol. XII/p. 314 ; O. de Saint-
Gelais, *Le Séjour d'Honneur,* ms. B.N. fonds fr 12'783, fo. 155vo.
  (111) On regrettera que S. Sasaki, *Sur le thème de " nonchaloir " dans la
poésie de Charles d'Orléans,* p. 85-94, se soit contentée de reproduire les
dates de 1413 et 1538 (acception moderne du terme) proposées par le
Petit Robert sans indications des sources ; mais on lira avec profit les remarques sur les liens entre « passetemps » et « nonchaloir » dans le *Songe*

de Juvénal des Ursins. Le passage en question décrit la vie du dauphin au Louvre :

> Et qu'on luy menoit la plus mauvaise vie, & ne
> avoit aucun passe-temps que de iouer des orgues, (112)

« Passe-temps » semble bien impliquer les idées d'inutilité, ennui et oisiveté. Ceci correspond à l'emploi qu'en fait François Garin dans sa *Complainte* (1460), lorsqu'il admet la lecture de beaux livres comme passetemps, mais l'oppose à la devise « par rayson » du marchand contraint à résoudre sans cesse divers problèmes (v. 1185-92). Déjà dans la traduction du *Decamerone* due à Laurent de Premierfait, on cherche une occupation pour « passer ennuy » (113) ; dans le *Chappelet des dames* de Molinet, Vertu souligne l'utilité de ses occupations, comme si elle craignait que quelqu'un ne les lui reproche :

> Ne cuide pas, homme estrangier, que je labeure
> en vain, se je passe temps autour de mes flourettes.
> Dame Oiseuse est fourbanye de mon regne,
> je ne fay riens qui ne tende a salut et profict des
> miens ; (...) (114)

L'auteur tient à distinguer « passetemps » d' « oisiveté », terme auquel correspond l'adjectif latin « otiosus », et qui implique l'idée du « tedium », comme le démontre le passage suivant du *De vita curiali* d'Alain Chartier (115) :

Texte latin :

> in tedio ociosus extra hostiolum tota die vagabitur

Traduction a : il musera oyseux toute la journée
Traduction b : musera es oyseux et oisiveté

La traduction rapproche « muser » de l'oisiveté. Christine de Pisan, elle, définit « passetemps » par rapport au musage :

> En musant sus quelque livre
> Ou pour passer temps au mains. (116)

---

en Complainte. Passetemps, personnifié, concrétise le temps évanoui à envisager.

(112) *Histoire de Charles VI,* p. 335 (année 1413) ; Jean II Juvénal des Ursins rédigea cette chronique lors de son séjour à Poitiers (1425-1432).

(113) *Le Livre des Cent Nouvelles,* Paris, 1485, fo. a.iii/vo. — D'autres syntagmes négatifs sont à l'époque : « despendre son temps » et « user son temps ».

(114) *Les Faictz et Dictz,* vol. I/p. 121. Bien que les fleurs aient ici, une fois de plus, une valeur symbolique, on notera que le passetemps de cueillir des fleurs est mentionné par Eloy d'Amerval, *Le Livre de la Deablerie,* p. 49.

(115) *Les Œuvres latines d'Alain Chartier,* p. 356-57.

(116) *Le Livre du Chemin de Long Estude,* v. 200-01.

Passetemps fait partie du champ sémantique de l'oisiveté et du musage ; dès l'abord il est susceptible de se charger de connotations négatives, surtout lorsque le terme se réfère à l'acte d'écrire. Jean Regnier, reprenant un vieux topos, écrit pour fuir l'oisiveté (117). Il n'abandonne pas pour autant l'idée de délassement (voir v. 1282-1283), mais souligne l'utilité de son entreprise :

> Un petit livre vueil emprendre
> De ma fortune, sans mesprendre,
> Pour passer temps et pour apprendre (118)

Le texte est placé sous le double signe du plaisir et du didactisme, de sorte que « passetemps » se rattache à l'idéal horatien du « delectare et prodesse » que l'on rencontre un peu partout au 15ᵉ siècle, et notamment dans le *Passe Temps* de Taillevent. A la fin du poème l'auteur exprime sa crainte d'ennuyer le public et compare l'œuvre à un mets qui doit être approprié à l'appétit de l'hôte (119). La première strophe reprend le même topos que Jean Regnier et rapproche « passe temps » et « riens faire ». Par un jeu d'associations le « mais » du cinquième vers amorce le renversement qui aboutit au proverbe du second septain : « Temps passé jamais ne retourne » (PT, v. 14). Le « passe temps » est devenu le temps qui passe (120) ; le poète aborde un sujet douloureux. Des rapprochements analogues terminent chacun des trois livres du *Passe Temps de tout Homme et de toute Femme* de Guillaume Alexis. Nous citons le passage où le jeu est le plus poussé :

> Cy finissent en brefve espace,
> Pour eulx qui ont passé sept ans,
> Ung passe temps et ung temps passé,
> Et ung jamais ne passe temps.
> Dieu nous doint si bien temps passer
> Et nostre passe temps sçavoir,
> Que quant viendra au trespasser
> Puissions tous paradis avoir.
> (v. 5303-10 (121)

Le réseau de rapprochements charge le titre de connotations multiples, parmi lesquels émerge l'idée de l'utilité morale ; cette

---

(117) Voir E. R. Curtius, « Mittelalterliche Literaturtheorien », *Zeitschrift für Romanische Philologie* 62 (1942) 441.
(118) *Les Fortunes et Adversitez*, v. 16-18.
(119) Pour l'importance du motif de la « nourriture intellectuelle » dans la Bible, voir O. Petit-Morphy, *Villon et la scholastique*, p. 416-417.
(120) Même jeu au septain LXXV.
(121) *Œuvres poétiques*, vol. II/p. 291 ; voir aussi p. 161/260.

adaptation du *De contemptu mundi* d'Innocent III se range parmi les nombreux miroirs de l'époque. Le souci d'enseigner caractérise aussi le *Passe Temps*, mais la portée didactique du poème ne pourra être étudiée que dans les chapitres consacrés à l'emploi des proverbes et au moi du poète. Les contemporains de Taillevent n'ont pas manqué d'y voir l'œuvre d'un moraliste : le *Temps Perdu* de Pierre Chastellain représente une réponse au *Passe Temps*, dont les thèmes majeurs sont repris dans le *Temps Recouvré* que son auteur lui-même qualifie de « miroir » (122) — tout en souhaitant divertir son public :

> (...), dont ung livre en escrips
> A ceulx qui leur temps passent ens
> Par maniere d'un passe temps. (123)

Ainsi Taillevent joue pour la cour la comédie du pauvre, parfois douloureuse, souvent comique, poursuivant un double but didactique et de délassement (124). Dans le *Passetemps des deux Alecis Freres* nous retrouvons la même ambivalence, puisque les protagonistes s'amusent à « changer propos » [v. 12 (125)]. La notion de *jeu* réapparaît dans le *Passe-Temps d'Oysiveté de Robert Gaguin* : « Les oyseux a petit s'amusent » (126). Les deux amis se proposent de parler du « vent de chemise », et le dialogue semble prendre une tournure divertissante ; mais l'interlocuteur de Gaguin refuse de se prêter à un débat si frivole. D'autres textes n'hésitent pas à mettre franchement l'accent sur l'aspect du jeu — ainsi Coquillart (127). Mais jamais on en arrive à considérer le passetemps que représentent l'acte d'écrire et la lecture comme une perte de temps, sinon dans la perspective du moraliste qui condamne certains livres (128), ou dans des textes

---

(122) F. Pascal, *Pierre Chastellain dit Vaillant, étude et édition*, Paris, 1944, p. 220 : il s'agit des vers 309-15, dont le dernier est une sentence : « Sans soy mirer n'est pas science. » (B.N. fonds fr. 2266/fo. 17vo). Au fo. 33vo-34ro, Pierre Chastellain établit lui-même la fiiliation entre le *Temps Perdu* et le *Temps Recouvré* (F. Pascal, *Pierre Chastellain*, p. 256/v. 1170-83).

(123) F. Pascal, *Pierre Chastellain*, p. 212/v. 89-91 (B.N. fonds fr. 2266/fo. 13ro).

(124) Voir aussi D. Poirion, *Le Poète et le prince*, p. 232/333. La *Destrousse* de Taillevent obéit à une même poétique, mais la volonté d'amuser y domine ; l'auteur veut inciter le duc de Bourgogne à remplacer le cheval qu'il a perdu.

(125) *Œuvres poétiques*, vol. II/p. 8.

(126) *Recueil des poésies françoises* (...), p.p. A. de Montaiglon/J. de Rothschild, vol. VII/p. 229.

(127) « Les Droitz Nouveaulx », v. 2303-05, ds. *Œuvres*, p. 243.

(128) Voir E. d'Amerval, *Le Livre de la Deablerie*, p. 40.

tardifs. Pour Jean Bouchet c'est une manière de réfuter ceux qui accusent les écrivains de gaspiller leur temps sans acquérir de biens (129) :

> Car composer ce mest ung passe temps
> Et si nescriz fors a lheure que entends
> Me reposer/ (...) (130)

En 1545 Le Maçon défend une conception analogue, en distinguant soigneusement deux groupes de lecteurs : ceux qui lisent pour passer le temps et ceux qui désirent étudier. « Passetemps » et « utilité » sont ici contradictoires (131). Chez Baïf « passetemps » et « perdre le temps » se confondent :

> A ce jeu je le passe
> Et ne pêr que le temps
> En ces doux passetemps (132)

« Passetemps », c'est le titre du recueil imprimé en 1573 ; quelques années plus tard, Montaigne s'en sert à son tour pour désigner son activité littéraire :

> Si quelqu'un me dict que c'est avillir les muses
> de s'en servir seulement de jouet et de passetemps,
> il ne sçait pas, comme moy, combien vaut le plaisir,
> le jeu et le passetemps. (133)

Nous voici fort loin de Taillevent où « passetemps » implique, comme pour la majeure partie du 15ᵉ siècle, l'idée d'utilité pour le public et pour l'auteur. A côté du didactisme que connaît presque tout texte médiéval, différents aspects rattachent le *Passe Temps* à la poétique des grands rhétoriqueurs (qui, eux aussi, n'ont pas manqué de s'exprimer dans des genres mineurs) : une confiance en la langue que traduit l'élaboration des rimes surtout en fin de strophe, une évidente volonté d'exprimer des valeurs universelles et de présenter une expérience exemplaire (134).

---

(129) La même critique apparaît déjà dans le passage de la *Genealogia deorum gentilium* de Boccace que Jean Miélot traduit en 1471 (?).
(130) *Le Temple de Bonne Renommée*, Paris, s.d., fo. XLVIIIvo.
(131) A. Le Maçon, *Le Décaméron*, vol. V/p. 200.
(132) *Euvres en rime*, vol. IV/p. 206 : « A sa muse ».
(133) *Essais*, vol. III/p. 44. Dans l'essai *De l'Expérience*, Montaigne définit le passetemps du point de vue existentiel, lui donnant toute sa valorisation négative. C'est la même attitude qu'adopte Jehan Lhermite dans le prologue de son *Passetemps*, quand il constate que l'homme désœuvré cherche désespérément une occupation quelconque qui le porte souvent à « tuer le temps » de façon stupide. « Passetemps » semble refléter la conception baroque de la fuite du temps...
(134) Voir chap. 2.1.2. et 4.2.2.

L'évolution du sens de « passetemps » (référé à l'acte d'écrire) connaît une *chronologie relative,* intimement liée à la dominance de telle ou telle connotation du terme. Il implique *toujours* l'idée de plaisir, de délassement (idée centrale chez Montaigne !) ; mais, dans plusieurs textes tardifs, l'idée d'une occupation de peu d'importance tend à faire disparaître toute notion d'utilité — ainsi chez Baïf. Les connotations d'oisiveté, de « temps à perdre » apparaissent pourtant bien plus tôt, surtout dans des contextes où il n'est pas question de lire ou d'écrire.

1.2. *Situation de François Villon*
1.2.1 *La louange et la gloire*

L'*Epistre à Marie d'Orléans* et la *Ballade à Robert d'Estouteville* relèvent du genre encomiastique : exemples, renvois à des textes connus, élaboration formelle (135) — tout est là. Mais jamais Villon ne promet d'arracher son destinataire à l'oubli par l'écriture. La seule survie possible est l'œuvre de la procréation (FVT, v. 1398-1401), seulement une longue vie et des enfants mâles sont garants d'un souvenir durable dans la mémoire des hommes (FVT, v. 63-69). Villon souhaite bien de « Salmon l'onneur et gloire » (v. 58) à Louis XI, mais ce vœu initial est doublement atténué : l'incise des vers 59 et 60 oppose ironiquement prouesse et gloire, alors que l'une est traditionnellement le présupposé de l'autre. Elle interrompt aussi le flux du huitain, de façon à faire ressortir le vers 61 où l'auteur souligne le caractère éphémère des biens terrestres. C'est le thème (moraliste) de la vanité de toute gloire que nous retrouvons dans la *Ballade de Fortune* et dans les trois ballades de l' « ubi sunt ». Villon hérite ici d'une longue tradition que les rhétoriqueurs ont, eux aussi, continuée (136). Déjà avec le premier vers de la *Ballade des dames du temps jadis,* Villon nous rend attentifs au non-sens de cette question : faisant semblant d'approfondir la question en ajoutant « n'en quel pays », il la transforme en une locution pléonastique et, par là-même, ironique. L'incise des vers 373-77 semble pourtant chercher

---

(135) Voir S. Cigada, « Due studi su Villon », *Contributi dell'Istituto di Filologia Moderna : Serie Francese* 7 (1972) 1-49.
(136) Voir E. Gilson, *Les Idées et les lettres,* p. 9-27 ; F. Joukovsky-Micha, *La Gloire dans la poésie française* (...), p. 33ss./104ss./120ss.

une réponse à la question ; mais la litanie des interrogations reprend comme si de rien n'était. Villon est conscient de jouer avec une formule usée. Quant aux noms des grands du temps jadis qu'il a évoqués, ils n'ont au fond aucune importance :

> Helas ! et le bon roy d'Espaigne
> Duquel je ne sçay pas le nom ?
> (FVT, v. 370-71)

Seule importe la fuite du temps qu'illustrent aussi les « gracieux galans » (FVT, v. 225), Jacques Cœur (v. 285), la propre famille (v. 300-04), le pauvre vieillard (v. 424ss.), la Belle Heaulmiere (v. 453ss.). En plus, la troisième ballade est écrite en ancien français, et les critiques y ont relevé vingt-six fautes. Villon est conscient que la langue, comme le monde, vieillit ; le temps qui passe rend plus difficile la compréhension du texte (137). Est-ce pour cette raison que Villon se présente comme « povre marcerot de regnes » (v. 417), expression qui, selon la séduisante hypothèse de Henry/Rychner, signifierait : « pauvre petit marchand de discours » ? Les rhétoriqueurs (comme les humanistes) étaient également sensibles à l'évolution de la langue ; mais plus qu'au changement, ils s'intéressaient aux possibilités d'enrichir et d'améliorer l'état de la langue maternelle (138). Villon, lui, refuse de faire confiance à l'écriture lorsqu'il dicte son *épitaphe* :

> Item, vueil qu'autour de ma fosse
> Ce qui s'enssuit, sans autre histoire,
> Soit escript en lectre assez grosse
> — Qui n'auroit point d'escriptouoire,
> De charbon ou de pierre noire
> Sans en rien entamer le plastre ;
> Au moins sera de moy memoire
> Telle qu'elle est d'un bon follastre — :
> (FVT, v. 1876-83)

Villon semble vouloir se rabattre sur son renom de bon follastre, une requête que le contexte suffirait à justifier : la suite des legs burlesques se clôt par un éclat de rire ! Mais le testateur propose (en insistant !) de substituer du charbon à l'« escriptouoire » : voilà une épitaphe que le temps aura vite fait d'effacer !

---

(137) En 1532 Clément Marot observe dans la préface à son édition des œuvres de Villon qu'il n'a pas voulu toucher à l'« antiquité de son parler » ; il entend respecter le texte du poète parisien malgré les difficultés de compréhension que soulève la langue.

(138) Voir p. 13-14 du présent travail. En 1529 Geoffroy Tory découvre, à la suite d'Horace, que le changement est une loi inhérente à la vie d'une

Le motif est d'autant plus significatif qu'il représente par rapport aux habitudes testamentaires un élément infractionnel (139). En tant que « povre petit escollier » (FVT. v. 1886), maître François aurait eu la possibilité, à l'imitation de beaucoup de testateurs réels, de demander à être jeté dans la fosse aux pauvres. Si l'on commande une pierre tombale ou fait graver une inscription, c'est pour perpétuer sa mémoire parmi les vivants (140). Or, Villon accumule les éléments infractionnels : comme Eustache Deschamps dans son testament satirique, il choisit une sépulture en l'air (huitain CLXXVI), plus précisément au premier étage d'un couvent de femmes (141). Le plancher ne saurait résister au poids de la tombe... condamnée à s'écrouler ! Cette tombe fragile, voire impossible à construire, aurait dû être accueillie à Sainte Avoye, un nom que Villon a bien pu choisir à cause de sa graphie : il est écrit en effet avec les seules voyelles : a-u-o-i-e. N'est-ce pas là un tombeau de poète ? On se rappellera que Isidore de Séville se servait du verbe « vieo » (« veire ») pour désigner l'activité des poètes :

> (...) et proinde poetae latine vates olim et scripta
> eorum vaticinia dicebantur, quod vi quadam et quasi
> venesia in scribendo commoverentur, vel quod modis
> verba connecterent : *veire* enim antiqui pro *vincire*
> ponebant. (142)

L'auteur est donc celui qui lie : c'est aussi l'avis d'Uguccione da Pisa (1130 (?) — 1210) :

> *Auieo,* es, idest ligo, as ; et inde autor, idest ligator
> similiter communis generis, et sine c. (143)

Dans le *Convivio* Dante défend la même thèse :

---

langue ; craignant une perversion du français, il attaque au début de son *Champ Fleury* les poètes qui forgent de nouveaux mots.

(139) Terme repris à A.J.A. van Zoest, *Structures de deux testaments fictionnels*, p. 242-43. Nous l'étendons à tout élément qui, dans un con-texte/cadre-type donné (littéraire ou non), n'assume pas la fonction qu'il est censé y jouer et déçoit ainsi notre attente.

(140) Voir « Testaments enregistrés au Parlement de Paris sous le règne de Charles VI », ds. *Mélanges historiques*, p.p. A. Tuetey, vol. III/p. 542/ 598. C'est d'ailleurs la fonction qu'Isidore de Séville, *Etymologiarum sive Originum Libri XX*, XV/11 assigne aux sépultures : « Monumentum ideo nuncupatur eo quod mentem moneat ad defuncti memoriam. »

(141) Un tel choix lui permet de multiples plaisanteries : voir le com-mentaire de l'édition Henry/Rychner aux vers 1868-1869.

(142) *Etymologiarum sive Originum Libri XX*, I/8.

(143) « Liber de Derivationibus Verborum », cité d'après Dante, *Convi-vio*, p.p. G. Busnelli/M. Barbi, p. 59/n. 2.

Questo vocabulo, cioè " autore ", sanza quella terza lettera C, può discendere da due principii : l'uno si è d'uno verbo molto lasciato da l'uso in grammatica, che significa tanto quanto "legare parole", cioè " auieo ". (...). E in quanto " autore " viene e discende da questo verbo, si prende solo per li poeti, che con l'arte musaica le loro parole hanno legate : (...) (144)

Plus près de Villon, l'anonyme lorrain ne se préoccupe pas de reconstruire l'origine de la parole « auteur », mais il rappelle tout au début de son *Traité de l'Art de Rhétorique* que la connaissance des cinq voyelles est la base de la rhétorique, surtout en ce qui concerne les rimes à trouver :

En l'art et science de faire laie retoricque doit on premierement savoir qu'il sont. V. voieux en l'Abc, etc., et sont aeiou. (145)

Au centre des huitains CLXXVI - CLXXVII du *Testament* semble bien se cacher le double thème du poète et de l'écriture : à l'œuvre comme à l'auteur Villon nie toute possibilité de survie, le tombeau littéraire qu'il semble vouloir s'ériger ne le garantira pas de l'oubli. Mais l'ironie sous-tend le passage et la méfiance que maître François témoigne vis-à-vis de l'écriture ne le conduit pas au silence, conséquence logique. Au contraire ! Tout en se moquant du « bon follastre » (146), il écrit deux huitains riches de significations décodables à plusieurs niveaux. Attitude paradoxale s'il en est, puisque la poésie jaillit de sa propre négation, liant indissolublement sérieux et moquerie.

Il reste que, même si c'est sous le voile de l'ironie, Villon pose explicitement le problème de la fragilité de l'écriture. Dans le contexte ceci a de quoi étonner : aucune œuvre d'inspiration

---

(144) *Convivio*, IV/VI/1-5.
(145) *Recueil d'Arts de seconde Rhétorique*, p.p. E. Langlois, p. 199. Une telle mise en relief des voyelles peut sembler naturelle pour un poète qui doit nécessairement penser à la rime ; mais il s'agit là probablement d'une simple habitude scolaire qui remonte aux grammairiens latins. Dans le chapitre *De Litera* (Livre I/chap. 2), Priscien parle d'abord généralement des 23 lettres de l'alphabet, présente ensuite les cinq voyelles avant de passer aux consonnes. Le premier chapitre du *Godefredi de Traiecto Grammaticale*, grammaire versifiée rédigée, semble-t-il, entre 1388 et 1457, commence par les deux vers suivants : « Littera dicitur a, b, c, d — que sequencia cuncta./Ex hiis vocales a, e, i, o simul u des ; ». Même démarche dans le chapitre que l'*Etymologia preclara Donati noviter exarata*, imprimée en 1488 à Rütlingen (Zürich Zentralbibliothek, Hss. Ra 46), consacre à la « littera ».
(146) Cette attitude d'auto-dénigration que I. Siciliano, *François Villon*

sérieuse ne parle d'épitaphes sans laisser du moins entendre qu'il s'agit de sauvegarder la mémoire du défunt (147). Même le satirique *Testament du Chevalier oultré d'Amours* observe la règle :
> Qui est mort est mort, c'est l'ordinaire,
> Ne a personne n'en souvenra :
> Par quoy une tumbe on fera,
> Affin que encores en soit memoire. (148)

Les épithaphes des fous reproduisent parfois simplement la vie du mort, mais elles servent également à prolonger le souvenir du disparu :
> J'ordonne et veulx ma sepulture
> Auprès de taverne la belle,
> Et qu'on mette en grosse escripture,
> Affin que de moy soit nouvelle, (149)

1.2.2 *L'écriture « menacée »*

Les doutes affichés par Villon quant à la valeur de l'écriture n'épargnent même pas les autorités, ces sources de sagesse que les scribes ont sauvées de l'oubli :

FVL, v. 295-96 :
> Je l'ay leu, se bien m'en souvient,
> En Aristote aucunesfois.

FVT, v. 95-96 :
> (Travail) M'ouvrist plus que tous les commens
> D'Averroys sur Arristote.

FVT, v. 1547-48 :
> Tu trouveras la que Macrobes
> Oncques ne fist telz jugemens.

FPV, XIII/v. 35-38 :
> Voy que Salmon escript en son rolet :
> « Homme sage, ce dit il, a puissance
> Sur planetes et sur leur influence. »
> — Je n'en croy riens : tel qu'il m'ont fait seray.

---

et les thèmes poétiques du moyen âge, p. 96, avait appelée la « micromanie » de Villon, est assez fréquente dans le *Testament*.

(147) On pensera aux épitaphes des rhétoriqueurs ou, pour s'en tenir à un contexte comparable au *Testament,* aux vers 3752-55 des *Fortunes et Adversitez* de Jean Regnier.

(148) *Jardin de Plaisance*, vol. I/fo. CCLVI.

(149) *Recueil des poésies françoises* (...), p.p. A. de Montaiglon/J. de

L'incise ironique du vers 295 donne une valeur relative à la citation qui précède ; les autres exemples expriment la supériorité de la propre expérience sur la sagesse écrite, parfois de manière ironique comme dans la troisième citation (150). Cette attitude de maître François explique aussi la quasi-absence d'« exempla » tirés d'époques révolues dans le *Testament*. Les huitains consacrés à Diomède et Alexandre constituent l'exception la plus remarquable — encore Villon prend-il ses distances vis-à-vis de l'expérience du pirate, en la reléguant dans le domaine de l'hypothétique [FVT, v. 161-66 (151)]. Au huitain XXVII Villon découvre que la Bible même récèle des contradictions internes : il place deux passages bibliques l'un à côté de l'autre sans les concilier, de sorte que le message reste ambivalent et incertain (152). Il serait possible de rapprocher un tel procédé de la « quaestio » scholastique qui, à la suite du « sic et non » d'Abélard, se prolonge jusqu'au 15e siècle. Peu après 1430 Guillaume de Vaurouillon oppose dans son commentaire au *De anima* d'Aristote une autorité à l'autre et va jusqu'à condamner des opinions reconnues (153). Dans les milieux humanistes Jean de Montreuil s'élève contre l'accusation d'un collègue que Cicéron (ce parfait orateur, philosophe et citoyen) « posse et debere (...) de contradictione reprehendi » (154). Mais plutôt que dans de tels problèmes philosophiques le huitain XXVII du *Testament* trouve sa correspondance dans les problèmes que pose la lecture de la Bible au 15e siècle. Le chancelier Gerson estime qu'une longue et soigneuse préparation est nécessaire, si l'on veut comprendre les Saintes Ecritures : le même mot peut changer de sens selon le contexte, de

---

Rothschild, vol. III/p. 78.

(150) Pierre Michault, *Doctrinal du Temps Présent,* p. 55, se sert d'un procédé comparable, tout en poursuivant un but différent dicté par des préoccupations morales. Pour le lecteur (vertueux) il s'agit de lire à l'envers les assertions des Vices, de sorte que les paroles suivantes de Concuspicence se teignent d'ironie :

Ceste leçon, car elle est prouffitable,
Plus que celle de Seneque vous livre.

(151) Au vers 419 il prend également ses distances vis-à-vis de la morale qu'illustrent les dames et princes des ballades de l' « ubi sunt » : de tels « exempla » ne tirent pas à conséquence pour maître François Villon.

(152) Voir E. Birge-Vitz, *The Crossroad of Intentions,* p. 137 ; P. Zumthor, *Essai de poétique médiévale,* p. 426-28.

(153) J. Brady, « The " Liber de Anima " of William of Vaurouillon », *Medieval Studies* 10 (1948) 258/262/263/265 etc.

(154) *Opera I : Epistolario,* lettre no. 132. Le problème-clé est ici la contradiction entre l'œuvre et la vie : voir A.P. Saccaro, *Französischer Humanismus* (...), p. 85.

sorte qu'un lecteur naïf peut y déceler des contradictions, alors que le lecteur averti est capable de résoudre le problème. Il ne court pas le danger de fausser ou altérer le message biblique. Mais c'est justement ce que dame Dérision exige de ses élèves dans le *Doctrinal du Temps Présent* :

> Par ces belles et notables Figures
> Devez tousjours divinez Escripturez
> Interpreter en ung sens vicieux,
> (...)
> Et faulserez ainsi Psaultier et Bible. (155)

Ce sont là des dangers que les prédicateurs ne semblent pas toujours éviter, soit en jouant sur le sens d'un mot, soit en se servant de citations incomplètes (156) — comme maître François. Ce dernier, familier du monde du Palais (comme le révèlent les noms des nombreux légataires issus de ce milieu), n'introduit rien de nouveau en littérature : avant lui Pierre de Nesson, dont la formation juridique a marqué l'œuvre de son sceau, découvrait les contradictions du Christ en personne :

> Et quant ad ce quil dit estre
> De tout le monde roy et maistre
> Affin que a tout on luy responde
> Son royaume nest de ce monde,
> Ou luy mesmes se contredit (157)

Dans le *Testament* les autres livres ne sont guère mieux traités que la Bible : voici le *Roman de la Rose* que Villon intègre à son plaidoyer pour se défendre de ceux qui lui font « telle presse » (FVT, v. 119), se servant ainsi de l'autorité « pro domo ». Quant au *Roman du Pet au Deable,* il a été copié par Guy Tabarie, l'homme qui a vendu Villon et ses camarades lors du vol du collège de Navarre :

> (...) le roumant du Pet au Deable
> Lequel maistre Guy Tabarye
> Grossa, qui est homs veritable.
> (FVT, v. 858-60)

L'emploi antiphrastique de « véritable » ne cache pas seulement des sous-entendus de caractère biographique, mais rappelle qu'un tiers peut toujours apporter des modifications à un texte. Le motif est mis en évidence, puisqu'il s'agit là du premier legs,

---

(155) P. Michault, *Doctrinal du Temps Présent*, p. 138/v. 136-38/144.
(156) Voir aussi Th.-M. Charland, *Artes praedicandi*, p. 119.
(157) « Hommage à la Vierge », ds. *Pierre de Nesson et ses œuvres*, p. 41/col. droite.

suivi, à son tour, de trois legs littéraires, dont la *Ballade à Robert d'Estouteville*. Dans ce poème encomiastique Villon semble enfin accorder quelque crédit à l'écriture dans le combat contre l'oubli :
Sachiez qu'Amour l'escript en sa volume.
(FVT, v. 1384)

Mais il s'agit là d'une tournure formulaire ; le style de la ballade implique un choix lexical qui nous rappelle le « livre de Joie » d'un Charles d'Orléans (158) ou le refrain de la cinquième ballade du *Congé d'Amour* de Taillevent : « Les povoirs d'Amours n'as pas lus ». La portée du langage plus ou moins figé dont Villon se sert dans sa ballade, se trouve amoindrie par la *Ballade de la Grosse Margot* qui fait pendant à l'épithalame offert à Robert d'Estouteville (159). La question initiale (FVT, v. 1591-92) s'adresse à un public au courant des conventions courtoises, monde dont le poème va nous présenter l'envers : à l'univers chevaleresque du prévôt de Paris s'oppose le « bordeau ou tenons nostre estat » (refrain). Les deux ballades présentent des images contrastantes de l'amour comme de l'écriture :
(...). Lors empoigne un esclat,
Dessus son nez lui en faiz ung escript.
(FVT, v. 1608-09)

Au livre d'Amour répond le geste brutal, la farce au code courtois. Villon signale deux manifestations possibles de l'amour, les place l'une à côté de l'autre, nous invitant ainsi à prendre parti, mais sans choisir lui-même. Que vaut à ses yeux, le livre d'Amour ? Question d'autant plus justifiée que le passage représente une exception dans le *Testament*...

Mais c'est son propre message que Villon, à l'opposé des rhétoriqueurs et de Taillevent, décrit le plus souvent comme un objet fragile exposé aux caprices d'autrui. Le lecteur découvre d'abord de petits indices : le thème de l'écriture est fréquemment intégré aux jeux de l'ironiste qui n'abandonne jamais le masque qu'il a choisi pour mieux décocher ses railleries au légataire respectif (160). D'autres passages thématisent la menace qui plane sur

---

(158) Charles d'Orléans, *Poésies*, ball. no. XCV/XCVII.
(159) M. Butor, « La prosodie de Villon », ds. *Répertoire IV*, p. 113-14, a mis en relief la position-clé du *Lay* et de la *Bergeronnecte*. Les *Contrediz Franc Gontier* se placent à mi-chemin entre ces deux poèmes, la *Ballade pour Robert d'Estouteville* à mi-chemin entre le *Lay* et les *Contrediz*, la *Ballade de la Grosse Margot* à mi-chemin entre les *Contrediz* et la *Bergeronnecte*.
(160) Voir *Testament*, v. 207-08/264/1237/1330-31/1421 : l'analyse des effets particuliers obtenus dans chaque cas nous mènerait trop loin.

l'œuvre : ainsi, lorsque maître François nous rappelle avant de
tester qu'il a autrefois écrit des « lais » :

> Qu'aucuns, *sans mon consentement,*
> Voulurent nommer testament ;
> *Leur plaisir* fut, non pas le myen.
> Mais quoy ! on dit communement
> Qu'ung chacun n'est maistre du scien.
>
> (FVT, v. 756-60).

Il refuse toute responsabilité quant au titre de « testament »
et souligne, jusque dans le proverbe final, son impuissance à préserver son œuvre d'influences étrangères. A ces vers répond, après
la série des legs burlesques, le huitain CLXXIV où Villon choisit
Jean de Calais comme vérificateur de son testament :

> De le gloser et commenter,
> De le diffinir et descripre,
> Diminuer ou augmenter,
> De le canceller et prescripre
> De sa main, et ne sceut escripre,
> Interpreter et donner sens
> A son plaisir, meilleur ou pire,
> A tout cecy je m'y consens.
>
> (FVT, v. 1852-59)

Dans le premier passage cité Villon prend à contrepied l'habitude des testataires de révoquer tout écrit antérieur ; dans le
deuxième il accorde à Jean de Calais des pouvoirs excessifs (161).
Dans une perspective littéraire ce passage contient également des
éléments infractionnels : il serait pourtant possible de le rapprocher
des clauses d'humilité où l'auteur demande au public de corriger
son œuvre et, éventuellement, de la gloser (162). Villon se sert
d'un vocabulaire analogue, mais ce n'est pas l'amélioration ou
l'interprétation du texte qu'il envisage ; il semble bel et bien proposer un bouleversement total. Mais maître François est-il sérieux ? Les deux huitains cités encadrent les legs burlesques où
triomphent le double sens, l'équivoque et les jeux de mots. Jean
de Calais est un ignare qui ne sait pas écrire : les pouvoirs que le
testateur lui accorde généreusement, sont illusoires. Villon se
moque : « et ne sceut escripre » (v. 1856) insinue l'incise, ironique.

---

(161) Voir A.J.A. van Zoest, *Structures de deux testaments fictionnels,* p.
180-83/271.
(162) Voir la page 12 du présent travail et, pour les remarques qui
suivent, les pages 24-25.

Le *Testament* ne s'adresserait-il qu'aux initiés (163), à ceux qui savent comprendre ? Une préoccupation toutefois perce : les vers 756-760 suggèrent, sans ironie, la fragilité d'un message poétique qui, s'étant détaché de son auteur, tend à mener une vie impersonnelle. La crainte des envieux, des ignares, on la rencontre çà et là de Martin Le Franc à Pierre de Ronsard ; les humanistes du début du 15ᵉ siècle partagent les craintes de Villon :

> (...) me prohibente clam fere omnia diripentur,
> incorrecta etiam et sparsa per minutas, qualia
> ego ipse vix relegens intellegerem vel in unum
> conpingerem. Quo magis ignosci peto et obtestor
> si talia ab alienis, incondite corrupteque habeantur ; (164)

Vers la fin du siècle Robert Gaguin voit son œuvre menacée par la « impressoris incuria » (165) et, plus tard, Clément Marot déplore l'état lamentable auquel les imprimeurs ont réduit les œuvres de François Villon (166) ; chez ces auteurs se manifeste une conscience de la propriété littéraire qui ne transparaît pas chez le pauvre écolier. Pour lui, la rédaction même de l'œuvre représente une entreprise parsemée d'écueils :

> Enregistrer j'ay fait ses diz
> Par mon clerc Fremin l'estourdiz,
> Aussi rassiz que je pense estre,
> S'il me desment, je le mauldiz :
> Selon le clerc est deu le maistre.
>   (FVT, v. 564-68)

Le vers final renverse un proverbe connu et souligne à quel point le maître dépend de son clerc que rien n'empêche, à l'instar de Jehan de Calaiz, de « donner sens a son plaisir ». Le motif du

---

(163) Si on interprète le huitain CLXXIV de façon antiphrastique l'attitude de Villon se rapproche de celle de Jacques Milet dans son *Epître épilogative* (1452). A la fin il s'y adresse aux experts (les clercs et les historiens), les invitant à revoir le texte, mais précisant que « rien ne soit osté ne adjousté, diminué ou multiplié, sinon aux nombres et quantité des syllabes » (cité d'après M.-R. Jung, « Jacques Milet et son Epître épilogative », *Travaux de Linguistique et de Littérature* 16 [1978] 257).

(164) Jean Gerson, lettre « Aux messieurs de Navarre » (1400), ds. *Œuvres complètes*, vol. II/p. 43. Voir aussi Nicolas de Clamanges, *Opera omnia*, p. 128/131-33 ; Jean de Montreuil, *Opera*, vol. I/p. 120, lettre où il se plaint des procédés de ses adversaires dans la querelle autour du *Roman de la Rose*.

(165) *Epistole et orationes*, p. 333-34.

(166) Préface à l'édition des œuvres de Villon, ds. *Œuvres complètes*, vol. IV/p. 190-91. La même plainte, mais au sujet de ses propres œuvres, apparaît dans la préface à l'*Adolescence Clémentine ;* Marot défend son œuvre contre les imprimeurs au nom de la propriété littéraire.

copiste se trouve aussi dans le *Songe de la Thoison d'Or* (v. 373-76) de Taillevent et dans le *Testament du chevalier oultré d'Amours* de Pierre de Hauteville ; chez le premier il y a comme l'écho d'une brève altercation avec le copiste, mais le texte ne court pas le moindre danger. Le deuxième est certain d'être obéi :

> Sus mon clerc/il te fault penser
> Et escry cy mon ordonnance
> Et pense tost de tavancer
> Sans aucunement deslayer
> Ce que diray a ma plaisance. (167)

Le seul danger vient de l'approche de la mort : la voix du chevalier s'affaiblit de plus en plus, il a des troubles de mémoire — il faut donc se dépêcher. Ces thèmes sont constitutifs de la *fiction testamentaire ;* moins élaborés, nous les retrouvons dans le *Testament de la Guerre* de Molinet (169), ils affleurent chez Villon (FVT, ht. LXXI-LXXII/LXXIX). Ici Villon observe les règles du jeu ; il se permet une nouvelle infraction, lorsqu'il invite Fremin à divulguer partout le texte qu'il lui dicte (FVT, v. 789-92). Ainsi maître François déchire çà et là le voile de la fiction testamentaire, nous incitant à un décodage en clé littéraire. Cette perspective s'impose aussi pour le legs qu'il fait à la Grosse Margot :

> Qui la trouvera d'aventure,
> Qu'on lui lise ceste ballade.
> (FVT, 1589-90)

Nous assistons au passage *de l'écrit à l'oral* (169) ; le moment de l'exécution ne coïncide pas avec celui de la création. Un tel renvoi de la lecture à un futur non spécifié contredit toutes les habitudes testamentaires : le testateur ne saurait charger un « on » impersonnel de s'adresser à ses légataires. Une récitation ultérieure permet d'envisager une *survie* du poème ; mais, dès l'abord, elle dépend de personnes sur qui le poète n'exerce aucune influence. Une fois de plus son œuvre se présente comme un fragile objet dans la main d'autrui. Villon insiste sur le lien de dépendance qui l'unit aux autres ; mais la répétition est-elle un indice suffisant pour nous convaincre du sérieux de ces craintes ? Ou font-elles partie du rôle que Villon a assumé, celui du pauvre écolier en butte

---

(167) *Jardin de Plaisance,* vol. I/fo. CCLII.
(168) *Faictz et Dictz,* vol. II/p. 718ss.
(169) Nous analyserons l'importance de la " parole orale " dans le *Testament* au chap. 1.2.4.

aux vexations de ce monde (170) ? Quoi qu'il en soit, Villon pose le problème de la relation auteur — œuvre — public et la présente, pour des raisons que nous aurons encore à examiner, comme une relation difficile.

1.2.3. *Autour de l'entroubli de Villon*

Encadré par une double référence à l'acte d'écrire (FVL, v. 273-76/ 307-09), l'entroubli à la fin du *Lais* se définit dès l'abord comme un moment de réfléxivité stylistique (171) ; c'est de l'œuvre elle-même qu'il est question dans ce passage. Partant de l'idée que Villon accorde une attention particulière aux problèmes qui touchent à la création littéraire, nous proposons une re-lecture de ces huitains à la lumière de textes littéraires comparables et à l'aide des problèmes médicaux qui sont sous-jacents à de tels textes. Nous tiendrons avant tout compte de compilations et de vulgarisations éditées au 15ᵉ siècle et ne remonterons que rarement à leurs sources aristotéliciennes. Cette démarche nous permettra de mieux comprendre les difficultés terminologiques intimement liées à la lecture et à l'interprétation de la fin du *Lais*.

1.2.3.1. *Lecture des huitains XXXV à XXXIX*

La cloche de la Sorbonne est le stimulus qui incite Villon à interrompre son travail pour prier. C'est en priant qu'il s'entroublie. Le mécanisme est fondamentalement différent de celui que décrivent les *Lunettes des Princes* (172) : Jean Meschinot termine sa prière, avant que ne se déclenche le processus de l'entrée en vision. Un passage de Vincent de Beauvais jette quelque lumière sur ce que dit Villon :

Alius modus quod anima interioribus occupata :

---

(170) Les craintes de Villon seraient alors une des manifestations de ce que I. Siciliano a appelé la « micromanie de Villon » (*François Villon et les thèmes poétiques du moyen âge*, p. 96). Voir aussi les pages 167-168 du présent travail.

(171) Nous empruntons le terme à A.J.A. van Zoest, *Structures de deux testaments fictionnels*, p. 165.

(172) Jean Meschinot, *Les Lunettes des Princes*, p. 33.

circa usum rationis et affectus : exteriora membra
relinquit : secumque sensibilem spiritum et calorem
trahit. Quo facto de facili membra exteriora gra-
vantur & accidit somnus. hinc etiam accidit : quod
aliquid audientes subtilia et devota : frequenter
somno deprimuntur. (173)

Le son des cloches ne provoque pas nécessairement un intros-
pection religieuse (comme le pense O. Petit-Morphy), et encore
moins un rapt mystique [comme le croit O. Süpek (174)]. La
parenté entre le langage de Villon et celui des scholastiques ou
des mystiques espagnols de Jean de la Croix à Thérèse d'Avila
ne peut être considérée comme une preuve suffisante. Pour décrire de telles expériences on se sert nécessairement d'un vocabulaire d'origine aristotélicienne. Il suffit, pour s'en convaincre, de
relire la fin du XXVII° livre du *Speculum naturale,* consacrée au
sommeil et aux songes. A la suite de Macrobe (175), Vincent
de Beauvais distingue d'un côté « oraculum », « visio » et
« somnium », de l'autre « insomnium » et « phantasma » (chap.
LXII). Il rattache le « raptus animae » à la première catégorie
qui touche les phénomènes *impliquant une vision :*

(...) : et significat elevationem quandam ab ex-
terioribus sensibilibus quibus naturaliter inten-
dimus ad aliqua que sunt super hominem (...). vi-
detur autem supernaturaliter propter sensum & in-
tellectum & imaginationem : sicut in questione de
prophetia dictum est. (176)

Rien de pareil chez Villon qui compare son entroubli à l'effet
du vin absorbé en trop grande quantité (FVL, v. 282). Il s'agit
d'une notation médicale que nous retrouvons dans le *Speculum
doctrinale :*

Ebrietas est vicium per quod mentis quondam
alienatio vel oblivio sui generatur ex su-

---

(173) Vincent de Beauvais, *Speculum Naturale,* chap. XXVII/XXIII.
(174) « L'Entroubli de Villon », *Annales USB* IV (1973) 91-100. Remarquons qu'un tel élan mystique serait exceptionnel dans l'œuvre de Villon
qui reprend plusieurs fois l'idée de l'abîme qui sépare l'homme de Dieu.
C'est dans ce sens qu'il parle de sa « povre priere » (FVT, v. 51), du silence de Dieu devant les plaintes des vieilles femmes (v. 449-52), de l' « humble crestienne » qui prie la reine du monde (v. 875).
(175) *Commentarii in Somnium Scipionis,* chap. 1.3.2. Vincent de Beauvais renvoie toutefois à Saint Augustin et à Jean de Ruppella.
(176) *Speculum Naturale,* chap. XXVII/CXI : « De ebrietate secundum
philosophos ».

perflua potuum indulgentia. (177)

Avec le vers 284 commence la description proprement dite de l'entroubli. Pendant la première phase (FVL, v. 284-96) dame Mémoire et les facultés de l'intelligence cessent de fonctionner. Or, à la suite d'Aristote (178), Vincent de Beauvais note que le sommeil immobilise non seulement les sens extérieurs (179), mais aussi la mémoire :

> (...) : quia memoria nullo modo potest agere
> in somnis : nisi per accidens supra habitum
> est. sed bene agit in vigilis. (180)

Le problème principal réside dans le fait que chez Villon dame Mémoire est à la fois la force motrice de l'entroubli et est située au même niveau que les « especes colaterales » [v. 286 (181)]. Or, au 15ᵉ siècle, une certaine ambiguïté semble planer sur le statut de la mémoire. Le cerveau est en règle générale divisé en trois parties, la mémoire occupant la cellule à l'arrière de la tête (182). En 1430 Guillaume de Vaurouillon constate qu'au sujet de cette tri-partition il y a trois opinions divergentes : Albertus Magnus, Avicenne, Algazélis (183). Vincent de Beauvais, qui propose une tripartition en « fantasia »/« ratio »/« memoria », donne la liste suivante des « viribus intelective » :

— vis inventiva
— vis iudicativa
— vis *memorativa*
— vis interpretativa (184)

Ces quatre forces ne correspondent pas à celles énumérées par

---

(177) *Speculum Doctrinale*, chap. V/CLVII : « De ebrietate secundum philosophos ». Le vin peut être aussi la cause d'apoplexies et d'épilepsies (chap. XIV/XC). Barthélémy l'Anglais, *Le Propriétaire des Choses*, fo. 1.ii/ vo., chap. « Du veiller », note que ceux qui ont bu trop de vin ne peuvent plus dormir et risquent de perdre les sens.

(178) Voir F. Villon, *Œuvres*, p.p. L. Thuasne, vol. II/commentaire au vers 283.

(179) *Speculum Naturale*, chap. XXVII/II.

(180) *Speculum Naturale*, chap. XXVII/XXIX ; voir aussi chap. XXVII/ LI.

(181) Voir le commentaire de Henry/Rychner au vers 286. L'autre pro-blème est qu'il s'agit d'un entroubli et non pas du sommeil : nous y re-viendrons.

(182) Voir B. Latini, *Li Livres dou Tresor*, chap. I/15 ; Barthélémy l'An-glais, *Le Propriétaire des Choses*, livre V/chap. III.

(183) J. Brady, « The " Liber de anima " of W.V. », *Medieval Studies* 11 (1949) 281.

(184) *Speculum Naturale*, chap. XXVIII/LIII. Une « vis memorialis » ap-paraît encore parmi les « vires apprehensibiles sensibiles » (XXVIII/III).

François Villon. Mais on remarquera que, apparaissant à des niveaux différents, la notion de mémoire se prêtait aisément à des confusions terminologiques. Le processus-clé de la fin du *Lais* (suspension de la mémoire *et* de la raison), Vincent de Beauvais le retient aussi en parlant des songes :

> Unde cum somnis anima maxime intendit motui
> *imaginationis.* Contingit : quod abstrahitur a
> motu rationis et intellectus. (185)

Seule agit la fantaisie qui, chez Villon, va dominer la deuxième phase de l'entroubli (FVL, v. 297-309). Juste avant le réveil du sensitif et de la fantaisie, notre auteur mentionne au huitain XXXVII les lunatiques et nous renvoie à l'autorité d'Aristote — renvoi que Henry/Rychner considèrent erroné (186). Or, Barthélémy l'Anglais propose la même référence lorsqu'il parle de l'influence de la lune sur le cerveau humain :

> (...) ; si comme il appert en ceulx qui sont *lunatiques*
> et en ceulx qui cheent en hault mal qui sont plus tor-
> mentés quant la lune est nouvelle ou plaine que en
> aultre temps. Et ce est ce que dit Aristote ou tiers chapitre
> du .XII. li. des bestes. (187)

Au chapitre XIV/LVII : « De Epilensia. Isidorus. » du *Speculum Doctrinale,* Vincent de Beauvais rapproche mélancolie, lunatisme et épilepsie :

> Fit autem ex melancholico humore, quoties exuberaverit,
> & ad cerebrum conversus fuerit. Haec passio caduca voca-
> tur, eo quod cadens aeger spasmos patiatur : hos etiam
> vulgus lunaticos vocat, quod per lunae cursum comitetur
> eos insania daemonum.
> Quaedam autem epilepsia est ex cerebro, quaedam ex
> nervorum spasmo. (188)

Après la mention du vin, c'est donc une seconde observation médicale que François Villon insère dans le texte (189), lui

---

(185) *Speculum Doctrinale,* chap. XXVII/XLIX. Voir aussi Aristote, *Aristotelis Libri omnes com Averrois Cordubensis variis in eosdem commentarijs,* Venise, 1574, vol. VI/pars II/fo. 33vo : « sed quia virtus rememorationis & cogitationis non agunt in somno, ideo attribuitur imaginatione. »

(186) Voir leur note au vers 296 du *Lais.*

(187) *Le Propriétaire des Choses,* chap. V/III : « Des Propriétés du Cervel ».

(188) Comparer à Aristote, « De Somno et Vigilia », ds. *Aritotelis Libri omnes cum Averrois (...) commentarijs,* vol. VI/pars II/fo. 26ro : « Simile enim est somnus epilepsie. »

(189) O. Petit-Morphy, *Villon et la scholastique,* p. 606/620, renvoie

conférant ainsi l'allure d'une analyse scientifique et distante.

Avec le réveil de la fantaisie (FVL, v. 298), alors que les autres facultés sommeillent, nous retrouvons un élément constitutif des descriptions des songes ou visions au 15ᵉ siècle. Mais pourquoi la fantaisie dépend-elle du sensitif ? Selon Vincent de Beauvais (190) le sommeil lie habituellement le sens commun dont dépend la « virtus sensitiva », mais n'immobilise pas la fantaisie. Et à l'état éveillé, affirme Aristote, l'imagination dépend du sens commun :

> In vigilia enim sensibilia extrinseca movent
> sensus : & sensus communis movet virtutem ima-
> ginativam. (191)

Le rapport entre les différentes forces ne semble pas toujours clair ; et l'emploi de termes presque identiques pour désigner des phénomènes mentaux distincts contribue à une délimitation flottante. Ceci peut expliquer les difficultés terminologiques de la fin du *Lais* et le vers 297 où s'amorce un mouvement d'éveil. Les huitains XXXVIII et XXXIX décrivent le retour à l'état normal dans des termes qui sont apparentés à ceux qu'on trouve dans des passages comparables au 15ᵉ siècle.

1.2.3.2. *Médecine et visions poétiques au 15ᵉ siècle*

Dans le *Livre de l'Espérance* Alain Chartier emploie une terminologie qui rappelle celle de Villon ; chez les deux le non-fonctionnement de la mémoire et de l'entendement est un élément constitutif du déroulement de l'entroubli ou de la vision (192). Mais chez Alain Chartier les quatre vertus sensitives sont la sensi-

---

à des passages bibliques : mais le rappel des Païens qui boivent du vin au crépuscule, semble plutôt loin de la fin du *Lais*.

(190) *Speculum Naturale,* chap. XXVII/II.

(191) « De Somniis », ds. *Aristotelis Libri omnes cum Averrois* (...) *Commentarijs,* vol. VI/pars II/fo. 33vo. — chez Barthélémy l'Anglais, *Le Propriétaire des Choses,* fo. C.iii/ro-vo, les trois facultés correspondant aux trois parties du cerveau (imaginative/extimative/memorative), dépendent du sens commun, lequel représente la puissance intérieure de l'âme sensitive. Serait-ce là un indice pour comprendre le huitain XXXVIII ?

(192) *Livre de l'Espérance,* p. 23. C'est seulement après la première phase de la vision qu'Entendement reprend ses sens et « se retrait vers la partie de ma memoire, et ouvrit a grant effors (...) ung petit guichet dont les verroux estoient compressés du rooil d'oubliance. »

tive, l'imaginative, l'estimative et la mémoire ; il suit de plus près les distinctions proposées par Barthélémy l'Anglais ou Vincent de Beauvais. Mais là n'est pas l'essentiel : chez Chartier, c'est *Melencholie* qui déclenche tout le processus. M.-R. Jung remarque que le passage s'inspire du *Problema* XXX/1 attribué à Aristote, où l'on affirme que tous les êtres exceptionnels sont de nature mélancolique (193). C'est la même situation propice à l'inspiration (194) que décrit Achille Caulier dans la *Cruelle femme en Amour* :

> En ce fantasieux estat
> Ou m'avoit ma tristesse mis
> Fus grant temps oublieux et mat,
> Sans memoire, sens et advis.
> En cest estat, ou riens ne vis,
> Me vint ymagination,
> De laquelle fus sy ravis
> Que j'en entray en vision. (195)

La terminologie est simplifiée, le mécanisme fondamental reste le même. Du point de vue médical la tristesse initiale est aussi considérée comme un terrain fertile où peuvent s'épanouir songes et visions (196) :

> Quarta causa est fortissima radicatio et cogitatio
> circa aliquid : et precipue quando aliquis abstrahit
> se a sensibus exterioribus : ut querit locum *solitu-*
> *dinis* quo minus anima ad interiora revocetur. tunc
> enim si fortis sunt imaginationis & debilis rationis
> incipiunt se movere simulacra : eo quod non impeditur
> nec a sensibus nec a ratione. (197)

Plusieurs poèmes du 15ᵉ siècle illustrent un processus analogue,

---

(193) M.-R. Jung, « Poetria », *Vox Romanica* 30 (1971) 47.
(194) Voir H. Heger, *Die Melancholie bei den französischen Lyrikern des Spätmittelalters*, surtout p. 206. Même motif chez Machaut, Froissart, Deschamps et Taillevent (STO, v. 4-5/41-42), souvent accompagné du motif de la solitude.
(195) « La Cruelle Femme en Amour », p.p. A. Piaget, *Romania* 40 (1902) 324-25. Dans la *Belle Dame sans Mercy* la tristesse actuelle s'oppose à la joie perdue. L'idée de devoir abandonner désormais toute poésie gaie apparaît déjà dans la *Mort Rutebeuf* et les *Congés* d'Adam de la Halle.
(196) Dans le *Petit Traictié soubz obscure Poetrie* de Molinet la mélancolie ne débouche pas sur une vision ou une rencontre : « Ou lit de pleurs (...) m'est venu entreferir de son arc sagittaire tresdure et aspre melancolye, et m'a sy perturbé le sens que je n'ay imaginative, memoire ne fantasie, qui a riens se puist emploier (...) » (*Faictz et dictz*, p. 705ss). Un aveu de stérilité qui nous rapproche de la fin du *Lais !*
(197) *Speculum Naturale*, chap. XXVII/XXXVI.

notamment des complaintes (198). Dans le *Temple de Boccace*
George Chastelain multiplie les indications d'ordre médical, établissant un lien étroit entre les préoccupations de la journée (il a
promis d'écrire une œuvre) et une nuit inquiète :

> Gisant doncques par nuit en ce soing, et fantasiant
> de quoy je furniroye ceste œuvre promise (...), non
> couchié encores en lit, mais vestu sur un banc, me
> trouvay *entre-oublié* un peu envers l'aube du jour.
> Et ayant l'imaginative alors pleine des impressions
> du jour passé (...), ne sçay comment j'entray en une
> mystérieuse vision, (...) (199)

Deux passages du *Speculum Naturale* font écho :

> Unum est alicuius in vigilia peraccepti fortissima
> impressio : quod fortasse faciendum est in futuro.

> Insomnium est : quando id quod vigilanter fatigaverant :
> se ingerit dormienti : sicut est cura cibi : vel potus
> vel aliqua studia : vel artes : vel infirmitates. (200)

Nous retrouvons l'idée d'une veille fatigante dans la *Danse aux
Aveugles* de Pierre Michault et dans le *Miroire de Vie* de Jean
Molinet (201). Au premier abord on serait tenté de rapprocher de
tels textes de l'entroubli de Villon. Il a écrit jusqu'à la tombée
de la nuit — mais dans le *Lais* manque toute trace de tristesse
ou de préoccupation comme chez les autres poètes d'Alain Chartier
à Jean Lemaire des Belges. Maître François écrit « estant en bonne.»
(FVL, v. 274)), il n'y a pas de continuité entre la veille et l'entrou-

---

(198) On le trouve dans différentes œuvres de G. Chastelain. Voir aussi :
J. Meschinot, *Les Lunettes des Princes*, p. 33 ; P. Michault, « Complainte
II», ds. *La Danse aux Aveugles et autres poésies du 15ᵉ siècle*, p. 140-41 ;
J. Robertet, « Complainte de la mort de G. Chastellain », ds. *Œuvres*,
p. 159-61 ; G. Cretin, « Deploration sur le trespas de feu Okergan », ds.
Œuvres poétiques, p. 60-61 ; Jean Lemaire de Belges, *La Concorde des
deux Langages*, p. 8.
(199) G. Chastelain, *Œuvres*, vol. VII/p. 76-77. L'entroubli assume
ici le même rôle que dans d'autres textes le sommeil : il assure le passage dans le monde du songe, dans le monde de la fiction. Dans un autre
texte bourguignon, le *Lyon coronné* (1467), la tristesse causée par le décès
de Philippe le Bon sert de lien entre la réalité et le rêve du « je » qui
gît à la fois « joint et separé » (p. 27) de lui-même. Sur le problème de
la continuité entre veille et vision dans l'*Amant rendu Cordelier à l'Observance d'Amours*, voir M. Zink, « Séduire, endormir. Note sur les premiers
vers d'un poème du 15ᵉ siècle », *Littérature* 23 (1976) 117-21.
(200) *Speculum Naturale*, chap. XXVII/XXVI et LXII. On trouvera des
remarques analogues dans le *Manuel des Péchés* (13ᵉ siècle), p.p. E. J.
Arnould, p. 200-01.
(201) *Faictz et Dictz*, p. 670.

bli : ce dernier n'apparaît pas comme un moment privilégié de
l'inspiration, mais comme un phénomène d'ordre psychologique
qui interrompt la veine créatrice et conduit à l' « ancre gelé »
du vers 308 (202). La source d'inspiration est désormais tarie ;
Villon avait commencé à écrire « sur le Noel, morte saison »
(FVL, v. 10) à côté de l'âtre où crépitait un feu qui le protégeait
du froid. A son réveil (huitain XXXIX) le froid a pénétré dans
la chambre et notre poète ne saurait où se procurer du feu. Dans
l'opposition froid/chaud qui encercle le *Lais* il est facile de déceler
un symbolisme se référant à l'inspiration poétique. En même
temps la mention du froid à la fin du poème peut être une ultime
observation d'ordre médical : c'est le froid extérieur qui remonte
vers les sens intérieurs qui cause le sommeil — et une basse
température est selon Barthélémy l'Anglais (203) à l'origine de
divers dérèglements cérébraux.

1.2.3.3. *Pour une interprétation de la fin du « Lais »*

Chez les autres poètes le sommeil débouche dans un songe
dont ils se souviennent parfaitement ; l'entroubli de Villon ne
s'ouvre sur rien, et le pauvre écolier est incapable de se mettre
à table et d'écrire. S'il y a eu songe, il ne s'en souvient pas — phénomène fort courant aux dires de Barthélémy l'Anglais, puisque
la raison immobilisée pendant le sommeil ne peut pas juger ce
qui se passe dans la fantaisie (204). Ainsi Villon multiplie les
termes techniques dans les huitains XXXVI à XXXIX ; une
telle accumulation peut sembler comique, de même que le « se
bien m'en souvient » du vers 295 suggère une distance ironique
vis-à-vis de l'autorité d'Aristote. En même temps les rapprochements entre le « je » et le « nous » (v. 290) ou l'« homme »
(v. 293) sont les indices d'une réflexion à portée générale sur le
fonctionnement du cerveau humain. Les deux exemples insérés

---

(202) La « froide, merveilleuse, trenchant et angoisseuse bize ait converti
mon encre en glace », déclare Molinet au début du « Voiage de Napples »
(*Faictz et Dictz*, p. 277) ; mais malgré la glace il se mettra à écrire et
surmontera cette difficulté initiale.

203) *Le Propriétaire des Choses*, chap. VII/VI : « De Esbahissements
et de Litargie ».

(204) *Le Propriétaire des Choses*, chap. VI/XXV : « Des Propriétés du
Dormir ».

(vin et lunatisme) contribuent à l'atmosphère scientifique et rapprochent l'entroubli du domaine des maladies. Le vocabulaire employé, les symptômes mentionnés pourraient faire penser à un accès épileptique ; mais Villon peut tout aussi bien parler d'un simple dérèglement des sens causé par un assoupissement, sommeil et maladie étant des domaines contigus, difficiles à distinguer. Ou s'agit-il de folie ? Au huitain XIV apparaît la rime « aulmoire »/« mémoire », reprise aux vers 284-285 (205) : le testateur y lègue l'*Art de Mémoire* à Robert Vallée, un insensé qui ne saurait tirer profit d'une telle œuvre (206). Folie et manque de mémoire se trouvent ainsi associés une première fois pour mieux permettre à l'ironiste de décocher ses traits. A la fin du *Lais* Villon ne réfère pas le double thème de la folie et du lunatisme à son moi poétique, mais à l'homme en général : c'est là une parenthèse érudite à l'intérieur de la description de l'entroubli, précisément avant le début de la deuxième phase où se réveille la fantaisie qui, chez les *autres* poètes, déclenche l'entrée en vision et permet de pénétrer dans le monde de l'allégorie. L'ouverture sur la grande poésie traditionnelle est ainsi suggérée par Villon... qui la repousse aussitôt, de même qu'il n'avait pas accepté la morale que lui proposaient les dames du temps jadis et qu'il avait exprimé ses doutes quant à la valeur du message des « auctoritates » pour son propre cas. Dans le *Débat de Villon et de son Cœur* (FPV XIII) il oppose à la sagesse de Salomon l'idée d'une fatalité dont il serait la victime, en se présentant comme un enfant de Saturne ; son Cœur lui répond que « c'est *foleur* » (v. 33) et l'invite plus tard (v. 44) de « laisser les *folz* ». Or, Saturne est la planète des mélancoliques : Villon nous laisse-t-il entendre à la fin du *Lais* que la tristesse que les héritiers d'Alain Chartier décrivent comme propice à la création poétique, n'est que folie ?

La fin du *Lais* nous semble constituer un art poétique qui peut se résumer de la façon suivante : la « bonne » (la suite des legs burlesques) est détruite ; dans son désarroi le poète fait appel au songe de la poésie traditionnelle, espérant retrouver la veine créatrice. L'expérience se solde par un échec : Villon ne peut que constater son impuissance à continuer et signe le *Lais*. Une fin

---

(205) Dans le manuscrit A (Arsenal, ms. 3523) les huitains consacrés à Robert Vallée précèdent immédiatement la fin du *Lais*.

(206) L'*Art de Mémoire* traite évidemment de la « memoria artificiosa » que les traités mnémotechniques de l'époque décrivent à la suite du *De Oratore* cicéronien et de la *Rhetorica ad Herennium*. Ce livre doit être pris chez Maupensé (FVL, v. 111) : aux yeux de Villon la scholastique ne vaut rien.

abrupte (207) qui thématise, non sans ironie, les difficultés du poète de remonter aux (vraies) sources de l'inspiration.

1.2.4. *Le thème de la parole*

Le *Testament* (œuvre qui exprime des doutes quant à la valeur de différents types d'écriture) est un texte éminemment oral. « Dire » est un des verbes les plus fréquents (208), les personnages du *Testament* prennent tour à tour la parole et sont parfois associés à des débats. En tant que *thème* la parole (humaine) apparaît ça et là, mais devient, de la strophe CXXXIX à la strophe CXLV, de Robert d'Estouteville aux « belles langaigieres » (FVT, v. 1515), le leitmotiv qui relie huitains et ballades :

FVT, v. 1376 :
> Ou si bien fist et peu *parla*

FVT, v. 1411 :
> *Langues* cuisantes, flanbans et rouges

FVT, v. 1417 :
> Lequel n'en *parle* jus ne sure

FVT, v. 1430 :
> Soient frictes ces *langues* ennuyeuses (refrain)

FVT, v. 1458 :
> Les Contre*ditz* Franc Gontier mande

FVT, v. 1472 :
> Lequel a tort ? Or en *discute*

FVT, v. 1509 :
> (...) *prescher* hors l'Evangille

FVT, v. 1512 :
> Qui ont le *bec* si affilé

FVT, v. 1522 :
> Il n'est bon *bec* que de Paris (refrain)

FVT, v. 1540 :
> De beau *parler* donnez le pris (envoi)

FVT, v. 1550 :

---

(207) Au 15ᵉ siècle une prière clôt fréquemment un poème. Ainsi l'omission des huitains XXXVI à XXXIX dans le manuscrit C (B.N. fonds fr. 20'041) et dans l'édition de Pierre Levet en 1489 ne devait pas être ressentie comme un manque de la part du public.

(208) Voir Villon, *Œuvres,* p.p. R. van Deyck/R. Zwaenepoel, deuxième volume au mot « dire ».

Ce sont tous beaux *enseignemens*

Villon retient les aspects les plus négatifs de la parole humaine ; ainsi la parole mal employée et la médisance dont les frères Perdriel sont le meilleur exemple (209), la malédiction (FVT, v. 18/ 567/1235), le mensonge (210), la tromperie (FVT, v. 480/677/ 681-706/881). Une nette méfiance vis-à-vis de la parole caractérise aussi un deuxième groupe au dénominateur commun : « beau parler » ou, pour le dire avec le 15ᵉ siècle, le « mal Sainte Caquette » (211). Le rapprochement avec le monde du théâtre n'est pas gratuit : sous leurs multiples aspects la ruse, le mensonge, la tromperie triomphent dans les farces, ne sont pas absents des sotties et se retrouvent, en remontant le cours du temps, dans les fabliaux. Les mêmes motifs jouent un rôle-clé dans les *Nouveaulx Droitz* de Coquillart, auteur fort lié au théâtre, qui fait la satire de l'amour et de la justice, des avocats et des femmes dans une société qu'il juge pervertie. L'ironie sert de manteau au moraliste ; et ce sont de tels auteurs qui attaquent le plus ouvertement la parole humaine. Nous ne nous arrêterons pas à la littérature anti-curiale qui dénonce le fléau des flatteurs à la cour des princes tout au long du 15ᵉ siècle (212) ; un Jean Bouchet étendra sa critique à la société tout entière, puisque dans ses *Regnars Traversant* les médisants et les détracteurs triomphent dans tous les états.

Dans les cercles des humanistes on trouve des réflexions sur le mensonge et les abus de la parole (213) presque identiques à celles des moralistes qui écrivent en français. Les rhétoriqueurs n'ignorent pas ce genre de réflexions : dans le *Livre de Paix* George Chastelain fait discuter longuement Sens Superficiel et Entendement Profond pour savoir si l'on peut avoir confiance en la parole humaine — incertaine dans un monde soumis à la loi du change-

---

(209) Voir encore FVT, v. 20/157/190/726/1186.

(210) A la suite de Saint Augustin le moyen âge s'est continuellement intéressé au mensonge sous ses différentes formes ; voir E.J. Arnould, *Le « Manuel des péchés »*, p. 195-96. Nous le retrouverons dans les listes des vices de la langue, dont nous aurons encore à parler.

(211) *Le Recueil Trepperel : les farces*, p.p. E. Droz/H. Lewicka, p. 81.

(212) Critique déjà développée par Jean de Condé dans le dit du « Prince qui croit Bourdeurs » (*Dits et contes de Baudouin de Condé et de son fils Jean de Condé*, vol. III/no. LXX) ; son point de départ est une sentence biblique à laquelle il nous renvoie.

(213) Voir N. Oresme, *Le livre des éthiques d'Aristote*, p. 264/270-72 ; J. Gerson, *Œuvres complètes*, vol. VII/p. 381. Marqués par la pensée chrétienne, ces auteurs pourraient avoir puisé certaines idées chez les pères de l'Eglise qui opposaient la faible parole humaine au Verbe divin ; voir M. Schmaus, *Die psychologische Trinitätslehre des hl. Augustinus*, p. 22-76.

ment (214). Les attaques les plus vigoureuses sont formulées dans
le *Martyrologue des Faulses Langues* de Guillaume Alexis et dans
le *Doctrinal du Temps Présent* de Pierre Michault. Ce dernier
connaît toutes les distinctions opérées par Villon et décrit une
école des Vices où les lois morales traditionnelles sont prises à
contre-pied :

> Quant parlez, n'avisez point
> Devant qui, ne quant, ne pourquoy,
> Mais desgorgés, (...) (215)

Rumeur renverse ici les principes de base de l'*Ars Loquendi
et Tacendi* d'Albertano da Brescia (216). Ce traité et sa traduction française du 15ᵉ siècle s'inspirent de passages bibliques ayant
trait à la parole, avant tout des *Proverbes.* Christine de Pisan
n'agit pas autrement dans ses *Enseignements Moraux,* et dans
l'*ABC des Doubles* de Guillaume Alexis la Bible est souvent sous-
jacente (217). François Villon puise à la même source, quand il
rappelle l'impuissance du pauvre, autre aspect de son peu de
confiance en les vertus de la parole :

> Le Saige ne veult que contende
> Contre puissant povre homme las,
> Affin que ses filletz ne tende
> Et qu'il trebuche en ses las.
> [FVT, v. 1461-64 (218)]

La liaison entre les thèmes de la parole et de la pauvreté est un
poncif à l'époque (219), lequel remontait directement à la Bible :

> Non litiges cum homine potente
> ne forte incidas in manus illius.
> (Eccl., VIII/1-2)

Le thème de la parole apparaît aussi dans les sermons, surtout
aux alentours de Noël où le fameux texte de Saint Jean était
l'évangile du jour :

> Et Verbum caro factum est et habitavit in nobis ;
> et vidimus gloriam eius, gloriam quasi unigeniti

---

(214) *Œuvres,* vol. VII/p. 356-57.
(215) *Doctrinal du Temps Présent,* p. 79.
(216) Voir aussi B. Latini, *Li Livres dou Tresor,* chap. II/64-67.
(217) La Bible offre un riche matériel de sentences où il est question
de flatterie, mensonge, sagesse etc. : Job 6/30, 27/4 ; Ps. 30/21, 33/14,
38/2, 56/5, 77/36 ; Prov. 6/17, 6/24, 12/18, 17/4, 17/20, 21/6, 25/23,
26/28, 28/23 ; Eccl. 3/7, 5/11, 20/18-20, 26/9, 51/3 et 7 ; Sap. 1/11, etc.
(218) Pour le thème de l'impuissance de la parole vis-à-vis des puissants
de ce monde, voir aussi *Testament,* v. 51/243-44/1186-89/1289.
(219) Voir Deschamps, ball. CLXI ; Taillevent, *Passe Temps,* v. 277-79,

a Patre, plenum gratiae et veritatis.
(Jean 1/14)

A partir de ce passage le chancelier Gerson développe l'opposition entre la fugace parole humaine et le Verbe divin dans son sermon *Verbum Caro* (*In Natali Domine*) (220). Olivier Maillard consacre tous les sermons de l'Avent au thème de la parole ; afin d'éveiller l'attention de son public, il passe d'un péché à l'autre en observant l'ordre alphabétique. Nous donnons à gauche la liste complète des défauts que le prédicateur reproche à la parole humaine ; dans la colonne à droite le lecteur trouvera une énumération comparable que Vincent de Beauvais place sous le titre *De Viciiis Lingue* (221) :

Olivier Maillard	*Vincent de Beauvais*
a - lingua adulatoria	— de mendacio
b - lingua blasphematoria	— de periurio
c - lingua conspiratoria	— de adulatione
d - lingua detractoria	— de detractione
e - lingua exacerbatoria	— de garrulitate
f - lingua fraudulatoria	— de turpiloquio
g - lingua garrulatoria	— de contentione
h - lingua hortatoria	— de procacitate
i - lingua iuratoria	— de irrisione
k - lingua cachinatoria	— de contumelia
l - lingua linitoria	— de maledictione
m - lingua maledictoria	— de ostentatione
n - lingua nugatoria	— de lactantia
o - lingua oppugnatoria	
p - lingua presumptoria	
q - lingua querulosa	
r - lingua rosaria	
s - lingua sussuratoria	
t - ingua turbatoria	
u - lingua vaticinatoria	

les moralistes. Le motif a son écho dans un proverbe (Morawski, no. 1711). Nous aurons lieu de reparler des liens étroits qui rattachent le thème de la pauvreté à la Bible au chap. 4.1.2.

(220) *Œuvres complètes,* vol. V/p. 598. Voir aussi Th.-M. Charland, *Artes praedicandi,* p. 169. — A la fin du prologue du *Quadrilogue Invectif* Alain Chartier oppose la description des maux d'Israel dans Esaie III (parole de Dieu) à celle, faible et insuffisante (langue d'un homme mortel), qu'il va donner des souffrances de la France.

(221) *Speculum Doctrinale,* chap. V/CLXVss. E.J. Arnould, *Le « Manuel*

Les vices de la langue auxquels maître François fait allusion, sont les mêmes que l'on combat, souvent de façon plus explicite et plus détaillée, tout au long du 15ᵉ siècle. Les exemples cités par Olivier Maillard rappellent le monde d'un Villon ou d'un Coquillart : son doigt accusateur désigne les maquerelles les lombards, les apothicaires et les notaires (222). Du point de vue thématique l'auteur du *Lais* et du *Testament* reste profondément enraciné dans son époque ; ses attaques ne sortent pas de la norme. Plus inquiétant est le fait que Villon reprend ces mêmes problèmes au niveau de la *relation auteur-public* — relation problématique comme l'a déjà révélé l'analyse de la valeur de l'écriture.

1.2.5. *Du débat au doute : le poète et le public*

Le *Testament* thématise à plusieurs reprises la relation auteur-public dont il offre des reflets en décrivant des relations comparables ; dans le long passage consacré au thème de la parole, apparaît aussi le motif de l'*enseignement* (FVT, v. 1550). Le contexte nous force à l'interpréter dans une clé ironique ; d'autres leçons par contre sont sérieuses. Maître François exhorte les enfants perdus (223), la Belle Heaulmiere sermonne les filles de joie. Mais chaque fois on décèle des doutes quant à l'efficacité de la parole : la belle de jadis prie ses destinataires de bien vouloir s' « entremectre » (FVT, v. 557) d'écouter son message, et Villon laisse son clerc enregistrer cette leçon sans être trop convaincu de

---

des Péchés », p. 194ss. compare le *Manuel des Péchés* à la *Somme des Vices* de G. Perrault, où l'on trouve également des listes des vices de la langue — listes comparables à celles citées ci-dessus.

(222) *Sermons*, fo. 50ro/72ro/180ro. La satire des juristes, marchands et usuriers connaît une longue tradition ; voir J.-V. Alter, *Les origines de la satire anti-bourgeoise en France*. Leur fausseté est presque proverbiale, et Coquillart n'oublie ni les maquerelles ni les apothicaires dans les *Droitz Nouveaulx*, v. 1563ss./ 1781ss./189ss. Les vices de la parole constituent aussi un grand thème des proverbes ; voir D. Heft, *Proverbs and " Sentences " in Fifteenth-Century French Poetry*, p. 206/221-29. L'index « locorum » des *Adagia* d'Erasme en fournit également une riche liste.

(223) Le terme « enfans » (FVT, v. 1668) se réfère évidemment aux « enffans perduz » du vers 1661 ; en même temps c'est le terme habituel dont se sert le professeur s'adressant à ses étudiants, si l'on en croit le témoignage de Coquillart (*Droitz Nouveaulx*, v. 875/1079), de P. Michault (*Doctrinal du Temps Présent*, p. 10/29). Le « tu » qui apparaît dès le vers 1692, est fréquent dans les œuvres de moralistes comme G. Alexis, J. Castel, etc.

son utilité — « vaille que vaille » (v. 563). Et la morale qu'il prétend offrir aux enfants perdus ? Dès le début il promet que la leçon sera courte, ensuite il doit inviter quatre fois son auditoire à faire attention à ce qu'il dit (v. 1667/ 1684/1720/1726) : tout se passe comme si le circuit auteur-destinataire ne devait pas jouer. Les formules employées rappellent de près les expressions dont se sert Olivier Maillard pour éveiller l'attention d'un public souvent inattentif (224). Comme Gerson ou Courtecuisse il interpelle ses auditeurs, imaginant même les questions qu'on pourrait lui poser, les objections qu'on pourrait lui présenter (225). Les rhétoriqueurs n'ignorent pas ces jeux avec le public, jeux qui chez eux ne tirent pas à conséquence (226). Dans le domaine littéraire ces procédés n'acquièrent leur véritable importance qu'au *théâtre*, d'abord dans les genres qui parodient les sermons, mais aussi dans les monologues dramatiques (227). Le *débat* est une figure qu'utilisent Villon et Coquillart — dont nous allons pouvoir mettre en évidence les liens avec le théâtre. Dans le *Testament* le débat est un élément structurel qui envahit tous les niveaux du discours poétique ; on en devine déjà l'importance quand on constate qu'il apparaît dans les *Contreditz Franc Gontier,* poème central dans l'ensemble de l'œuvre (228). Ensuite, on le découvre un peu partout : Diomède s'oppose à Alexandre, Villon à son Cœur et, sous le masque de l'amant martyr, à sa belle dame sans merci. Les vieilles femmes s'en prennent à Dieu qui n'a plus qu'à se taire, car « au tancer le perdroit » (FVT, v. 452). Au niveau extradiégétique le débat tend à faire éclater le cadre de l'œuvre ; Villon intègre un contradicteur supposé que nous ne pouvons identifier qu'avec un représentant du public. Deux fois la discussion porte sur un problème d'ordre théologique (ht. III-IV/LXXXII), deux fois elle relève de la casuistique amoureuse (ht. LVIII-LXIV/LXXI). Chaque fois la valeur de la parole est au centre du débat :

---

(224) Il s'agit aussi d'un précepte rhétorique ; voir J. Legrand, *L'Archiloge Sophie*, B.N. fonds fr. 24'232/fo. 57ro, figure « excitation » : « quant en parlant on esveille les escoutans en les admonestant de oïr ce que l'en dit ».
(225) Voir aussi Th.- M. Charland, *Artes praedicandi*, p. 218ss. N. Oresme, *Le livre des éthiques d'Aristote*, p. 315-21, reprend les mêmes procédés dans les gloses. Chez Villon la volonté d'intégrer le public est très marquée : voir *Testament,* v. 1491/1891/329/775/1220/1591-1592.
(226) Voir les pages 24-26 du présent travail.
(227) Voir J.-C. Aubailly, *Le monologue, le dialogue et la sottie,* p.61-62/155-56/181-82. On lira aussi les pages 227ss. où l'évolution du mono-

FVT, v. 20 :
> En riens de luy je ne *mesdiz.*

FVT, v. 726 :
> Comment d'Amours j'ose *mesdire.*

FVT, 809-10 :
> Qui me dirait : « Qui vous fait mectre
> Si tres avant ceste *parolle,* (...)

La quatrième discussion est déclenchée par la leçon de la Belle Heaulmiere : il s'agit de savoir si « bien *dit* ou mal » (FVT, v. 563), problème qui donne lieu à la plus longue controverse du *Testament.* Tous ces débats naissent spontanément au fil du discours ; de là l'impression d'un « naturel », d'une liberté qui manque chez les rhétoriqueurs. Et chez Villon il n'est plus question de gloses explicatives ou du danger que le public lise mal le texte ; c'est la parole même du poète qu'on met en doute. Dans l'œuvre de maître François les différents appels viennent renforcer l'impression d'une faiblesse de la persona du poète : qu'il s'agisse du « povre Villon » [FPV XII (229)], d'un quémandeur [FVP IV (230)], des pendus (FPV XI), ce sont toujours des faibles, des exclus qui demandent à être écoutés. Il est vrai que la *Ballade de l'appel* (FPV XV) témoigne d'une certaine confiance en la parole, mais le succès remporté étonne le « je » lui-même : il avait demandé conseil à sa « philosophie » — « combien que point trop ne m'y fie » (v. 21). Or, l'incertitude quant à la valeur du propre discours est thématisée dès les premiers vers du *Testament* :
> Ne du tout fol ne du tout saige
> (FVT, v. 3)

Ce que le poète va dire ne sera ni complètement vrai ni complètement faux (231). Ainsi s'annoncent l'emploi de l'équivoque (qui exploitera le double, voir le triple sens), les structures d'opposition (débats, contrastes reflétant une réalité fragmentée, possibilité d'interprétations divergentes), la multiplicité des points de

---

logue au dialogue est expliquée par l'intégration d'un contradicteur au niveau diégétique. — Chez Rabelais le public est intégré de manière analogue : le narrateur l'interpelle tout au long de l'œuvre, et le public ne manque pas d'exprimer ses doutes quant à la véracité de ce qu'on lui raconte ; voir p. ex. *Gargantua,* chap. VI ; *Pantagruel,* chap. I.

(228) Voir la note 159 à la page 39.

(229) Voir aussi les pages 42-43 du présent travail.

(230) L'humilité est de rigueur quand on s'adresse à un prince : voir aussi FPV I/v. 132 ; M. Taillevent, *Destrousse,* v. 5.

(231) L'état incertain du testateur sera rappelé juste avant de passer à la partie des *Regrets* et au moment où s'amorce le testament proprement dit ; voir *Testament,* v. 75-76/735-36.

vue (232). Ce discours ambivalent (polyvalent), le vers 3 le présente comme le discours d'un fou. Jean Molinet opère le même choix lexical, lorsqu'il s'agit d'écrire l'épitaphe de Hotin Bonnelle, le meilleur fou qui ait jamais vécu :

vers 37 :
> Hottin estoit saige a demy

vers 67 :
> Saige et sot, sans estre estourdy (233)

Dans le *Testament* le lecteur (l'auditeur) aura sans cesse l'impression d'osciller entre jeu et sérieux, et il sera assailli de doutes en lisant de tels vers :

FVT, v. 19 :
> (...), se bien me scet comprendre ;

FVT, v. 181 :
> (...), je dy voir,

FVT, v. 732 :
> Qu'esse a dire ? (...)

FVT, v. 1355 :
> Tibault ? je mens : (...)

FVT, v. 1736 :
> Icy n'y a riz ne jeu (234).

Averti de l'emploi de l'ironie, le lecteur se demande si le poète ne se moque pas, surtout si de tels vers signalent le passage brusque de la plaisanterie au sérieux (comme au vers 1736) ou du sérieux à la plaisanterie (comme au vers 1646). Les formules sont contaminées par un contexte où triomphe l'ambiguïté (235).

---

(232) Voir à ce sujet : S. Romanovsky, « L'Unité du ˮTestament ˮ de Villon », *Les Lettres Romanes* XXII (1968) 232-35 ; W. Calin, « Observations on Point of View and the Poet's Voice in Villon », *Esprit Créateur* 7 (1967), no. 3, 180-87.

(233) *Faictz et Dictz*, p. 763-64. Dans la pièce des « Sobres Sotz » (*Recueil général des sotties,* p.p. E. Picot, vol. III/p. 60), ce sont les badins qui, par opposition aux sots, sont décrits ainsi :
> Les badins ne sont pas vrays sos,
> Mais ils ne sont ne sos ne sages.

(234) Voir aussi *Testament,* v. 1646.

(235) Des formulations analogues chez Taillevent (STO, v. 123-25 ; Ed, v. 205-06) rappellent le caractère fictionnel de l'œuvre, mais ne provoquent pas des impressions comparables chez le lecteur. Le premier exemple n'est qu'une variante de l' « Unsagbarkeitstopos », le deuxième est une formule conclusive censée affirmer la fidélité de la description du château. Elle est proche des fins de poèmes rencontrées à la page 26 du présent travail ; ces assertions de véracité représentent des formules à caractère topique qui peuvent néanmoins assumer, selon le *contexte,* des effets de sens comparables à ceux obtenus par Villon. C'est le cas de certains fa-

Sur cet arrière-fond il est frappant que le *Testament* finisse avec
une triple déclaration de doute quant à la valeur du discours
poétique : (236)
FVT, v. 2004 :
>   Et je croy bien que pas n'en ment.
FVT, v. 2009 :
>   (...), ce dit il sans mentir,
FVT, v. 2018 :
>   — C'est de quoy nous esmerveillon —

Dans cette ballade finale Villon cède la parole à un tiers (237)
qui porte un jugement sur l'œuvre — un dernier jugement reflétant
l'incertitude du public devant un texte déconcertant. La pirouette
ironique qui clôt le *Testament* ne fait que renforcer cette impression : au rythme de l'octosyllabe des deux dernières ballades qui
(par le choix du mètre) n'interrompent pas le flux des huitains,
maître François s'échappe avec un véritable « congedo d'attore »
(238). Or, le monde du théâtre est le seul domaine littéraire où
s'expriment, comme chez Villon, des doutes quant à la véracité du
discours, et ceci de façon à perturber la relation auteur (texte) —
public. Souvent un acteur limite la portée du message de la pièce
par l'observation, à la fin, que tout n'était qu'un jeu ou même
que tout n'était que mensonge (239). C'est cette attitude de non-
sérieux qu'adopte le sermonneur à la fin du *Sermon joyeux et de
grande Value ;* mais déjà en plein discours il s'est vu forcé à dé-

---

bliaux, comme dans le bref « Les Putains et les Jongleurs » (*Recueil
général et complet des fabliaux,* p. p. A. de Montaiglon/G. Raynaud, vol.
III/p. 76) où l'auteur insère prudemment à la fin du récit une incise met-
tant en doute la véracité du fabliau ; ainsi il prend ses distances vis-à-vis
de la morale dangereuse qu'il va proposer : les clercs seront sauvés, les
chevaliers damnés.

(236) Voir E. Birge-Vitz, *The Crossroad of Intentions,* p. 143 ; P. Zumthor, *Essai de poétique médiévale,* p. 427.

(237) Qui pourrait être le crieur du corps à l'intérieur de la fiction
testamentaire : voir la note du Henry/Rychner aux vers 1996-2023.

(238) G.A. Brunelli, « Le formule conclusive nel teatro del XV-XVI
secolo e la conclusione del « Testament » di Villon », ds. *Saggi critici da
Villon a Molière,* p. 28.

(239) Pour le rôle que joue la censure dans l'emploi de telles formules,
voir J.-C. Aubailly, *Le monologue, le dialogue et la sottie,* p. 438-42. Elles
renforcent aussi les effets comiques, comme dans le « Sermon d'un Car-
tier de Mouton » (*Recueil de farces, moralités, sermons joyeux etc.,* p.p.
Leroux de Lincy/F. Michel, no. 3/p. 14),, où le sermoneur se vante de
pouvoir prouver tout ce qu'il veut. Voir aussi Guillaume Coquillart,
« Les Droitz Nouveaulx », ds. *Œuvres,* p. 243 : une pirouette finale met
tout le discours en doute.

clarer qu'il n'est ne « fol ne yvre » (240), comme si quelqu'un avait mis en doute son autorité. Le procédé est appliqué de façon systématique dans le *Sermon joyeux de bien boyre* où un cuisinier contredit sans cesse les assertions du prêcheur, avec le but de le faire passer pour ivre et fou aux yeux du public (241). La même technique réapparaît dans certaines sotties comme celle des *Deux Gallans et une Femme qui se nomme Sancté ;* cette dernière ne fait que constater les incertitudes et les contradictions des autres (242). Mais, dans plusieurs sotties, c'est le rôle du *Prince des sots* qui rappelle de fort près les mises en question du *Testament.* Dans la *Sottie des Rapporteurs* (243) Propter quos incite ses sots à divertir le public et commente ensuite leurs rapports :

v. 141-42 :
> Les rapors la ne sont pas bons,
> Car c'est toute pures *mensonges,*

v. 162 :
> Ils ont *menty* les chiens matins,

v. 220-21 :
> Vecy de bons petis langaiges,
> *S'ilz sont vrays,* mais j'en fais grant *doute.*

v. 299-302 :
> Voz rapors me dient merveilles
> et si ne les puis bien entendre.
> Qui mieulx entent ces motz comprendre
> Je ne puis bien ces motz comprendre.

Non seulement Propter quos implique directement l'auditoire dans la dernière réplique, mais tout au long de la pièce il *assume le rôle du public,* en adoptant le point de vue de l'auditeur : mensonge et incompréhension menacent le message des sots au niveau diégétique comme au niveau extradiégétique, puisqu'à travers la bouche de Propter quos c'est le public qui exprime ses doutes. Cette fonction (négligée par la critique) du Prince des sots se rencontre dans plusieurs sotties du dernier quart du 15ᵉ et du début du 16ᵉ siècle (244). A la même époque, on en trouve aussi les traces

---

(240) *Ancien théâtre français,* p.p. Viollet-Le-Duc, vol. II/p. 211/221.
(241) *Ancien théâtre français,* p.p. Viollet-Le-Duc, vol. II/p. 5ss.
(242) *Recueil général des sotties,* p.p. E. Picot, vol. I/p. 177ss.
(243) *Recueil Trepperel : les sotties,* p.p. E. Droz, p. 53ss.
(244) Voir *Recueil Trepperel : les sotties,* p.p. E. Droz, nos. 5/6/15 : « Sottie des Sots fourrés de Malice »/« Sottie des Sots gardonnez »/ « Sottie des Sots escornez ». Dans la « Sotise à huit Personnaiges » (*Recueil général des sotties,* p.p. E. Picot, vol. II/no. 10), Abuz critique les propositions des sots pour arranger le Monde.

dans le domaine de la farce; ainsi le sot de la *Farce du poure Jouhan* commente les actions des personnages et en tire des leçons, et dans l'adaptation latine de la *Farce de Maistre Pathelin* apparaît la figure du *Comicus*. Ce personnage commente ce qui se passe sous ses yeux, invite le public à réagir, à prendre position, répond aux questions (inexprimées) que la pièce soulève parmi les auditeurs. Dans le *Veterator* le Comicus assume la double fonction d'enseigner et de créer une distance entre le public et la scène, en jouant lui-même de temps à autre le rôle d'un spectateur déconcerté (245). Or, dans le domaine du théâtre religieux, la figure du fou apparaît déjà dans la *Pacience de Job ;* ce fou n'a qu'une seule réplique (v. 6934-37), autrement il ne participe pas à l'action — mais on rencontre plusieurs fois dans la pièce l'indication : « le fol parle ». On est en droit de supposer que ce rôle consistait à gloser le jeu soit par des paroles improvisées, soit par des gestes. Gestes parfois obscènes : remarquons, dans le *Martyre de sainte Apolline* (246) peint par Jean Fouquet, ce fou à gauche de la sainte, qui montre son derrière au public ! Ce commentateur ironique, grivois apparaît encore sous le nom de " rusticus " dans le *Mystère de saint Adrien* (joué en 1474) et en tant que " fol " dans le *Mystère de saint Didier* (1482) : la persévérance de cette figure dans le théâtre de la fin du moyen âge permet de penser qu'il s'agit là d'un élément structurel « classique » que Villon devait fort bien connaître. C'est au monde théâtral (et juridique) que nous rattacherons Villon. Nous sommes aux antipodes de la poétique de Taillevent et, surtout, des rhétoriqueurs — du moins telle qu'elle se manifeste dans leurs œuvres principales. Même chez ceux qui sont liés à l'univers des monologues, farces et sotties (247), ne transparaît presque jamais la peur d'être oublié,

---

(245) Voir W. Frunz, *Comedia nova que Veterator inscribitur alias Pathelinus ex peculiari lingua in Romanum traducta eloquium,* Zurich, 1977, chap. 9.7. : « Der Comicus ».

(246) Miniature des *Heures d'Estienne Chevalier* (1450-1460) conservées au musée de Chantilly. Sur le rôle du fou dans les miracles et les mystères au 15ᵉ siècle, voir : Judith D. McCrary, *The Foul in French Medieval Drama,* (University Microfilms International), Ann Arbor, 1976, surtout les pages 104ss., où le fou est défini comme un « go-between for the drama staged and the spectators ».

(247) Tendance à s'imposer dans les différents domaines littéraires, ce qui correspond bien au double idéal de diversité et de totalité que poursuivent les rhétoriqueurs. On adresse le même éloge à Triboulet, en reprenant l'opposition entre style rural et style élevé (*Recueil Trepperel : les sotties,* p.p. E. Droz, p. 234) :

Car s'estoit ung sot autentique

de voir le propre texte incompris et maltraité. Le circuit auteur —
œuvre — public semble toujours fonctionner. Pourtant dans l'épitaphe du Roi de la Basoche (248), poème d'André de La Vigne
qui semble hériter des virtuosités linguistiques des grands rhétoriqueurs, on peut noter une certaine préoccupation. Le poème peut
être lu « en sincopant » : selon le sens de la lecture (verticale ou
horizontale) on aboutit à une glorification ou à une dénigration du
défunt. Lus de gauche à droite deux vers retiendront notre attention :

v. 563 :

     Qui s'en rira,   Il sera comme saige ;

v. 565 :

     Qui s'en taira,   Pas ne sera dommaige ;

    La moquerie, l'oubli semblent attendre le Roi de la Basoche
dont le renom est en quelque sorte aussi un renom littéraire. Les
artifices des rhétoriqueurs (et de leurs prédécesseurs), indice de
leur confiance dans les possibilités créatrices de la langue et expression du plaisir du texte, génèrent chez André de La Vigne,
intimement lié au monde des tréteaux, un texte ambigu où transparaît le thème (ironique) de la parole évanescente. En fait ce n'est
ni son talent ni son message que l'auteur met en question : comme
chez les rhétoriqueurs, rien ne vient troubler sa confiance de
poète. Si les rhétoriqueurs chantent le triomphe du Verbe, c'est
qu'ils ont une *conscience poussée* de la valeur et des ressources de
la langue dont ils disposent. Cette conscience est aussi le partage
de François Villon, mais se manifeste, dans son *Testament* burlesque et ambigu, à travers une poétique de dénigration de toute
parole humaine — orale ou écrite, poétique ou non. A la dignité
du poète proclamée par les rhétoriqueurs (249), Villon oppose

---

     Prest à jouer et à tout faire,
     Tant en lourdoys qu'en rhetorique.
    La diversité est aussi caractéristique du *Testament* qui donne une image
contrastée et fragmentée du monde ; ceci n'arrive guère chez les rhétoriqueurs qui réservent d'habitude le style élevé pour certaines œuvres, le
style humble pour d'autres. Quand ils les mélangent, ils distinguent soigneusement les différents niveaux (voir p. 17-18 de ce travail). Une conscience
comparable des ressources de la langue conduit ainsi Villon et les rhétoriqueurs à des poétiques divergentes.
    (248) *Recueil des poésies françoises* (...), p.p. A. de Montaiglon/J. de
Rothschild, vol. XIII/p. 409-10.
    (249) Le poète devenu l'égal du prince — voilà la nouveauté que **M.-R.**
Jung, « Jacques Milet et son Epître épilogative », *Travaux de Linguistique*

l'image ironique de son moi poétique incapable de se défendre des injures des hommes et du temps : idéal et dénigration — Villon, c'est l'envers de la médaille (250). Il apparaît ainsi plus près des rhétoriqueurs que ne l'est Taillevent. Ce qui relie Taillevent aux rhétoriqueurs, c'est la confiance explicite dans les vertus de la parole et l'annonce (timide) de certaines expériences verbales. Les années soixante apportent un renouveau poétique : les *Douze Dames de Rhétorique* témoignent d'une conscience accrue des qualités et des défauts du langage poétique — conscience qui générera chez les rhétoriqueurs une confiance (démesurée ?) dans la valeur de toute création artistique (251).

---

et de Littérature 16 (1978) 241, croit pouvoir déceler, et nos recherches viennent confirmer cette impression.

(250) Il appartient à un autre milieu : la cour s'oppose aux tréteaux.

(251) Selon P. Zumthor, *Le masque et la lumière*, p. 144-45/ 195-196/ 245-246, les expériences des rhétoriqueurs peuvent être à l'origine de la corrosion interne du texte. Ces conclusions tirées de l'analyse de nombreux textes sont absolument valables ; seulement la démarche de P. Zumthor obéit à des critères linguistiques modernes, de sorte que ses résultats ne reflètent guère la conscience que les rhétoriqueurs avaient de leur travail.

CHAPITRE II

LE POETE ET LE PROVERBE

Les auteurs du 15ᵉ siècle ont largement exploité les ressources que leur offrait le matériau proverbial (1). Il représente un domaine délimité mais important du discours poétique ; de là l'attention que lui ont accordée les théoriciens :

> (...) proverbe, c'est langaige general contenant
> substance ou sentence semblable ou vray semblable
> de ce que l'en dit ou que l'en veult dire. (2)

De la définition proposée par Pierre Fabri nous retenons trois aspects-clés :
— la portée générale du proverbe ;
— le rapprochement entre proverbe et sentence ;
— le proverbe en tant que suc du discours.

La portée générale du proverbe se reflète dans sa structure même ; caractérisé par une contraction lexicale et syntaxique qui sert à universaliser le message, il se détache chaque fois nettement de son contexte et conserve une certaine autonomie (3). Son seul aspect formel permet ainsi d'identifier le proverbe et d'étudier ensuite son fonctionnement au sein du texte poétique. Parfois le contraste entre contexte et proverbe se trouve accru, ce dernier étant introduit par : « on dit », « on dit communément », syntagmes fréquents au 15ᵉ siècle qui suggèrent l'idée d'une choralité à l'intérieur d'un texte poétique écrit à la première ou à la troisième personne. Une autre manière de jouer sur la relation proverbe — texte, consiste à présenter le proverbe soit comme une sagesse d'origine populaire soit comme une citation attribuée à une autorité reconnue : ainsi Chrétien de Troyes cite au début

---

(1) Sur l'ampleur de ce matériau, voir P. Zumthor, *Le masque et la lumière*, p. 153.
(2) Pierre Fabri, *Le Grand et Vrai Art de Rhétorique*, p. 42.
(3) Voir A.J. Greimas, « Idiotismes, proverbes, dictons », *Cahiers de Lexicologie* 2 (1960) 56.

d'*Erec et Enide* un « respit » du vilain, et Benoît de Sainte-Maure
ouvre le *Roman de Troie* par une sentence qu'il place dans la
bouche de Salomon : sagesse (biblique) de roi et sagesse de vilain
— le public devait penser spontanément au couple antithétique
de Marcoul et Salomon (4). Dans la majeure partie des cas,
il est vain de vouloir distinguer entre la sentence, d'origine
savante, et le proverbe d'origine populaire (5) ; leur parenté ne
fait pas de doute, et bien avant Pierre Fabri, Matthieu de Vendôme et Geoffroi de Vinsauf se sont servis du premier terme pour
définir le second (6). Sentence et proverbe représentent des frag-
ments du discours sapientiel, qui, insérés dans un texte, sont ap-
pelés à y avoir le même poids. Qu'il fasse appel à un proverbe
connu ou qu'il en forge un à partir des schèmes structuraux caractéristiques pour les proverbes, le poète cède ou feint au moins de
céder la parole à une voix impersonnelle (7), laquelle énonce
une sagesse qui se veut universelle (8). Cela suffit-il pour conférer
à chaque sentence une valeur didactique ? Plusieurs critiques le
nient avec véhémence (9) ; or, beaucoup de proverbes sont introduits par « bon fait », « mieuz vault », « saige est » etc., formulations qui dénotent une évidente volonté d'enseigner (10). Dès

---

(4) C'est sur un tel arrière-fond, impliquant à la fois des connotations
sociales et culturelles, qu'il faut voir l'opposition entre les *Proverbes au
Vilain* et les *Proverbes as Philosophes* : au vilain s'opposent des autorités
comme Platon, Cicéron, Virgile, Macrobe ou, plus généralement, le « philosophe » ou le « sage » (pour l'emploi de tels termes, voir le tableau
proposé par J. et B. Cerquiglini, « L'écriture proverbiale », *Revue des
Sciences Humaines* 161 (1976) 362). Lorsque Jean Robertet, à la fin de
la *Complaincte de la Mort de Maistre George Chastellain*, place ses quatrains sententieux dans la bouche de Tive Live et de Justin, il s'insère dans
une longue tradition ; mais il apporte un élément nouveau, emblématique
pour la poésie de la deuxième moitié du 15ᵉ siècle, en citant également
Boccace et Pétrarque.
(5) Voir D. Heft, " *Proverbs* " *and* " *Sentences* " *in Fifteenth-Century
French Poety*, p. 3-4.
(6) *Les Arts poétiques du 12ᵉ et du 13ᵉ siècle*, p.p. E. Faral, p. 269.
(7) Voir Isidore de Séville, *Etymologiarum sive Originum Libri XX*,
lib. II/XI : « Sententia est dictum impersonale. »
(8) Nous emploierons indifféremment les termes de « proverbe » et
« sentence » adoptant pour tous les deux la définition de la « sententia »
que donne H. Lausberg, *Handbuch der literarischen Rhetorik*, § 872.
Geoffroi de Vinsauf et Matthieu de Vendôme tiennent encore compte de
l'aspect répétitif du proverbe, comme le feront, plus tard, certains auteurs
de collections de proverbes et Pierre Fabri. Mais pour nous, cette distinction (justifiée) ne jouera pas de rôle dans la démarche adoptée ; voir aussi
p. 69/n. 21.
(9) Voir E. Rattunde, *Li Proverbes au Vilain*, p. 10-11.
(10) Nous ne pouvons que souscrire à ce que dit S. Schmarje, *Das sprich-*

l'abord le proverbe semble destiné à la fonction d'autorité ; en même temps il est susceptible d'être intégré à des contextes fort différents. D'un côté il ne manquera pas de déterminer ce contexte, de l'autre il en sera lui-même conditionné, ainsi exposé à être contaminé par des sous-entendus ironiques. Les interactions entre proverbe et contexte permettent, de cas en cas, d'établir la valeur qu'assume effectivement le proverbe. Les effets de sens possibles dépendent en large mesure de l'attitude adoptée par chaque auteur vis-à-vis du discours sapientiel dont il se sert.

2.1. *Acceptation du proverbe*

De l'acceptation au doute et au refus, le 15ᵉ siècle a connu toutes les attitudes. Mais il n'est pas toujours possible de distinguer nettement les différents groupes ; un auteur peut osciller entre le doute et l'acceptation (selon le but qu'il assigne à tel ou tel poème), de sorte qu'il faudra opérer avec la notion de dominance.

2.1.1. *Le proverbe comme ornement rhétorique*

En soulignant la valeur poétique du proverbe dans le septain, Pierre Fabri reprend un précepte des théoriciens du 15ᵉ siècle et décrit en détail un procédé répandu parmi les rhétoriqueurs (11) :

> (...) le septiesme de septains en lieu de
> *reffrain* doibt estre une *auctorité* ou ung
> *proverbe commun,* ou ligne d'aultre grave
> substance declaree directement ou indirecte-
> ment par les six lignes precedentes ou der-
> niere partie d'icelles. Et s'en fait autant
> de clauses qu'il plaist au facteur, ainsy
> que est le PASSE TEMPS MICHAULT, (...) (12)

Fabri rapproche le proverbe à la fois de l' « auctoritas » et du

---

wörtliche Material in den Essais von Montaigne, p. 43 : « (...) jeder Satz, der eine allgemeine Wahrheit absoluter Gültigkeit vermittelt, ist in sich ein Lehrsatz. »

(11) Voir P. Zumthor, *Le masque et la lumière,* p. 152-60. Il constate que l'acceptation du proverbe domine chez les rhétoriqueurs ; nous pourrons donc nous limiter à étudier ici le proverbe en fonction de l'élaboration rhétorique du texte.

(12) P. Fabri, *Le Grand et Vrai Art de Rhétorique,* p. II/91.

refrain (13). Il met ainsi en évidence son statut métatextuel et nous invite à considérer la sentence finale comme un ornement rhétorique. La valeur poétique du refrain-proverbe est confirmée par l'importance que les arts de seconde rhétorique accordent au refrain de la ballade (14). Mais c'est dès l'Antiquité que le proverbe est considéré comme un ornement du discours (15) ; les théoriciens latins du 13ᵉ siècle et Brunet Latin (16) reprendront cette idée. La même attitude transparaît encore chez Erasme (bien que sa collection d'adages témoigne d'un nouvel esprit), lorsqu'il intitule un chapitre de l'introduction : *Commendatio proverbiorum a dignitate*, les considérant comme les gemmes du texte — si on s'en sert avec modération.

Dans le *Passe Temps* de Taillevent, le proverbe revient régulièrement à la fin de chaque strophe (17), et l'auteur le rattache étroitement au vers qui précède par l'emploi presque constant de la rime équivoquée. Quoiqu'exploité de façon moins systématique, le même procédé réapparaît dans le *Temps Perdu* de Pierre Chastellain. Parmi les nombreux poèmes de Jean Molinet où un proverbe clôt la strophe, nous ne retenons que les *Gaiges Retrenchiés* (18), parce que la recherche formelle y est spécialement poussée. Dans d'autres textes le poète se contente le plus souvent de rattacher la sentence finale à la strophe par l'emploi de la rime forte ; cette fois il multiplie en même temps les rimes intérieures et préfère le décasyllabe à l'octosyllabe (19). S'adressant à un autre facteur — François Robertet — Guillaume Cretin accumule les mêmes procédés rhétoriques dans le but évident d'orner le texte et de conférer la dignité voulue à la langue française :

---

(13) Dans le poème à forme fixe le refrain est souvent un proverbe : l'œuvre de Deschamps en fournit de nombreux exemples.

(14) *Recueil d'Arts de seconde rhétorique*, p.p. E. Langlois, p. 205 ; voir aussi D. Poirion, *Le poète et le prince*, p. 377-79.

(15) Voir F. Di Capua, *Sentenze e proverbi nella tecnica oratoria e la loro influenza sull'arte del periodare*, p. 89-90.

(16) B. Latini, *Li Livres dou Tresor*, chap. III/3 : exemples, proverbes et comparaisons contribuent à la dignité du texte.

(17) Le procédé du « versus cum auctoritate », répandu parmi les auteurs de langue latine, apparaît en langue vulgaire avec les *Vers de la Mort* — du moins dans une partie du texte. En 1381 une complainte contre Hugues Aubriot, prévôt de Paris, termine chaque strophe par une sentence (voir M. Le Roux de Lincy, *Le livre des proverbes français*, vol. I/p. LIV). Des *Proverbes au Vilain* aux *Proverbes en Rimes* différents recueils observent cette même structure.

(18) *Faictz et Dictz*, vol. II/p. 768-71.

(19) Voir aussi p. 17-18 du présent travail.

Comment pourray en langue vernacule
Respondre aux *ditz elegantz* qu'as transmis. (20)

2.1.2. *Le proverbe comme autorité*
2.1.2.1. *Le proverbe au service de l'enseignement*

Reprenant l'opinion des arts poétiques latins des 12ᵉ et 13ᵉ
sièles (21), Pierre Fabri n'oublie pas de mentionner la fonction
d'autorité qu'est censé jouer le proverbe. En pratique, de Taillevent aux rhétoriqueurs, la connotation esthétique prend fréquemment le dessus. C'est dans les collections de proverbes que la
valeur didactique est avant tout mise en évidence :
> Ici a dou vilain
> Maint proverbe *certain* ; (22)

> Ut juvenes (...) nonnumquam multitudine ac varietate
> rerum onerati, possint (...) ex eadem aliquid trahere
> quod fideliter inhereat in animo, pauca proverbia lo-
> cutioni gallicane cotidiana in hoc opuscula recollegi ; (23)

Encore des humanistes comme Philippe Bereoaldus (*Oratio
Proverbiorum*) et Erasme (*Adagia*) parleront de la sagesse qu'on
peut découvrir dans les proverbes. Au début du 15ᵉ siècle, Laurent de Premierfait prétend avoir traduit le *De Senectute* de Cicéron à cause de ses « sentences moult graves et soubtilles » (24). Ce
point de vue explique pourquoi les moralistes ont fait, tout au
long du 15ᵉ siècle, un large usage du proverbe ; un « style proverbial » envahit parfois des strophes entières (25), ce qu'illustre
entre autres le *Passe Temps*. Taillevent tient à souligner que son
œuvre veut instruire le public :
PT, v. 334-36 :
> A Gautier le dis, a Massé,
> Qu'ilz facent guet a la barriere :
> Bon faict garder le pié derriere.

---

(20) « Epistre à Maistre François Robertet », ds. *Œuvres poétiques,* p.
249.

(21) Déjà la *Rhetorica ad Herennium* parle du proverbe en tant que dit
moral (voir F. Di Capua, *Sentenze e proverbi nella tecnica oratoria,* p. 89-
90). Matthieu de Vendôme, *Ars Versificatoria,* 16, approfondit cette définition : « generale proverbium, id est communis sententia, cui consuetudo
fidem attribuit, opinio communis assensum accomodat, incorruptae veritatis
integritas adquiescit. »

(22) *Proverbes au Vilain,* p.p. A. Tobler, no. 280.

(23) E. Langlois, « Anciens proverbes français », *BEC* 60 (1899) 570. Il
s'agit de l'introduction dont Estienne Legris (15ᵉ) fait précéder sa collection
de proverbes.

(24) Ms. B.N. fonds fr. 126/fo. 122ro.

(25) Sur la fréquence de ce phénomène au 15ᵉ siècle, voir D. Heft,
" *Proverbs* " *and* " *Sentences* " (...), p. 39-78. Au 14ᵉ siècle, J. et B. Cer-

PT, v. 607-09 :

> (...) ; pour ce bon fait
> Mener sa vie rigleement.
> Bonne est raison ou rigle ment. (26)

Le sentence finale du dernier exemple est elle-même précédée de deux vers à allure proverbiale, dont elle met en évidence la portée didactique. Dans la majeure partie des septains du *Passe Temps* le « je » disparaît au profit du « on » ou du « il » impersonnels, permettant de la sorte une prolifération du style proverbial. Les strophes L et LII en sont l'exemple le plus frappant ; chaque vers du septain L présente la réduction syntaxique et lexicale des proverbes. Souvent Taillevent s'inspire de proverbes universellement connus ou puise dans les proverbes bibliques (27) : dans le *Passe Temps* on peut déceler un véritable *style proverbial sous-jacent au discours* du poète :

a) PT, v. 425-26 :

> Oyseuse ses las a tendu
> Sur moy, je m'y suis endormis. (28)

Prov. VI/9 :

> Usquequo, piger, dormies ?
> Quando consurges e somno tuo ?

b) PT, v. 430-31 :

> Venus suys aux nappes escourre
> Et quand on a tout desservy.

Morawski, no. 119 :

quiglini, « L'écriture proverbiale », *Revue des Sciences Humaines* 161 (1976) 374-75, constatent aussi une prédilection pour le proverbe, surtout chez les moralistes qui semblent avoir forgé eux-mêmes une grande partie de leurs proverbes. Déjà au 13e siècle, les auteurs des fabliaux construisaient des passages entiers à partir d'un noyau proverbial ; parfois le récit lui-même peut être considéré comme l'amplification d'un ou plusieurs proverbes. Voir à ce sujet E. Schulze-Busacker, « Proverbes et expressions proverbiales dans les fabliaux », *Marche Romane* 28 (1978) 171-74.

(26) Voir aussi *Passe Temps*, v. 582-84. Taillevent comme les moralistes devait apprécier les qualités mnémotechniques du proverbe (mentionnées par Estienne Legris), qualités garanties par la brièveté et par le rythme interne.

(27) A ce sujet, voir aussi les pages 54-55 du présent travail.

(28) La personnification, qui manque dans le proverbe, provient du *Roman de la Rose* de Guillaume de Lorris : Oiseuse, portière du jardin de Déduit, femme belle sans « sousi ne esmai » (v. 570), symbolise bien le temps heureux de la jeunesse et de l'amour qui, pour Taillevent, est à tout jamais perdu. Oiseuse — c'était le temps de l'insouciance : « (...) a nule riens je n'entens/ qu'a moi jouer et solacier » (*Roman de la Rose*, v. 584-85).

Après mengier nappe. (29)

c) PT, v. 491-92 :

    Qui prend l'eaue de sa cyterne
    Sans l'emprunter a son voisin.

Prov. V/15 :

    Bibe aquam de cisterna tua
    et fluenta putei tui ;

    La même démarche créatrice s'observe chez Pierre Chastellain : ses réflexions sur pauvres et riches, justes et pécheurs, reflètent l'esprit de différents passages bibliques (30). Certaines images, d'ailleurs courantes à l'époque, proviennent des Saintes Ecritures : ainsi la comparaison des hommes avec les poissons dans la mer (voir *Eccl.* IX/12), ou l'idée que chacun doit porter son fardeau (voir *Luc* IX/13). D'autres strophes représentent de véritables variations sur un proverbe connu :

    Qui n'a chemise de moul lin
    En ung lieu, ne de grousse estouppe,
    Qui ne peult mouldre a ung moulin,
    Hary a l'autre. Il fault qu'il touppe
    Ailleurs, (...)
    [(*Temps Recouvré,* v. 477-81 (31)]

    Le proverbe se trouve ici à la fois amplifié et altéré : grâce à l'emploi du verbe « mouldre », l'image devient plus concrète que dans le proverbe no. 2037 de Morawski ou qu'aux vers 13'118-19 du *Roman de la Rose* :

    Qui ne puet a ung moulin voige a l'autre.

    Et qui ne peut a un moulin,
    hez a l'autre tretout le cours !

    Le recours à un style proverbial combiné à une recherche de la rime équivoquée explique en grande partie les difficultés qu'on éprouve à la lecture de l'œuvre de Pierre Chastellain : nous avons

---

(29) Voir aussi : *Recueil Trepperel : les sotties,* p.p. E. Droz, p. 283 :
    Ne suis je pas ceans venu
    Assez toust pour nappe escourre ?

(30) Le *Temps Recouvré* s'ouvre sur 77 vers moraux où prolifère le style proverbial : l'auteur y plaide pour une « aurea mediocritas », espérant que celui, « lequel moyennement chevit/Soit à son aise » (F. Pascal, *Pierre Chastellain,* p. 209/v. 9-10 ; B.N. fonds fr. 2266/ fo. 11vo). Le même style caractérise la première partie du *Temps Perdu,* que l'auteur lui-même qualifie de « ma theologie » (F. Pascal, *Pierre Chastellain,* p. 198/ v. 267 ; B.N. fonds fr. 2266/ fo. 6vo).

(31) F. Pascal, *Pierre Chastellain,* p. 227 (B.N. fonds fr. 2266/fo. 20vo).

affaire à un discours hautement métaphorique, marqué par une forte intertextualité (32).

La pensée chrétienne qui s'insinue dans les œuvres de Pierre Chastellain, se trouve un peu partout chez Guillaume Alexis. Les proverbes dont il agrémente ses poèmes envahissent çà et là des passages entiers, et on décèle facilement la source biblique sous-jacente (33). Dans l'*ABC des Doubles* le proverbe, la rime équi-voquée et l'observation de l'ordre alphabétique servent à faciliter la mémorisation (34) de maximes *utiles* :

> Frere trescher, escry, escry.
> Ces motz, si bien tu les entens,
> Te vauldront en lieu et en temps. (35)

Le proverbe joue un rôle non négligeable dans les sermons où il assume fréquemment la fonction d'autorité (36), comme chez tout poète ayant l'intention d'enseigner. C'est le cas d'Eustache Des-champs (37), des *Lunettes des Princes* de Meschinot, où une série

---

(32) Selon L. Dällenbach, « Intertexte et autotexte », *Poétique* 27 (1976) 282, le terme : intertextualité (générale) désigne les rapports entre textes d'auteurs différents. Ainsi les images choisies par Pierre Chastellain im-pliquent la connaissance d'un environnement culturel, source d'un maté-riau que l'auteur choisit pour le re-écrire. Une telle démarche créatrice ca-ractérise en grande partie la littérature médiévale ; on consultera à ce sujet les articles parus dans *Littérature* 41 (1981), volume consacré aux « inter-textualités médiévales », illustrées à travers un choix de textes du *Cligès* de Chrétien de Troyes au *Pantagruel* de Rabelais.

(33) Meilleur exemple : l'« ABC des Doubles », v. 279ss., ds. *Œuvres poétiques*, p. 20. Ces vers font écho à Prov. XX/1 ; on tiendra aussi compte d'autres passages bibliques sur l'homme ivre — motif fréquent dans les col-lections médiévales de proverbes.

(34) La structure abécédaire apparaît assez tôt dans les œuvres morali-santes, ainsi dans l'*Abécés par Ekivoche* de Huon le Roi. Au 15ᵉ siècle, le prédicateur Olivier Maillard fait aussi appel aux connaissances grammati-cales de ses auditeurs, lorsqu'il s'agit d'expliquer la nature du Verbe divin (*Sermones*, fo. 83ro) ou d'attirer l'attention sur les multiples vices de la langue :

> Fuistis in scholis : scitis a.b.c. Et tot sunt
> peccata lingue quot sunt in a.b.c. lettere.

(*Sermones*, fo. 26ro)
Jean Molinet (*Donet baillié au Roy Louis douziesme*) et Pierre Michault (*Doctrinal du Temps Présent*) exploitent ce même savoir commun à l'auteur et au public : ainsi, ce dernier retrouve dans l'œuvre des éléments qui lui sont familiers et qui, souvent, servent à donner une certaine cohérence au texte.

(35) *Œuvres poétiques*, p. 27.

(36) Voir J. Gerson, *Six sermons français inédits*, p. 485 : « On seult dire, et ce est véritté ». Le proverbe sert d'ailleurs souvent à introduire un sermon ; voir Th.-M. Charland, *Artes praedicandi*, p. 138.

(37) Voir E. Fehse, « Sprichwort und Sentenz bei Eustache Deschamps und Dichtern seiner Zeit », *Romanische Forschungen* 19 (1905) 578ss.

initiale de sentences déclenche les réflexions du « je » (38) ; c'est
le cas encore de Genius qui ouvre son sermon par différents proverbes dans la *Concorde des deux Langages*. Lorsqu'il s'adresse
aux enfants perdus, François Villon agit de même :
FVT, v. 1685-86 :
>   On dit, et *il est vérité,*
>   Que charecterie se boit toute, (39)
FVT, v. 1691 :
>   Jamaiz mal acquest ne prouffictte.

Voici encore la Belle Heaulmiere qui, riche de son expérience,
veut en faire profiter les jeunes femmes : par deux fois (v. 539-40/
555-556) le refrain de la ballade prend une allure sententieuse.
Cette *tentation du proverbe* est commune à toute œuvre qui oscille
entre « je » et « on »/« il » impersonnels — comme les *Fortunes
et Adversitez* de Jean Regnier ou le *Prisonnier desconforté du Château des Loches* et, dans le domaine narratif, les quêtes symbo-
liques de Jean de Courcy à Octovien de Saint-Gelais.

2.1.2.2. *L'emploi du proverbe dans l'argumentation*

L'insertion d'un proverbe dans un plaidoyer ou, en général,
dans une argumentation, assume une valeur comparable à celle des
sentences employées en vue d'un but moral. Le proverbe sert toujours à étayer l'opinion propre (40) : ainsi dans les jeux-partis
des trouvères, où les adversaires ont recours à des sentences pour
développer leurs arguments (41). Maître Simon, avocat de la
Simple, n'agit pas autrement, lorsqu'il place au début de son
plaidoyer quelques vers sententieux, auxquels il attribue une
valeur générale et incontestable :
>   Et premier, *il est verité,*
>   Que la nature feminine

---

(38) Commencer une œuvre par un proverbe, c'est là un procédé que
recommandent déjà les « artes dictaminis ».

(39) Voir aussi *Testament,* v. 286-88.

(40) Le proverbe sert à *persuader* : voir Erasme, *Adagia,* chap. : « Ad
persuadendum conducere proverbia », conception qu'il a, selon ses propres
indications, trouvée chez Aristote.

(41) Voir C. Buridant, « Nature et fonction des proverbes dans les Jeux-
Partis », *Revue des Sciences Humaines* 161 (1976) 418. De là aussi l'emploi
fréquent de la conjonction « car » pour introduire un proverbe, comme le
fait Villon aux huitains XXVII et XXVIII du *Testament.*

>   La plus part du temps est encline
>   A appeter le masculin.
>   Presupposant ceste *doctrine,* (42)

La même « doctrine », mais cette fois assumée par le « je » (et par là intégrée complètement au déroulement de l'argumentation), apparaît déjà aux vers 609 à 612 du *Testament,* alors que Villon discute la leçon de la Belle Heaulmiere. Maître François semble plaisanter (43), tandis que Diomède réfutant les accusations d'Alexandre est on ne peut plus sérieux :

>   Et saichiez qu'en grant povreté,
>   Ce mot se dit communement,
>   Ne gist pas grande loyaulté.
>   (FVT, v. 150-52)

Interrompant le proverbe pour en rappeler la portée générale, Villon éveille l'attention du lecteur et met le vers final en relief. Chaque sentence dont notre auteur note ainsi la fonction d'autorité, est intégrée soit à une leçon, soit à un plaidoyer, soit à un débat (44). C'est un procédé que Taillevent n'ignore pas :

>   Mais a mon docteur alleguier,
>   Aucune honte peusse avoir :
>   Trop cuider vient de peu savoir.
>   (PT, v. 152-54)

Le plaidoyer a recours à l'autorité du proverbe pour excuser la conduite inconsidérée de la jeunesse et prévenir des reproches — qu'on ne manquera pas d'exprimer :

>   Qui est fol, ce dient ly gent,
>   Au temps futur ne prend riens garde.
>   [(PT, v. 344-45 (45)]

L'emploi « juridique » du proverbe — on notera l'allure proverbiale de la réponse des gens ! — affleure dans le *Passe Temps* au moment où se réalise une situation de débat ; nous le retrouvons dans le *Débat du Cœur et de l'œil* (v. 728/783) où les deux opposants se servent d'une sentence pour prouver le bien-fondé de leurs arguments. Dans le troisième poème de la *Prise de Luxembourg* le proverbe vient étayer sept fois le point de vue du duc de Bour-

---

(42) G. Coquillart, « Le Plaidoié d'entre la Simple et la Rusée », v. 26-30, ds. *Œuvres,* p. 6.

(43) Voir le chap. 2.2.2. du présent travail.

(44) *Testament, v.* 192/728/760/1506/1684-87 : l'emploi « juridique » du proverbe apparaît intimement lié à l'un des multiples rôles qu'assume le « je » de Villon.

(45) Ces vers font écho à un refrain-sentence de Deschamps, qu'ils renversent : « Car sages homs la fin voit et regarde » (ball. CCXXXVI).

gogne, donnant ainsi plus de force aux avertissements adressés aux « Saxonnois » (v. 57).

Tout au long du 15ᵉ siècle, c'est dans des situations de débat ou de plaidoyer que le proverbe conserve le mieux sa fonction d'autorité. Lorsqu'au début du *Temps Perdu* Pierre Chastellain répond au *Passe Temps,* il argumente à l'aide de sentences. Chez Taillevent, Pierre Chastellain, Villon et Molinet (46) le proverbe sert rarement à répondre à des questions ; Guillaume Coquillart exploite ce procédé de façon systématique dans ses *Droitz Nouveaulx* en faisant alterner pendant 18 quatrains deux vers de question avec deux vers de réponse, réponse souvent caractérisée par une allure proverbiale (47). Dans le débat en tant que genre poétique, une sentence ouvre ou clôt fréquemment l'argumentation des antagonistes. Parmi les innombrables exemples possibles, retenons le *Débat du Poisson et de la Chair* de Molinet ; les adversaires argumentent à l'aide de strophes faites uniquement de proverbes, ce qui constitue un nouvel exemple de prolifération proverbiale (48).

Dans le réseau d'oppositions que génère inévitablement tout débat, chaque proverbe se trouve opposé au proverbe de la réplique qui précède ou qui suit. Certains auteurs ressentent cet antagonisme au moins avec la même force que la valeur « juridique » de la sentence. De là l'idée d'*un jeu* tel que l'envisage Guillaume Alexis dans le *Passetemps des deux Alecis Freres,* lorsqu'il propose à son frère de « changer propos ». Et le cordelier de lui répondre :

> Or sus donc ! Je m'efforceray
> De dire à la fois mon proverbe. (49)

Chez d'autres auteurs s'instaure une distance sensible à l'égard du proverbe ; son emploi à l'intérieur du débat ouvre le chemin à l'effritement de l'autorité du proverbe. Ce procédé de corrosion interne est consommé au moment où l'auteur manifeste ouvertement sa méfiance vis-à-vis du proverbe ou l'attaque par les armes de l'ironie.

---

(46) *Psaultier aux Vilains,* v. 450-53 ; *Temps Perdu,* v. 235-37 : « Gloire est elle a Dieu tribuée/s'il luy présente ce metz rien ?/Il fait maison d'autruy mesrien. » (F. Pascal, *Pierre Chastellain,* p. 197 ; B.N. fonds fr. 2266/fo. 5vo) ; *Testament,* v. 373-76 ; *Faictz et Dictz,* p. 172.

(47) Voir les vers 1011-82, ds. *Œuvres,* p. 181ss. On lira du même point de vue les vers 703-10/1097-98.

(48) *Faictz et Dictz,* vol. II/p. 639.

(49) Vers 13-14, ds. *Œuvres poétiques,* vol. II/p. 8.

2.2. *La mise en question du proverbe*
2.2.1. *Du débat au doute*

Dès que les adversaires, ne se contentant plus de renforcer leurs propos par un proverbe, opposent explicitement une sentence à une autre, il en résulte une confrontation qui à la fois limite et met en question la portée générale du proverbe. Le heurt est direct dans le *Débat d'Apvril et de May* de Molinet (50), où l'un des opposants termine sa réplique par une sentence que l'autre contredit immédiatement en commençant sa réponse par un proverbe (v. 166-68). Dans le *Temps Perdu* le discours s'élabore à partir des différences que Pierre Chastellain relève entre sa propre situation et celle de Taillevent ; dans le *Temps Recouvré* c'est du choc entre deux proverbes que naît la réflexion :

> *On dit souvent* : « Qui riens ne porte,
> Riens ne lui chet ! » et *on le croit ;*
> En cela point ne me deporte
> Pour ung party qui me recroit ;
> Mais, *d'aultre part,* qui plus acroit,
> Aussi est il trop plus abstraint :
> Qui trop embrasse peu estraint.
> [(*Temps Recouvré,* v. 1-7 (51)]

Dans la strophe qui suit, l'auteur dépasse la contradiction en plaidant pour le chemin moyen : qu'on évite les extrêmes ! Ceci n'est plus le cas dans la *Ballade des Femmes de Paris* où Villon oppose à la voix impersonnelle du refrain-proverbe un autre « on dit » — sans jamais résoudre la contradiction :

strophe I :   Quoy qu'on tient (...)
strophe II :   Ce dit on (...)   Il n'est bon bec que de Paris.
envoi (52) :   Quoy qu'on die (...)

Une attitude comparable transparaît quelques années plus tard dans la *Question meue entre François, Monsieur de Luxembourg et maistre Robert Gaguin* où il s'agit de découvrir si la vertu procède de l'honnêteté ou de la nécessité. Tout au long du

---

(50) *Faictz et Dictz,* vol. II/p. 607ss.
(51) F. Pascal, *Pierre Chastellain,* p. 209 (B.N. fonds fr. 2266/fo. 11vo).
(52) La troisième strophe sert à révéler — grâce à l'incise ironique du vers 1536 — le caractère factice du procédé de l'énumération ; la mise en question n'épargne aucun niveau du discours villonesque !

poème les devisants s'opposent des proverbes dont ils discutent
même la valeur pour l'argumentation :

> L'autre dit et confessa bien
> Que besoing fait vielle troter,
> Mais pour cela *ne s'ensuit rien*
> Que besoing puist trop engendrer :
> Se le vent fait poudre voler
> Il n'est pas dit qu'il en soit pere ; (53)

A la fin Gaguin tranche le débat en faveur de l'honnêteté ; *moraliste,* il accorde rétrospectivement plus de crédit à certains proverbes et arguments. Mais déjà Christine de Pisan, condamnant
l'alchimie comme une science inutile, refuse l'objection qu'on
pourrait avancer selon le « proverbe commun que les sciences
n'ont plus fors anemis que ceulz qui les ignorent » (54). Même
attitude chez Guillaume Alexis ; dans le *Martirologue des faulses
Langues,* il condamne explicitement les sentences qui reflètent la
morale des langues envieuses, dans le *Passetemps des deux Alecis
Freres* il en arrive même à discuter la valeur d'un « on dit » :

> On dit par tout, de près et loing,
> Que argent est bonne compaignie ;
> Mais toutes fois, quoy qu'on en die,
> Une fois fault il au besoing. (55)

Chez Alexis, c'est le moraliste qui s'élève contre la morale
(pervertie) du monde ; Jean Gerson adopte le même point de vue
et condamne un « infame proverbium » dans la collation *Spes
mea* (56). Plus différenciée est la prise de position de son contemporain Jean de Montreuil :

> Nunc tandem agnosco, dilectissime tamquam frater,
> non falsa semper popularis erit vox : (57)

Prise de position plus humaniste qui se méfie d'abord des faciles
vérités répétées inlassablement ; cette critique sera fréquente au
16ᵉ siècle, mais apparaît déjà, dans le dernier quart du 15ᵉ, chez
un autre humaniste, Guillaume Tardif :

---

(53) R. Gaguin, *Epistole et orationes,* vol. II/p. 424.
(54) *Lavision-Christine,* p. 140 ; dans le *Temps Recouvré,* v. 1646-47,
Pierre Chastellain reprend la même sentence : « Nous savons que mainte
science/Est par ignorance abolie » (F. Pascal, *Pierre Chastellain,* p. 275 ;
B.N. fonds fr. 2266/fo. 43ro), pour défendre la haute estime dans laquelle
il tient l'alchimie.
(55) *Œuvres poétiques,* vol. II/p. 17.
(56) *Œuvres complètes,* vol. V/p. 517.
(57) *Opera,* vol. I/p. 130.

Tritum quoque est proverbium lungam esse
scientiam. (58)

On relève ainsi quelques nettes mises en question surtout dans
des situations de débat — témoignages d'une distance vis-à-vis du
proverbe qui s'instaure en premier lieu chez les humanistes et chez
les moralistes. Libre de toute implication morale, l'emploi à des
fins rhétoriques du matériau proverbial ouvre le chemin à de nouvelles mises en question qui semblent gagner du terrain dans la
deuxième moitié du 15ᵉ siècle. C'est sur cet arrière-fond que nous
allons rapprocher Villon de Coquillart, deux auteurs dont les attitudes nuancées vis-à-vis du proverbe sont un miroir de leur
époque.

2.2.2. *François Villon et Guillaume Coquillart*

L'emploi « juridique » du proverbe joue un rôle-clé dans les *Droitz
Nouveaulx* : Coquillart intègre une sentence à un conseil adressé aux
mignons (v. 202-03), il s'en sert au cours de l'exposition d'un
problème (v. 1999-2002/2283-85). Les cas litigieux présentés
dans le poème se terminent souvent par un proverbe (59), proverbe
qui dans quatre cas (60) reflète l'esprit du nouveau droit qui s'est
substitué aux lois traditionnelles. Mais l'ironie sous-tend cet exposé
qui flagelle les mœurs perverties de l'époque, et le proverbe sert
d'autorité à un discours fallacieux. Il y a plus : après la série de
quatrains où le « je » se sert d'un riche matériau proverbial pour
répondre à des questions (61), voici une pirouette finale qui, rétrospectivement, nie toute valeur didactique à ces sentences :

Enfans, retenez en autant,
Notez, car elles sont utiles ;
Je ne veulx pas tenir pourtant
Qu'elles soyent vrayes comme evangiles. (62)

---

(58) *Grammatica Tardivi*, s.l.n.d., fo. a.iiii.ro. Ceci n'empêche pas Tardif,
au verso du même feuillet, de se servir d'un proverbe pour renforcer son
argumentation ; attitude caractéristique pour la majeure partie des auteurs
(et des humanistes, même au 16ᵉ siècle) — qui, selon le contexte, acceptent
ou refusent l'aide du proverbe.
(59) Voir les vers 739-42/1140-42. A la fin de la première « présomption »
les vers 920ss. accumulent différents proverbes.
(60) Voir les vers 777-81/851-52/1803-07/1883-86.
(61) Voir la p. 75 du présent travail.
(62) Vers 1079-82, ds. *Œuvres*, p. 186.

Voilà une attitude qui correspond bien à une poétique du jeu et du doute telle que nous l'avons rencontrée chez Coquillart et chez Villon. Dans la *Ballade des seigneurs du temps jadis* ce dernier semble aussi vouloir répondre par des proverbes à la lancinante question : « ubi sunt ? » :

> D'en plus parler je me desiste,
> Le monde n'est qu'abusion ;
> Il n'est qui contre mort resiste
> Ne qui treuve provision.
> Encore faiz une question :
> (FVT, v. 373-77)

La prolifération du style proverbial pourrait rapprocher Villon de Taillevent et des moralistes ; mais, à peine la voix anonyme s'est-elle tue, que le moi du poète pose à nouveau l'éternelle question : où sont ?... Le proverbe n'offre pas de solution (63), et l'auteur s'en méfie comme il se méfie de toute autorité (64). Une simple incise peut suffire pour exprimer le doute de façon explicite :

> Toute chose, se par trop n'erre,
> Voulentiers en son lieu retourne.
> (FVT, v. 847-48)

La même attitude affleure également au sein d'un débat :

> Ceste parolle le contente :
> Qui meurt a ses loix de tout dire.
> (FVT, v. 727-28)

Loin d'étayer l'argumentation du protagoniste, le proverbe sert à couper court à toute discussion : il n'est qu'un pis-aller. Les huitains XXXVI-XXXVII offrent un nouvel exemple de mise en question : le « je » ergote sur le proverbe cité par son Cœur pour le réconcilier avec sa situation de pauvre. Dans le débat sur « nature femeninne » (FVT, v. 611), l'ironiste va plus loin ; avec son style proverbial la première moitié du huitain LXIII semble offrir une réponse sérieuse au problème qui occupe les deux adversaires. Mais Villon place la sentence finale — qui devrait confirmer ses propos —, sous un éclairage ironique en substituant une série de toponymes à l'habituel « on dit communement » :

> Autre chose n'y sçay rimer
> Fors qu'on dit a Rains et Troyes,
> Voire a l'Isle et a Saint Omer,

---

(63) Voir aussi l'analyse de P. Demarolle, *L'Esprit de Villon*, p. 28.
(64) Voir p. 36-37 du présent travail.

> Que six ouvriers font plus que trois.
> (FVT, v. 613-616)

Ce sont les *Contreditz Franc Gontier* qui révèlent la profonde sensibilité de Villon vis-à-vis du proverbe. Dans la première strophe la description des amours du chanoine et de dame Sidoine occupe huit vers, de sorte que le refrain se trouve isolé en fin de strophe avec un seul vers introducteur :

> Lors je congneuz que, pour dueil appaisier,
> Il n'est tresor que de vivre a son aise.
> (FVT, v. 1481-82)

La voix anonyme du refrain-proverbe confirme une expérience toute personnelle ; la fonction d'autorité de la sentence est intacte. Dans la deuxième strophe le proverbe propose une réponse aux questions des trois vers précédents, questions posées par le « je » : déjà les deux instances se séparent. Dans la troisième strophe le moi du poète se moque des avantages de la vie rustique, mais le proverbe final hésite à confirmer sa critique :

> *Mais quoy que soit* du laboureux mestier,
> Il n'est tresor que de vivre a son aise.
> (FVT, v. 1501-02)

Le refrain n'a plus qu'une portée limitée, puisque la subordonnée concessive qui l'introduit met comme une parenthèse autour des avantages de la vie champêtre. Le processus de *distanciation* trouve son point culminant dans l'envoi :

> Quant est de moy, mais qu'a nulz ne desplaise,
> Petit enffant j'ay oy recorder :
> Il n'est tresor que de vivre a son aise.
> (FVT, v. 1504-06)

Le proverbe devient une sagesse qu'on enseigne aux enfants, le temps écoulé l'expression d'une rupture désormais consommée. L'incise du vers 1504 suggère même que Villon est prêt à abandonner le point de vue que défend le proverbe : sa voix semble près de s'éteindre. Les *Contredizt Franc Gontier* représentent une discussion poétique, unique dans sa longueur au 15e siècle, sur la valeur du proverbe ; une réflexion où se reflètent non seulement les attitudes assumées par l'auteur du *Testament*, mais, dans un raccourci étonnant, celles de son siècle tout entier. La réussite de Villon ressort mieux, si on compare sa ballade à la première ballade du *Psaultier des Vilains* de Taillevent, où l'auteur discute la valeur du refrain-proverbe : « Ceulx sont villains qui font les villonies ». Le poème entier a la forme d'un débat où la voix du « je » s'élève tantôt plus forte, tantôt plus faible :

PV, v. 7 :

> Pourtant oyés comment (...)   ———— strophe I

PV, v. 9 :
> Je ne veul point mesdire (...)

PV, v. 10 :
> Je ne veul point jugier (...)

PV, v. 13 :
> Sy ne diz point (...)   } strophe II

PV, v. 15 :
> Ainchois respons que (...)

PV, v. 23 :
> Et seullement comme dist mes refrains (65) — strophe III

C'est dans la deuxième strophe que culmine le débat et que la voix du « je » hésite le plus ; mais, toujours, Taillevent retourne au proverbe comme au port sûr. Jamais il ne renonce à en défendre la sagesse ; sous une forme altérée il reprend même le proverbe en pleine troisième strophe (v. 21-22), confirmant une fois de plus l'autorité qu'assume à ses yeux la sentence. Son attitude est celle de la majeure partie des poètes du 15e siècle, quoiqu'on se permette dans différents domaines des libertés vis-à-vis du proverbe — d'où naît, souvent, une ambiguïté que nous avons déjà relevée à plusieurs reprises.

2.2.3. Proverbe et jeu

Tout débat rapproche inévitablement différents proverbes ; au début du *Mystère d'une jeune fille laquelle se voulut habandonner a péché,* l'auteur choisit trois proverbes ayant trait à la pauvreté et, glissant de l'un à l'autre, il crée l'impression d'un changement d'accent dans les plaintes d'une famille malheureuse :

v. 1/8 :
> Mal n'est qu'en povreté ne sourde,

v. 9/16 :
> Tous maulx sourdent en povreté.

v. 17/24 :
> De povreté dolent secours.

---

(65) Les vers 7/15/23 introduisent le refrain-proverbe.

Les deux premiers vers peuvent être considérés comme des variantes d'un seul et même proverbe. Mais le 15ᵉ siècle ne se limite pas à exprimer des vérités identiques à l'aide de sentences légèrement transformées ; parfois on ne respecte pas la forme même d'un proverbe. Après avoir étudié le cas de Jean Molinet, Paul Zumthor propose de distinguer quatre types d'altérations (66) :

a) altérations dues au mètre avec ou sans modifications sémiques ;
b) altérations dues à la rime ;
c) altérations dues au contexte syntaxique ;
d) altérations libres (stylistiques) avec ou sans modification sémique.

Des différentes possibilités nous ne retiendrons que les changements qui altèrent la valeur sémantique du proverbe ; l'altération du signifié est l'indice de la liberté du poète pour qui le proverbe ne représente plus qu'un matériau poétique à exploiter.

2.2.3.1. *Altérations en fonction du contexte sémantique*

Dans le *Passe Temps* Michault Taillevent n'hésite pas à *renverser* un proverbe, afin d'exprimer la fuite inéluctable du temps :
De maison neufve viel mairien.
[(PT, v. 49 (67)]

Villon a recours au même procédé : la sentence « selon le clerc est deu le maistre » (FVT, v. 568) est le rebours du proverbe « selon seigneur maisgnie duicte ». Les relations sont interverties, maître François nous confie à quel point il dépend de son clerc « Fremin l'estourdiz » [(FVT, v.565 (68)].

Un autre procédé consiste à *changer un mot* du proverbe :

----

(66) « L'Epiphonème proverbial », *Revue des Sciences Humaines* 163 (1976) 325-26. Des altérations insignifiantes se rencontrent déjà chez Deschamps ; voir E. Fehse, « Sprichwort und Sentenz bei Eustache Deschamps und Dichtern seiner Zeit », *Romanische Forschungen* 19 (1905) 582.
(67) Comparer à Jean Regnier, *Fortunes et Adversitez,* v. 4394, aux *Diz et Proverbes des Sages,* p.p. J. Morawski, no. LVIII/p. 30 : chez Jean Regnier le proverbe exprime l'idée d'un renouveau (poétique), dans les *Diz et Proverbes* un certain fatalisme. De tels changements de sens, sans altération de la forme traditionnelle du proverbe, sont dus au contexte sémantico-syntaxique.
(68) Voir p. 41-42 du présent travail.

Morawski, no. 520 :
>De mauvés arbre mauvés fruit.

PT, v. 105 :
>Sur arbre *doulx* fruit plein d'amer.

La sentence finale reflète à présent l'amère désillusion qu'apporte la vieillesse après une folle jeunesse. De telles altérations du proverbe peuvent reposer sur le rapprochement de deux termes phoniquement voisins. Au 13ᵉ siècle Adam de la Halle n'ignore pas ce jeu :

>(...) ; tout emporte li vins. (69)

« Vin » au lieu de « vent » : un proverbe anodin se transforme en accusation de débauche. Dans cet exemple l'effet ne peut être que voulu ; d'autres altérations doivent être attribuées à l'inattention du scribe. C'est ce que suggère une comparaison du vers 926 du *Temps Recouvré* dans deux manuscrits de la Bibliothèque Nationale à Paris (70) :

>Puis que *bon sang* ne doit mentir,
>Je n'ay riens fait que mon devoir.

>Puisque *bon sens* ne peult mentir,

L'homophonie de deux mots peut même être à l'origine d'une nouvelle version du proverbe ; ainsi, on rencontre à la fois « Qui a bon voisin a bon matin » et « Qui a bon voisin a bon mastin », exprimant tous les deux la même idée qu'un bon voisin permet de dormir tranquille (71). Des exemples d'altérations significatives ne manquent pas aux 15ᵉ et 16ᵉ siècles. Un proverbe répandu, « Petite pluie abat grand vent » (72), sert de titre au chapitre XLIV du *Quart Livre*. Au cours de la discussion Pantagruel et Hypenemien l'emploient dans le sens météorologique correspondant à l'acceptation traditionnelle du proverbe (73) ; seulement Panurge le transpose au niveau scatologique en l'associant au vent de derrière et à l'acte d'uriner. Un même changement de registre

---

(69) *Le Jeu de la Feuillée*, v. 505. A la même époque on rencontre souvent des proverbes intégrés dans des fabliaux sous forme d'une libre variation d'un proverbe connu ; voir à ce sujet E. Schulze-Busacker, « Proverbes et expressions proverbiales dans les fabliaux », *Marche Romane* 28 (1978) 169ss.

(70) B.N. nouv.acq.fr. 6217/fo. 27vo ; B.N. fonds fr. 2266/fo. 29ro.

(71) Voir K. Baldinger, « Qui a bon voisin a bon matin (mâtin) », *Philologica Romanica* (*Erhard Lommatzsch gewidmet*), Munich, 1975, 23-29.

(72) Morawski, no. 1624.

(73) On l'employait aussi dans un sens métaphorique, comme, par exemple, Jean d'Arras dans *Mélusine* : Geoffroy la Grande Dent y a recours pour exprimer sa conviction qu'il ne lui faudra pas longtemps pour punir l'orgueil des vassaux irlandais en révolte contre son père Raymond.

apparaît déjà dans le *Sermon joyeux des .iiii. Vens* (74) ; on relève le même phénomène dans la Collégiale Saint-Martin de Champeaux (Seine et Marne). Les stalles, exécutées en 1522 par un menuisier parisien, présentent un mélange de motifs bibliques, mythologiques et de scènes de farce (75). Arrêtons-nous devant la 52° miséricorde :

Petite pluie abat grand *Van*.

Un homme urine de toutes ses forces contre un van presqu'aussi grand que lui. Le passage de l'écriture (de la parole) à l'iconographie implique une double transformation : on passe, en se servant de l'homophonie « vent »/« van », du domaine météorologique (et symbolique) au domaine scatologique (et concret) (76). Le contraste avec la transformation que les *Menus Propos* font subir au même proverbe, est frappant :

Petite pluye abat grand vent
Et si fait saulver mainte barge. (77)

Plus de jeu de mots, mais une mise en évidence de la portée concrète de l'image ; voilà le procédé qui va retenir notre attention.

2.2.3.2. *Altérations en fonction de l'image concrète*

Dans le domaine de l'iconographie la représentation visuelle néglige en général le sens moral du proverbe au profit du concret de l'image. C'est là une constante de la *Bible Moralisée Illustrée* (78) aux stalles de différentes églises (79), des *Proverbes en*

---

(74) *Recueil de farces, moralités, sermons joyeux etc.*, p.p. Leroux de Lincy/F. Michel, no. 2, p. 21.

(75) On trouvera une description des stalles ds. A. Bonno, *La Collégiale Royale de Saint-Martin de Champeaux*, p. 80-83.

(76) Au 15° siècle l'iconographie du *Roman de la Rose* connaît un sort semblable ; R. Tuve, *Allegorical Imagery*, p. 276-77, parle de « lascivious transformation ».

(77) *Recueil général des sotties*, p.p. E. Picot, vol. I/p. 87.

(78) Elle a été éditée par le Comte A. de Laborde, Paris, 1911-27 ; on consultera les illustrations des *Proverbes*, vol. II/planches 264 et suivantes. Pour la tradition, voir L. Réau, *Iconographie de l'art chrétien*, vol. I/p. 338. Pour le problème des métaphores prises au pied de la lettre, voir aussi L. Röhrich, « Sprichwörtliche Redensarten in bildlichen Zeugnissen », ds. W. Mieder, *Ergebnisse der Sprichwörterforschung*, p. 87ss. : il relève également des jeux de mots lors du passage de l'écrit à l'iconographie, surtout dans les trois domaines des miséricordes, des illustrations de livres humanistes et dans la peinture flamande. Les recherches à faire dans cette direction dépassent le cadre assigné à notre travail.

(79) Voir E. Mâle, *L'Art religieux de la fin du moyen-âge en France*, p. 488-89.

Rimes et des *Ditz Moraulx pour faire Tapisserie* de Henri Baude,
aux *Proverbes néerlandais* de Bruegel le Vieux (80). Ce tableau
trouve son pendant littéraire dans les chapitres XXI et XXII du
Cinquiesme Livre où les dictons sont pris au sens propre, du moins
en partie (81). Au 15ᵉ c'est souvent un *ajout* qui provoque ce
même effet de sens — phénomène d'autant plus important qu'il
contredit l'idéal de brièveté du proverbe. Certains ajouts ne servent qu'à remplir le vers ; ainsi Molinet ajoute des « tres »,
« gros », « grands » etc. pour obtenir le nombre voulu de syllabes (82). Parfois le choix est plus heureux :

> *Hatif* besoin fait vielle trotter.
> Il n'est danger que d'*orgueilleux* vilains. (83)

L'unité-base du vers peut être transgressée :

> Les grans les gros morceaulx avalent
> *Sans mascher* et bien l'ont a mors ;

> Chacun son fardeau portera
> *A son coul* de long ou de lez ; (84)

C'est aussi le cas dans les vers suivants du *Testament* :

> On dit, et il est vérité,
> Que charecterie se boit toute,
> *Au feu l'iver, au bois l'esté.*
> (FVT, v. 1685-87)

On retiendra encore les exemples suivants de Charles d'Orléans,
des *Menus Propos,* de Guillaume Alexis :

> Chose qui plaist est a demi vendue,
> Quelque cherté qui coure par pais ; (85)

> On ot les nouvelles au four,

---

(80) Voir Peter Brueghel der Aeltere, *Die niederländischen Sprichwörter,*
avec une introduction de F. Roth.
(81) Voir Rabelais, *Œuvres complètes,* p.p. J. Boulenger/L. Scheler, p.
809/note 2.
(82) Voir P. Zumthor, « L'Epiphonème proverbial », *Revue des Sciences
Humaines* 163 (1976) 326. L'ajout de « presentement » (Coquillart, *Droitz
Nouveaulx,* v. 1803-06) relève du même procédé, mais actualise le proverbe.
(83) *Faictz et Dictz,* vol. I/p. 165 et 214.
(84) P. Chastellain, *Temps Perdu,* v. 183-84/246-47 (F. Pascal, *Pierre
Chastellain,* p. 195/197) : dans les strophes qui suivent, l'auteur exploite
chaque fois les images proposées par les proverbes, de sorte qu'il en multiplie les échos à travers le texte.
(85) Rondeau CXXIII. Charles d'Orléans a aussi recours au procédé de
la substitution ; dans le rondeau CXLIX il transforme le proverbe « Mieiz
vaut mentir pur bien avoir que perdre pour dire voir (Morawski, no. 1269)
en : « Mieulx vaut mentir pour paix avoir/Qu'estre batu pour dire voir ».

Au moulin et chiez les barbiers. (86)

Le villain gloutist et devoure
Le pain, le vin et la viande ;
Le gentil, en sobresse grande,
Tout ce qu'il prent gouste et savoure. (87)

Ces exemples nous amènent à distinguer deux variantes du même procédé ; la première consiste à intégrer ou à souligner un détail significatif qui donne tout son « pittoresque » à l'image offerte par le proverbe. La deuxième amplifie et complète l'image au point d'envahir toute la strophe. Une telle *amplification* peut déboucher dans une énumération de termes juxtaposés qui étirent le proverbe au risque de le désarticuler :

Vielz singes et vielz braconniers,
Vielz heraulx et vielz menestriers,
(...)
N'ont gueres l'amour des seigneurs. (88)

De chiens, d'oiseaux, d'armes, d'amours,
De behours, de joustes et voultes
Faut il payer les malletautes ;
Pour ung plaisir mille dolours,
Apres les chantz viennent les plours
Et risees du bout du dent. (89)

Cette poétique de l' « amplificatio » convient bien aux rhétoriqueurs et à Jean Molinet en particulier ; on se souviendra de sa façon d'exploiter la richesse sémantique inhérente à son nom pour signer ses œuvres. Dans le même *Hault Siège d'Amours* l' « Unsagbarkeitstopos » connaît une amplification extrême au point d'intégrer l'univers tout entier (90). De manière plus modeste, Taillevent exploitait déjà les ressources métaphoriques que lui offrait le proverbe (91) :

---

(86) *Recueil général des sotties,* p.p. E. Picot, vol. I/p. 67.
(87) « Le Passetemps des deux Alecis Freres », ds. *Œuvres poétiques,* vol. II/p. 24.
(88) *L'Abuzé en Court,* p.p. R. Dubuis, p. 116/v. 3-7.
(89) J. Molinet, « Le hault siège d'Amours », v. 269-74, ds. *Faictz et Dictz,* vol. II/p. 578. Sous sa forme la plus simple le même proverbe apparaît aux vers 622-24 du *Testament* de Villon ; seuls les vers 268/271 y correspondent. Molinet combine en outre deux proverbes en ajoutant le vers 273 qui correspond à Morawski, no. 109.
(90) Si ces vers rappellent l'idéal de totalité des rhétoriqueurs, ils relèvent en même temps de la tradition ; J. Stiennon, *Paléographie du Moyen Age,* p. 313, en cite un exemple latin du 14ᵉ siècle.
(91) En étudiant la relation proverbe-strophe, nous verrons que chez différents auteurs de l'époque le proverbe peut servir de point de départ à une séquence d'images qui transgresse même l'unité de la strophe.

Proverbe (92) :
> C'est grand chose que de passer
> Jeunesse sans membre casser

PT, v. 311-14 :
> Et puis poise, quant il est meurs,
> De jeunesse les grans perilz
> Dont est hors sans estre peris,
> Sans rompre jambe ou bras brisier.

Aux huitains XXI-XXII du *Testament,* Villon révèle une sensibilité comparable au " réalisme " des proverbes. Il est frappé par l'idée de mouvement que suggère la sentence des vers 167-68 ; non sans ironie il la reprend et la discute dans la strophe suivante, prenant la fuite symbolique de la Jeunesse au pied de la lettre (93). Le même procédé peut servir, dans le monde du *théâtre,* de moteur à l'action de toute une pièce, comme dans la *Farce nouvelle de Mahuet Badin* (94). Autrement plus riche, la *Farce de la Pipée* exploite le système métaphorique de différents proverbes (95), afin de les visualiser ; plusieurs moralités représentent sur scène des expressions figurées (96). Le sermon de Génius (97) s'ouvre sur l'image usée qui assimile la vie humaine aux saisons de l'année ; Jean Lemaire la reprend plus tard, lorsqu'il compare le vieillard à l'arbre menacé par les rigueurs de l'hiver. L'image végétale, avec toute sa force concrète, triomphe.

------

(92) *Diz et Proverbes des Sages,* p.p. J. Morawski, p. 94/no. 3.
(93) L'image de la Jeunesse à cheval devait être courante à l'époque ; W. Helmich, *Die Allegorie im französischen Theater des 15. und 16. Jahrhunderts,* p. 222, y fait allusion. Dans le manuscrit B.N. fonds fr. 24'461 (16e. Décrit par M. Zsuppàn ds. Jean Robertet, *Œuvres,* p. 17-19), un recueil de poèmes et de dessins à rapprocher de l'emblème, on trouve le quatrain suivant au fo. 37ro :
> Sur ce cheval qui Voulenté se nomme,
> Sans bride va Jeunesse l'importune
> Contre le roch perilleux de Fortune,
> Ou jadis s'est précipité maint homme.

Le dessin représente une femme nue assise sur un cheval qui court vers le rocher où attend dame Fortune, les yeux bandés.
(94) *Ancien théâtre français,* p.p. Leroux de Lincy/F. Michel, vol. II/ p. 80ss.
(95) Voir M. Rousse, « L'Allégorie dans la farce de " La Pipée " », *CAIEF* 28 (1976) 37-50. L'image de la chasse aux oiseaux (assimilée à la chasse aux cœurs) se rencontre déjà dans le *Livre du Cœur d'Amours espris* du roi René ; interpénétration de deux images que traduit l'illustration au fo. 123ro du ms. B.N. fonds fr. 24'399.
(96) Voir W. Helmich, *Die Allegorie im französischen Theater* (...), p. 222.
(97) J. Lemaire, *La Concorde des deux Langages,* v. 364ss.

Villon, Taillevent, les rhétoriqueurs, les auteurs de théâtre, tous ressentent l'attrait profond qu'exerce l'image ; la deuxième moitié du siècle en exploite néanmoins les ressources de façon plus systématique, le jeu avec le matériau proverbial est poussé plus loin. Mais nous avons déjà pu constater que l'emploi des mêmes procédés ne découle pas nécessairement d'une même conscience poétique. C'est ce que confirme une étude des jeux auxquels se prête la relation proverbe final — strophe.

2.3. *Le proverbe et la strophe*

La relation entre le proverbe et la strophe dans laquelle il s'insère, se réduit essentiellement à deux types de rapport (98) :
a) lien de parallélisme : le proverbe confirme le contenu posé par les vers qui précèdent ;
b) lien d'opposition.
E. Rattunde (99) a démontré dans son étude sur les *Proverbes au Vilain* à quel point ces deux types de relation sont susceptibles de générer à la fois des effets de sens variés et des changements de perspective à l'intérieur de la strophe ; c'est ce qu'illustre aussi le *Passe Temps* de Michault Taillevent (100).

2.3.1. *La relation proverbe-strophe dans le « Passe Temps »*
2.3.1.1. *Relation de parallélisme*

Le sens qu'assume le proverbe final dans un contexte donné dépend des liens syntaxico-sémantiques qui le rattachent aux vers précédents. La nature complexe de ces influences réciproques concède au poète une assez grande marge de liberté, de sorte que presque chaque septain exigerait un commentaire particulier. Il est néanmoins possible de se limiter dans le discours critique aux variantes les plus importantes de la relation de parallélisme.
Dans les cas de *parallélisme absolu* le proverbe ne vient pas

----

(98) Voir aussi P. Zumthor, *Le masque et la lumière*, p. 153-54.
(99) E. Rattunde, *Li proverbes au Vilain*, Heidelberg, 1966.
(100) Dans ce domaine, comme dans d'autres, Taillevent se contente d'exploiter des possibilités déjà connues avant lui ; marqué par un discours traditionnel, il n'innove guère.

seulement renforcer l'énoncé de la strophe, mais il s'intègre en plus parfaitement au champ sémantique dominant le septain. A titre d'exemple nous citons deux strophes, l'une marquée du signe « je », l'autre à allure impersonnelle :

XIII   En mon jeusne temps fus astrains
        De faire virelais de flours ;
        Or suy je maintenant contrains
        A faire ballades de plours
        Et complaintes de mes follours
        Pour mon temps qu'ay gasté en vain :
        Telle plume, tel escripvain.
        (PT, v. 85-91)

LV   Au monde a entree et issue
        Et a l'entree tout partout
        On y a si chault qu'on y sue ;
        C'est Jeunesse car lors on bout.
        Et aprez l'issue est le bout :
        C'est Viellesse, froide que glace.
        Temps se passe tousdiz et glace.
        [PT, v. 379-85 (101)]

A l'intérieur de la strophe XIII s'opposent deux époques de la vie humaine et, parallèlement, deux façons d'écrire. Le proverbe construit sur le modèle de : « Tel la mere, tel la fille » (Morawski, no. 2318), se laisse également appliqué aux deux parties du septain : les œuvres reflètent les différentes situations (psychologiques) du poète (102). Dans l'autre exemple les six premiers vers opposent la chaude jeunesse à la froide vieillesse ; le proverbe thématise, dans une sorte de synthèse, le changement lui-même (103). Dans d'autres septains la sentence finale ne peut être appliquée qu'à une partie de la strophe ; le septain XXXII illustre un tel *parallélisme partiel* (104) :

XXXII   Qui est riche competamment
        Et viel au fort n'en puet challoir ;
        Ses biens laisse en son testament

---

(101) Nous interprétons de façon analogue les septains XII/XVI/XXVII/LVII/LVIII où le système métaphorique du proverbe est préparé à l'avance.

(102) Le proverbe retourne en même temps le mouvement général du septain : à l'intérieur de la strophe on passe de l'écrivain à l'œuvre, dans la sentence finale de la plume à l'écrivain.

(103) Ceci est caractéristique pour les proverbes thématisant la fuite du temps : voir septains XIV/XV/XVI/XVII/LVI etc.

(104) Il y a donc *opposition* avec l'autre partie du septain ; nous parlerons de parallélisme partiel même si l'opposition surgit entre la sentence finale et les vers qui précèdent immédiatement.

> Et enrichist de sa char l'oir.
> Mais povre et viel, c'est pour dolloir,
> Il n'est point de telle misere :
> Mal vist qui en dangier mis ere.
> (PT, v. 218-24)

La sentence finale vient confirmer le point de vue du pauvre ; la première partie sert de contraste à ce sombre tableau. Jusqu'à présent la nature de la relation n'a pas été altérée ; elle l'est dans l'exemple suivant où le proverbe *élargit la perspective* :

LXXXV
> Viellesse est la danse commune
> Fort de soy mettre en ses las n'est ce.
> Viellesse vient aux gens comme une
> Lente beste sy que l'anesse,
> Ou pas pour pas comme larnesse,
> Par jours, par nuits, par mois, par ans :
> La mort se prend aux plus parans.
> (PT, v. 589-95)

La sentence introduit un nouvel élément dans la suite des réflexions, quoique la transition vieillesse → mort ne soit pas inattendue : elle apparaît déjà dans la strophe précédente.

La sentence finale peut se détacher de son contexte par un changement du champ sémantique, changement dû à la charge métaphorique de beaucoup de proverbes. Tout en renforçant l'énoncé qui précède, il s'y oppose en même temps selon le principe du *contraste métaphorique* (105) :

XXIII
> Jeunesse, ou temps que je la vis,
> A sa guise me gouvernoit ;
> Je n'avoye mie l'advis
> Que finer il me convenoit
> Et pareillement qu'on venoit
> A Viellesse devant sa mort :
> Jeune cherf paist ou il s'amort.
> (PT, v. 155-61)

LXXXIII
> S'on est beau, jeune, grant et fort,
> Let et malostru on devient
> Et de ce monde a grant effort
> On s'en reva ainsy qu'on vient.
> Riens n'y vault, enviellir convient,
> Et puis Mort vient qui tout acourse :

---

(105) C'est ce que E. Rattunde, *Li proverbes au Vilain*, p. 105, appelle « Bildkontrast ».

Ratains de chiens est cerf a course.
                (PT, v. 575-81)

Le proverbe du septain **XXIII** transfère, de façon inattendue, une expérience humaine dans le domaine de la vie animale qui échappe à nos lois morales (106) ; la sentence, reflet des lois de la nature, devient une excuse pour la propre conduite inconsidérée, une interprétation d'autant plus justifiée qu'au septain XXII, dans une situation de plaidoyer, le « je » se présente comme une victime de Jeunesse. Dans le second exemple le proverbe reprend l'idée de la mort inévitable, mais la traduit dans l'image concrète de la chasse. Le contraste entre la métaphore finale et le style " simple "de la strophe (107) est souligné par un *changement de perspective* : avec sa structure passive le proverbe s'oppose aux verbes à la forme active du septain et adopte ainsi le point de vue de la victime. Nous frôlons la relation d'opposition.

2.3.1.2. *Relation d'opposition*

Quelques proverbes en fin de strophe semblent exhorter le lecteur à mieux faire, à éviter certaines conséquences désastreuses ; d'autres conseillent la résignation, comme la sèche constatation du vers 121 : « Qui vit il fault tout endurer », qui coupe court aux plaintes du « je ». De telles mises en garde représentent en même temps une *critique rétrospective* du comportement du « je » ou du « il ». Le changement de perspective se manifeste dans toute sa force quand proverbe et strophe jugent de façon opposée la situation :

V   De ma jeunesse ou meilleur point
             — Ainsy que ses ans on compasse —,
             Encores ne pensoye point
             Comment temps s'en va et passe
             En pou d'eure et en pou d'espasse
             Et la nuit vient aprez le jour :

---

(106) Voir aussi E. Rattunde, *Li proverbes au Vilain*, p. 106.

(107) Parfois la démarche est inverse (voir septains XVI/LXXXII etc.) : au style imagé de la strophe répond la " platitude " du proverbe. Nous rattachons ces exemples aux catégories du parallélisme absolu ou partiel ; comme le proverbe traduit l'énoncé qui précède en termes simples, il n'y a aucun effet de surprise.

> Vivre en joye est plaisant sejour.
> (PT, v. 29-35)

LI
> Mais temps passé ne se recoeuvre
> Car pour riens on ne le ra, voir,
> Ne pour argent ne pour avoir.
> Vieux homs ne puet rajovenir :
> Jeune cuer fait rage au venir.
> (PT, v. 353-57)

Alors que les six premiers vers du septain V mettent en évidence le caractère éphémère de toute jouissance, le proverbe ne reprend pas la critique de l'insouciance juvénile : il relève l'aspect positif des choses. Dans le second exemple la perspective du vieillard domine dans la strophe ; le proverbe adopte le point de vue du jeune homme impatient d'être adulte et nous invite à re-lire le septain. Les plaintes du vieillard ne sont qu'une conséquence naturelle de son âge.

La distance qui sépare le proverbe de la strophe, se trouve accrue dès que *l'ironie* entre en jeu :

LXXXVIII
> Le temps a passer bien pou couste
> Quant on est jeune et tout sains ;
> Noel, Pasques et Phentecouste
> On desire fort et Toussains.
> Mais comme font burre et tous sains,
> Tout s'en va a neant et se font :
> Merveilles tous les jours se font.
> (P.T., v. 610-16)

Du contraste entre « neant » et « merveilles » jaillit le rire moqueur de la voix impersonnelle ; dans le proverbe il n'y a trace ni de compréhension ni de pitié. Ces *changements d'éclairage* nous rapprochent de ce que E. Rattunde a nommé la *négation ironique* (108) : la situation décrite par la strophe est interprétée, dans le proverbe, comme relevant d'un autre ordre de choses, de sorte que notre attente est détrompée :

XXIV
> Je fus en jeunesse repeu
> D'espoir de toudis vire en joye,
> Doubtant d'estre a l'arriere peu
> Mais avoir de biens grant monjoye,
> Ce propos jamais ne changoye.
> Bains de joye ains ne vy sy flos :
> Nouvelle Saint Jehan, neuf siflos.
> (PT, v. 162-68)

_____

(108) E. Rattunde, *Li proverbes au Vilain*, p. 114.

Le septain XXIV ne parle que de joie et d'espoir ; ironique, le proverbe vient détruire cette illusion (109). Le contraste est d'autant plus marqué que dans les strophes suivantes le thème de la fuite du temps domine : le proverbe sert de transition thématique. Au septain X la relation proverbe-strophe est presqu'identique, mais le renversement opéré par la sentence finale est souligné par le contraste métaphorique opposant proverbe et strophe : différentes possibilités de réaliser la relation se combinent. Le septain XXV est un exemple d'une rare complexité :

> Viellesse qui es cuers s'embat
> En homme toute joye abat
> Et change maniere et propos :
> Changer ne vault pinte pour potz.
>
> (PT, v. 172-75)

Le contraste métaphorique est amené par un jeu sur la double acception de « changer » (transformer vs. échanger). L'ironie qui naît de cette rencontre se trouve accentuée, parce que la strophe parle d'une transformation qu'on subit, alors que le proverbe se réfère à un acte volontaire et réfléchi. Ces jeux que François Villon n'ignore pas, relèvent d'un procédé courant au 15ᵉ siècle : un ou plusieurs termes-clé dans la strophe amènent, par association, la sentence finale. Il y en a différents exemples dans le *Passe Temps* : au septain XIV les « chappeaulx » du proverbe — couvre-chef de qui participe à la carole dans le « locus amoenus » — appartiennent au système métaphorique même qui traverse la strophe. Aux septains II/X/LXXV les termes de mouvement se retrouvent dans la sentence finale et, souvent, le proverbe reprend (sans altération du signifié) un terme déjà employé dans le septain.

2.3.2. *Le 15ᵉ siècle à la lumière du « Passe Temps »*

D'Eustache Deschamps à Guillaume Cretin, chaque poète exploite la marge de liberté que lui concède le rapport proverbe-strophe. Sous ses différentes formes le *parallélisme* tend à domi-

---

(109) Poème à plusieurs voix le *Passe Temps* ne peut être lu comme une confession de l'auteur désormais vieux et désabusé : trop souvent Taillevent nous invite à rire du rôle que joue son « je ». Le proverbe servira aussi à François Villon pour marquer ses distances vis-à-vis de son moi poétique.

ner ; cette constatation n'a guère de quoi étonner, puisque déjà
le *Passe Temps* présente une proportion de trois à un en faveur
des exemples de parallélisme. Le parallélisme s'impose surtout
dans les débats, mais il arrive qu'on y ait recours à telle ou telle
forme d'opposition pour confondre les arguments de l'adversaire.
Grâce au proverbe Pierre Chastellain se moque des plaintes de
Taillevent, dont il résume l'essentiel dans les vers qui précèdent
la sentence finale :

> Puis qu'ainsi a Michault esté
> Demy chault en yver soubz froit,
> Qu'estoit il a my chault esté
> De la grant challeur qu'il souffroit ?
> Car qui bien ce que je souffre oyt
> Peult bien entendre ung aultre plaint :
> Maigre n'est qui trop gras se plaint.
> [*Temps Perdu,* v. 8-14 (110)]

Dans la démarche de l'argumentation le proverbe final représente un élément-clé qui permet à Pierre Chastellain, dans la
strophe suivante, de tirer une conclusion où il apostrophe directement Taillevent :

> Trop faiz tes plaintes en somme aigres
> [*Temps Perdu,* v. 15 (110)]

Dans le *Débat des trois Nobles Oiseaux* de Jean Molinet, le duc
tâche de dénigrer les arguments de son adversaire ; il rappelle les
bontés de son père pour le roitelet et s'exclame : « Le mal vestu
pleure souvent » (111). Le proverbe constitue le reproche final
dans lequel culmine toute la strophe.

Comme dans le *Passe Temps* de Taillevent, des sentences viennent condamner, après-coup et ironiquement, le comportement
du « je » chez Jean Regnier et Pierre Chastellain (112). Adoptant
le point de vue du moraliste, le proverbe final en arrive à critiquer
rétrospectivement les médisances dont parle le *Martyrologue des*

---

(110) F. Pascal, *Pierre Chastellain,* p. 187 (B.N. fonds fr. 2266/fo. 1vo).
(111) « Débat des trois Nobles Oiseaux », v. 48, ds. *Faictz et Dictz,* vol.
II/p. 651 ; le proverbe rappelle le no. 1159 de Morawski : « Mal batuz longuement plore ».
(112) Voir *Fortunes et Adversitez,* v. 181ss. ; chez Pierre Chastellain on
relira surtout la deuxième partie du *Temps Perdu* (publié par J. Petit en
appendice à : Pierre Michault, *Le Pas de la Mort,* (attribution erronée),
Bruxelles, 1869), où il décrit sa « vie ».

Faulses Langues (113). Pour le 15ᵉ siècle le *Passe Temps* constitue un exemple à valeur paradigmatique, où se rencontrent les mécanismes fondamentaux qui régissent la relation proverbe-strophe à l'époque. Nous allons en retrouver les traces chez Villon — mais souvent corrodées par l'ironie.

2.3.3. *La relation proverbe-strophe chez François Villon*
2.3.3.1. *Relation de parallélisme*

Comme ses contemporains Villon recourt de préférence au parallélisme dans les passages où domine la fonction juridique du proverbe, c'est-à-dire au cours des débats et des plaidoyers (114). Il ne manque pas d'exploiter la marge de liberté que lui concède l'emploi du proverbe ; si la sentence citée par Diomède [FVT, v. 150-52 (115)] ne quitte pas le domaine des relations humaines, le proverbe du huitain XXI nous fait passer du règne humain au règne animal :

> Necessité fait gens mesprendre
> Et fain saillir loup des boys.
>
> (FVT, v. 167-68)

Le contraste métaphorique confère une force expressive majeure au proverbe qui interprète les faiblesses du « je » comme relevant d'une loi naturelle et inéluctable. Plus que jamais Villon entend se présenter comme une victime... mais n'aurait-il pas lieu d'être reconnaissant à Louis XI ?

> Bienfait ne se doit oublier.
>
> (FVT, v. 88)

Le proverbe reflète la structure du huitain tout entier qui, après avoir rappelé les souffrances du moi du poète en prison, montre le bienfait du roi, auquel répond nécessairement un mouvement de reconnaissance. Mais dans la strophe suivante Villon accumule les termes de douleur et met ainsi en question l'exhortation que formule le proverbe. La bonté de Louis XI semble être insuffisante : c'est l'idée que vient illustrer l'exemple d'Alexandre et Diomède.

---

(113) G. Alexis, *Œuvres poétiques*, vol. II/p. 328-33.
(114) Voir le chap. 1.2.5. du présent travail.
(115) Autre exemple : le huitain XXIV du *Testament*.

Des cas de parallélisme se trouvent aussi dans la partie des legs (116) :

> Ilz sauront, je l'ayme plus cher,
> *Ave salus, tiby decus.*
> Sans plus grans lettres enserchier :
> Tousjours n'ont pas clercs l'au dessus.
>   (FVT, v. 1286-89)
> Chacun leur envoye leurs oz :
> Les Mendians ont eu mon oye ;
> Au fort, ilz en auront les oz ;
> A menus gens menue monnoye.
>   (FVT, v. 1648-51)

Ce dernier exemple illustre fort bien le mécanisme du parallélisme partiel ; après les réflexions délicates du début de la strophe, voici la brutalité de le deuxième partie (117), un revirement auquel le proverbe donne un caractère définitif. Au huitain CXXVIII la sentence finale justifie encore une fois l'attitude du testataire. On sait que les « povres orphelins » (FVT, v. 1275) étaient, en réalité, de vieux usuriers ; le proverbe, s'intégrant parfaitement à la série « estude » — « maistre » — « Donat » — « lettres », sert ainsi à maintenir le voile de la fiction (118). A peine a-t-on découvert le sens second que le proverbe change de sens : il défend les droits des clercs victimes des riches.

Il n'est pas rare que la sentence finale soit amenée par des jeux sur les mots. Les « quatorze muys de vin » (FVT, v. 1016) pour sire Denis Hesselin seront mouillés ; le proverbe confirme cette restriction :

> Vin pert mainte bonne maison.
>   (FVT, v. 1021)

Un bel exemple de « conformisme ironique » (119) : Villon ne feint d'accepter la morale générale que pour mieux lancer son trait au légataire. Encore une fois le proverbe s'intègre aux jeux

---

(116) Le seul proverbe du *Lais* (aux vers 135-36) se trouve dans la partie des legs. — Dans le *Testament* il y a d'autres passages où Villon exploite les ressources qu'offre la relation proverbe-strophe, comme il l'a fait aux huitains XIss. Le vers 1691 élargit la perspective en introduisant la notion du « mal acquest » et, comme le vers 224, sert de transition aux strophes qui suivent.

(117) Le huitain semble bien refléter l'état des hôpitaux de l'époque ; voir à ce sujet N. Gonthier, « Les hôpitaux et les pauvres à la fin du Moyen Age : l'exemple de Lyon », *Le Moyen Age* 84 (2/1978) 300ss.

(118) Autre exemple : *Testament*, v. 1314-21.

(119) Nous reprenons le terme à P. Demarolle, *L'Esprit de Villon*, p. 28-29.

de l'ironiste et au champ sémantique qui domine la strophe. Même phénomène au huitain XXV où une série d'oppositions culmine dans la sentence finale :

aymeroye — ventre affamé
amoureux sentiers — rassasié au tiers
(s'en recompense) — remply sur les chantiers

Car la *dance* vient de la *pance*.
(FVT, v. 200)

Les termes soulignés connaissent une surdétermination sémantique (120), de sorte que « dance » acquiert une valeur nettement érotique. Nous avons déjà rencontré des altérations de ce genre dans les domaines du théâtre et de l'iconographie ; l'équivoque grivoise sous-tend également différents proverbes chez Coquillart, et la connotation contextuelle s'y impose (121).

2.3.3.2. *Relation d'opposition*

François Villon ne néglige pas les avantages de la relation d'opposition dans des débats et des plaidoyers. Le vocabulaire juridique traverse tout le huitain C pour déboucher ensuite dans la sentence finale :

Car maintes causes m'a saulvees,
Justes, ainsi Jhesucrist m'aide ;
Comme telles se sont trouvees,
Mais bon droit a bon mestier d'aide.
(FVT, v. 1034-37)

Le rejet de « justes » et la formule d'affirmation solennelle (122) qui suit, semblent trop insister : Villon est-il sincère ? Lui-même doit avoir prévu ce doute ; il introduit le proverbe par

---

(120) Pour un phénomène comparable, mais dépassant les limites de la strophe, voir le chapitre 3.1.4. du présent travail.
(121) Voir le *Plaidoié d'entre la Simple et la Rusée*, v. 142/157-58 ; les *Droitz Nouveaulx*, v. 929-30. On retrouve des proverbes ainsi contaminés chez Villon, *Testament*, v. 616. Le théâtre (voir par exemple le *Recueil Trepperel : les farces*, p.p. E. Droz/H. Lewicka, nos. 4/5 et 7 : « Le Proces d'un jeune Moyne et d'ung viel Gendarme devant Cupido », « La Confession Rifflart », « Le grant Voiage et Pelerinage de Saincte Caquette ») exploite souvent le double sens des mots : c'est ce que faisait déjà le fabliau (voir P. Nykrog, *Les fabliaux*, p. 79/100-01). Au 13ᵉ siècle Jean de Condé offre un double exemple de proverbes à sous-entendus érotiques dans les

« mais », comme s'il s'agissait de réfuter des objections sous-entendues. Au huitain CXVIII comme au huitain XVI (auquel nous nous arrêterons) Villon intègre totalement le proverbe à la démarche de l'argumentation. Il envisage d'abord sa propre mort, rappelle ensuite qu'il n'a fait de mal à personne et renverse enfin la perspective dans la sentence finale :

>   Les mons ne bougent de leurs lieux
>   Pour ung povre, n'avant n'arriere.
>   (FVT, v. 127-28)

Alors que dans le huitain le « je » apparaît en fonction de sujet, le pauvre est ici complément d'objet. De la défense nous passons à l'accusation ; c'est parce qu'*on* ne l'aide pas que le pauvre est enclin au vice. Accusation d'autant plus amère que Villon la formule à plusieurs reprises (123) et que, dans ce passage, il prend à contrepied l'expression biblique : « Montes a fundamentis commovebuntur » (124). Le jeu avec le proverbe se révèle être particulièrement complexe ; bien qu'on retrouve chez maître François les traces des différents emplois que le 15ᵉ siècle a faits du proverbe, il est rare qu'on puisse ranger sans arrière-pensée un de ses proverbes parmi les catégories élaborées par E. Rattunde et confirmées par notre analyse du *Passe Temps*. Voici néanmoins deux exemples qui obéissent au principe de la négation ironique : au huitain LXXV, Villon proteste contre ceux qui se sont arrogé le droit de donner un titre non prévu par l'auteur au *Lais* — mais le proverbe constate sèchement l'inutilité de telles récriminations. La sentence finale du huitain CXXVI se moque des changeurs âpres au gain ; elle leur oppose ironiquement le monde courtois des amants en se servant de l'adjectif « larges » qui s'applique également aux deux catégories de personnages. Dans ces alternances entre la voix impersonnelle et celle du testataire, l'ironie ne permet que rarement au proverbe d'exercer sa fonction d'autorité, et ceci presqu'exclusivement dans des situa-

---

Sentiers Batus : les termes « espis » (v. 51) et « sentier » (v. 78) se chargent de connotations supplémentaires, de sorte que l'auditoire éclate de rire. Ceci correspond bien à l'atmosphère carnavalesque que Ch. Lee, « Le convenzioni della parodia », *Prospettive sui fabliaux*, p. 3-41, croit découvrir dans les fabliaux, monde de la parodie (de la courtoisie) et de la dénigration (satirique).

(122) Voir la note de Henry/Rychner au vers 1035.

(123) Voir l'épisode de Diomède et d'Alexandre. Nous retrouverons les thèmes de la victime et de l'exclu en parlant du moi du poète.

(124) Voir la note de L. Thuasne au vers 127. Une intégration comparable du proverbe au débat se trouve au huitain CXVIII.

tions de débat. Villon se sert du discours sapientiel avec une plus grande liberté que ses prédécesseurs (125).

2.3.3.3. *Les cas spéciaux*

Les huitains LXVII-LXVIII constituent une unité syntaxique que traverse une énumération de type fatrasique (126). Le proverbe placé à la fin du huitain LXVII doit être ainsi considéré comme une *incise* :

— Tousjours trompeur autruy engautre
Et rend vecyes pour lanternes —,
(FVT, v. 695-96)

Par rapport au contexte qui amplifie le motif de l' « abuser » (v. 688-689), le vers 695 introduit un nouvel élément ; le terme « engautre », tiré du jobelin, transfère le motif de la tromperie, d'abord limité à la relation amant martyr — belle dame sans merci, au niveau des relations sociales en général. L'incise élargit ainsi la perspective et sert en même temps de *centre générateur* de structures parallèles. En effet, le vers 696 adopte, avec la paire d'opposition « vecyes »/« lanternes », la structure même qui s'impose dans les deux huitains. Dans l'envoi de la *Ballade de la Grosse Margot* le proverbe « a mau rat mau chat » [FVT, v. 1624 (127)] est suivi d'énoncés symétriques qui reprennent la même thématique au niveau des relations humaines (128). Le procédé du proverbe générateur de structures se rencontre tout au long

---

(125) Voir aussi P. Demarolle, *L'Esprit de Villon*, p. 31 : « Il semble avoir compris les possibilités qu'il (= le proverbe) lui offrait, et l'avoir utilisé à sa guise, c'est-à-dire le plus souvent avec une intention ironique (...) ».

(126) Voir J. Dufournet, *Recherches sur le Testament de François Villon*, vol. I/p. 213-36.

(127) Le proverbe existe sous cette forme (Morawski, no. 75) ; mais on rencontre aussi : « A mal chat mal rat » (Morawski, no 73) qui intervertit la relation entre la victime et le carnassier. Villon, en préférant la première variante, identifie son « je » au rat : il est la victime.

(128) Voir P. Paioni, « I proverbi di Villon », *Studi Urbinati di Filosofia* 45 (1971) 1136g. Il y a évidemment contraste métaphorique : ceci vaut aussi pour l'image du vieux singe (FVT, v. 431-32), image qu'on retrouve dans l'*Abuzé en Court*, p. 116, et dans le mystère de la *Pacience de Job*, v. 1061-63. Le singe est traditionnellement un animal à connotations négatives, puisque Philippe de Thaün, *Le Bestiaire*, v. 1889-1914, le présente comme un être grimaçant qui ressemble au diable.

du 15ᵉ siècle : Taillevent, Meschinot, Gaguin et Octovien de Saint-Gelais ne l'ignorent pas (129). Le plus souvent ceci permet une mise en relief du proverbe ; mais si la structure énumérative s'étend à toute la strophe, le proverbe se confond avec les vers qui précèdent et perd sa place privilégiée (130). C'est ce qui arrive dans la *Ballade des seigneurs du temps jadis* où la recherche de parallélismes formels tend à confondre refrain et strophe. Le jeu, la fantaisie verbale semblent s'imposer définitivement dans la *Ballade des proverbes* (FPV V) et dans le texte numéro 67 des *Proverbes en Rimes* : chaque vers est une sentence à structure identique. Mais la ballade de Villon est-elle vraiment placée sous le signe de la gratuité ? Il semble que non : les proverbes reprennent des thèmes chers à l'auteur du *Testament,* et on décèle une nette volonté d'organiser la suite des sentences. Au début des strophes I et III se placent les seuls proverbes où il est question d'animaux ; les strophes II et IV mettent en évidence les problèmes de la communication en s'ouvrant sur une sentence qui a trait au thème de la parole :

FPV V/v. 9 :

Tant parl'on qu'on se contredit ;

FPV V/v. 25 :

Tant raille on que plus on n'en rit ;

C'est le même thème qui réapparaît dans des positions-clé de la *Ballade des contre-vérités* qu'on a souvent considérée comme un simple exercice de virtuosité :

FPV VII/v. 7 :

Ne foy que d'homme qui regnye

FPV VII/v. 13 :

Ne vraye amour qu'en flaterye

FPV VII/v. 15 :

Ne vray rapport que menterye

FPV VII/v. 25 :

Voulez vous que verté vous dye ?

FPV VII/v. 27 :

Letre vraye que tragedye,

La ballade s'organise autour du terme « vray » qui apparaît au milieu et à la fin du poème, chaque fois avec une double occurrence à deux vers de distance. Une telle mise en relief du problème de la

---

(129) *Passe Temps,* sept. LII ; *Lunettes des Princes,* str. I ; *Epistole et Orationes,* p. 370-71/381 ; *Séjour d'Honneur,* ms. B.N. fonds fr. 12'783/fo. 52ro. Voir aussi Molinet, *Faictz et Dictz,* vol. II/p. 639.

(130) Voir les pages 70-71 du présent travail.

parole humaine frappe tout lecteur averti de l'importance qu'assume ce thème à l'intérieur du *Testament* : tout nous invite à prendre au sérieux l'interpellation du public qui ouvre l'envoi. La ballade serait-elle une invitation à re-penser des vérités qu'on a peut-être été enclin à adopter trop vite ? Peut-on y voir avec V.L. Saulnier (131) une ballade « des *paradoxes* », c'est-à-dire l'expression d'une méfiance vis-à-vis des vérités transmises de génération en génération, qui nous évitent de devoir réfléchir, méfiance qui aura son importance parmi les humanistes et les poètes de la Renaissance (132).

De même que Villon n'apporte rien de nouveau en parlant de la parole et de ses méfaits, il n'innove pas lorsqu'il se sert du proverbe ; à l'instar d'autres auteurs il exploite la marge de liberté que lui concède la relation proverbe-strophe et n'hésite pas à transformer certaines sentences. Mais en les intégrant aux jeux de l'ironiste, maître François se rapproche une fois de plus du monde du théâtre et, en même temps, laisse transparaître son secpticisme vis-à-vis de l'autorité que le proverbe représente pour la majeure partie de ses contemporains. Si certains auteurs — surtout dans la deuxième moitié du 15ᵉ siècle — ont tendance à voir dans le proverbe un élément à valeur essentiellement rhétorique, Villon s'en distingue encore par la *conscience* aiguë dont témoignent les *Contreditz Franc Gontier*. Le proverbe comme les « auctoritates » et la parole humaine en général, tout ce monde sérieux se transforme sous l'emprise de l'ironie, et on ne saurait plus lui accorder inconditionnellement notre confiance : on y croit sans trop y croire. Le doute a profondément marqué l'univers du *Testament ;* le proverbe n'échappe pas à la mise en question, et la *Ballade des contre-vérités* se révèle être une ballade « des paradoxes » où François Villon a parodié Alain Chartier (133) et où souffle un nouvel esprit.

---

(131) « Proverbe et paradoxe du 15ᵉ au 16ᵉ siècle », ds. *Pensée humaniste et tradition chrétienne au 15ᵉ et 16ᵉ siècles*, p. 87-104.
(132) Voir les pages 76-78 du présent travail.
(133) Voir le commentaire de Henry/Rychner à notre ballade.

CHAPITRE III

PROBLEMES DE STRUCTURES

La tripartition du *Testament* est un reflet fidèle de la tripartition des testaments réels (1) ; mais cette macrostructure ne suffit pas pour décrire l'agencement du discours villonesque, un problème qu'ont affronté différents critiques, chacun proposant un autre point de vue, une autre manière de lire le texte. Déjà en 1859 Antoine Campeaux proposait une bipartition du *Testament*, opposant la première partie grave et émouvante à la partie des legs burlesques et satiriques. En 1934 Italo Siciliano reprenait cette idée, tout en suggérant d'intervertir l'ordre des deux parties : pour lui le poème reflétait l'itinéraire spirituel de François Villon, de l'écolier gouailleur à l'homme mûr repenti de ses folies. En même temps il croyait pouvoir distinguer cinq grands segments à l'intérieur du Testament :
a) vers 1- 88 :
   prologue de ton burlesque ;
b) vers 89-328 :
   regrets de Villon ;
c) vers 329-568 :
   groupe de compositions poétiques autonomes ;
d) vers 569-712 :
   recueil des amours ;
e) reste :
   legs burlesques.

Au cours des années soixante, alors que la discussion sur l'unité du *Testament* bat son plein, certains critiques procèdent de façon comparable à Siciliano, mais l'optique change : pour Pierre Le Gentil ce poème est une anthologie poétique dont l'agencement

---

(1) Voir A.J.A. van Zoest, *Structures de deux testaments fictionnels*, 1974.

est l'œuvre de l'auteur, et dont la structure est caractérisée par de nombreuses digressions. R. Terdiman y discerne une suite de vagues thématiques qui tour à tour s'élèvent, dominent puis disparaissent. Peter Brockmeier croit pouvoir décrire le *Testament* comme une suite de pensées dont l'agencement subtil permet au poète de passer d'un centre d'intérêt à l'autre ; en ce qui concerne la partie des legs, il partage ainsi l'opinion de Daniel Poirion qui y distingue des séries de 50 à 70 vers, correspondant aux différentes catégories sociales qui regroupent les légataires (2). Le même critique plaide pour l'unité du *Testament,* univers poétique déterminé par une structure d'opposition, par le procédé stylistique de la dérision, la thèse morale de la déception, et le thème du dégoût. Pour S. Romanovsky les multiples oppositions à l'intérieur du *Testament* constituent un système dynamique où règne une tension dialectique ; William Calin, lui, attire notre attention sur le fait que ces oppositions sont également des oppositions de voix, de perspectives : le moi de Villon cède souvent la parole à d'autres personnages. D'autres critiques, comme Claude Gothot-Mersch, décèlent non pas un système de contrastes, mais un mélange de tons dans lequel se résout la diversité apparente ; le « je riz en pleurs » (FPV II/v. 6) de la ballade du concours de Blois devient alors l'emblème de la poétique de François Villon (3).

Toutes les propositions présentées s'appuient sur une lecture immanente du texte ; jamais on ne tente de lire le *Testament* à la lumière de procédés traditionnels d'enchaînement, tels qu'on les rencontre dans différentes œuvres du 15ᵉ siècle, notamment dans le *Passe Temps* de Michault Taillevent. C'est ce que nous nous proposons de faire : cette démarche nous permettra d'évaluer ce que Villon doit à la tradition, et, en même temps de définir la *poétique de l'ouverture* qui caractérise son œuvre, poétique qui concède à l'auteur d'intégrer une multiplicité de thèmes et de points de vue. La figure du *débat* (impliquant la mise en question,

---

(2) Voir A. Campeaux, *François Villon, sa vie et ses œuvres,* 1859 ; I. Siciliano, *François Villon et les thèmes poétiques du moyen âge,* 1934 ; P. Le Gentil, *Villon,* 1967 ; R. Terdiman, « The Structure of Villon's Testament », *PMLA* 82 (1967) 622-33 ; P. Brockmeier, *François Villon,* 1977 ; D. Poirion, « Opposition et composition dans le « Testament » de Villon », *Esprit Créateur* 7 (1967/3) 170-79.

(3) Voir S. Romanovsky, « L'unité du « Testament » de Villon », *Les Lettres Romanes* 22 (1968) 228-38 ; W. Calin, « Observations on Point of View and the Poet's Voice in Villon », *Esprit Créateur* 7 (1967/3) 180-187 ; C. Gothot-Mersch , « Sur l'unité du « Testament » de Villon », ds. *Mélanges* (...) R. *Lejeune,* 1969, vol. II/p. 1411-26.

le thème du doute) avec ses digressions, les allées et venues de la pensée se trouvera reflétée dans la structure même du *Testament*.

3.1. *L'ossature du texte*
3.1.1. *Du 13ᵉ au 15ᵉ siècle*

Les *Congés* de Jean Bodel, poète arrageois, nous serviront de point de départ (4) ; on sait que l'ordre des strophes varie selon les manuscrits, de sorte qu'on peut supposer qu'il n'y a pas de véritable progression à l'intérieur du poème. La structure est conçue de façon à ne pas être mise en question par de telles altérations : un *thème central* (niveau I) traverse les *Congés* d'un bout à l'autre, colonne vertébrale autour de laquelle s'organise tout le discours poétique (5). Différents *thèmes mineurs* (niveau II) s'y rattachent, de sorte que les *Congés* apparaissent comme une unité insécable où il est oiseux de vouloir distinguer différents moments du discours. Simultanément naît l'impression d'une diversité ; on remarque ça et là les phases d'accumulation de quelques *motifs marginaux* (niveau III) dont la fonction est de relier un nombre restreint de strophes ; ils contribuent ainsi à créer un flux incessant de discours (6). Réduite à ses éléments esssentiels, l'organisation des *Congés* peut être décrite comme suit :

Niveau I :

le motif du voyage et de l'adieu, présent, sous différentes formes, dans 16 strophes ;

Niveau II :

la pitié et l'opposition joie/douleur connaissent plusieurs phases d'accumulation, surtout aux strophes XVII-XIX/XXXVIII-XLI/XI-XVI/XXII-XXIV. Des occurrences

---

(4) P. Zumthor, *Essai de poétique médiévale*, p. 421, proposait déjà de suivre cette piste. Les *Congés* en tant que genre littéraire n'ont pourtant jamais dépassé le cadre de la ville d'Arras. Le but ne sera donc pas d'établir une filiation directe, mais de déceler la présence d'un type d'écriture dans certains domaines non narratifs de la littérature française du 13ᵉ au 15ᵉ siècle.

(5) La métaphore employée correspond au titre donné à ce chapitre. Il s'agira d'éviter le danger qui guette tout discours critique : accumuler les métaphores dans l'espoir de cerner l'objet de l'étude.

(6) L'image des vagues proposée par R. Terdiman ne vaut pas pour les *Congés*, puisqu'elle présuppose un déroulement linéaire du mouvement ; or, les trois niveaux existent l'un à côté de l'autre.

plus ou moins isolées de ces thèmes créent un véritable réseau à l'intérieur des *Congés* ;

Niveau III :

le passage d'une strophe à l'autre peut être assuré par la reprise d'un mot-lien ou d'une expression appartenant à un même champ sémantique (7) : ainsi « j'ai chanté »/« ton livre »/« mon escrit » (str. XXIII-XXV), « porte ton fais »/« porte ma crois » (str. XXXV-XXXVI), « jougleors »/« He ! menestrel » (str. XLIII-XLIV).

Dans des compositions à structure non-strophique il est rarement possible de parler d'un troisième niveau (8) ; mais l'organisation du discours reste essentiellement la même. C'est le cas de la *Griesche d'Yver* de Rutebeuf : autour d'un thème central — la pauvreté — gravitent différents thèmes secondaires (9). Certains *dits* à structure énumérative présentent les mêmes caractéristiques. Ainsi le thème du cheminement constitue l'épine dorsale du *Dit des Rues de Paris* de Guillot : il se traduit par la répétition des verbes de mouvement à la première personne, qui jalonnent le texte. En se servant du critère de la fréquence, on arrive même à distinguer le niveau II (boisson, sexualité) du niveau III (parole, étoffes, marchandises etc.), lesquels expriment les aspects que l'auteur retient des rues respectives. La même grille de lecture peut être appliquée aux *Crieries de Paris* de Guillaume de la Villeneuve (10) ; les verbes « oier » et « crier » traversent tout le poème, alors que différents motifs marginaux (comme les marchandises, la pauvreté, les mendiants) apparaissent plus ou moins souvent. Le caractère de ces deux dits est étonnamment proche de ce que seront, près de deux siècles plus tard, les *monologues des hommes à tout faire* : par leur répétition, trois verbes-clés (« je sçay »/« je suis »/« je fais ») créent un rythme interne à l'énumération. Celle-ci est construite à partir des motifs des pays visités

---

(7) La reprise terme à terme, l'emploi d'expressions parallèles ou contraires, le prolongement de la métaphore servent à assurer le passage d'une strophe à l'autre : voir à ce sujet le chapitre 3.1.2.

(8) Ceci semble être possible dans le *Sermon en Vers de la Chasteté as Nonnains* de Gautier de Coincy, avec ses répétitions, ses reprises à distance de motifs : voir la description qu'en donne T. Numela aux pages 14-16 de l'introduction à son édition (Helsinki, 1937).

(9) Voir aussi P. Zumthor, *Langue, texte, énigme*, p. 194-95.

(10) Les deux dits ont été publiés dans *Fabiaux et contes des poètes françois des 11, 12, 13, 14 et 15ᵉ siècles*, p.p. M. Méon, vol. II. Autre exemple : le « Dit des Droits », ds. les *Dits du Clerc de Vouday*, p.p. P. Ruelle, p. 50-70.

et des métiers exercés (11) ; parfois on peut distinguer des accumulations d'activités apparentées (12). Dans tous ces exemples l'épine dorsale n'est représentée que par la réitération de formules stéréotypées et non pas par un thème ; l'aspect théâtral domine, puisque ces formules sont l'expression du rôle, de l'attitude que l'acteur assume sur scène. Ce procédé n'est qu'apparenté à celui dont se servent Jean Bodel et Rutebeuf.

Au 14ᵉ siècle nous retrouvons des structures comparables : quelques brefs dits moraux de Jean de Condé s'organisent autour d'un thème central indiqué par le titre du poème respectif ; des termes-clés exceptionnellement fréquents servent de fil conducteur (13).

Dans l'anonyme *Dit des Avocats,* c'est l'argent qui représente l'épine dorsale du poème (14) ; à ce thème sont étroitement liés ceux de la ruse et de la plaidoirie, auxquels s'ajoutent l'opposition entre la pauvreté des vilains et la bonne vie que mènent les avocats. Froissart est obsédé par l'idée que l'argent coule entre ses doigts dans le *Dit dou Florin,* et ce sujet central amène le motif du « change » et ceux, de moindre importance, du jeu et des possibilités qu'offre l'argent. Dans les deux derniers exemples de forts éléments narratifs s'intègrent à l'ossature du texte ; différents principes structuraux se combinent et se complètent.

Ceci n'est pas le cas dans la *Paraphrase des neuf Leçons de Job,* œuvre de Pierre de Nesson où domine presqu'exclusivement l'élément " lyrique ". Autour de la figure de Job et du thème-clé de la mort gravitent plusieurs motifs, presque tous d'origine biblique : la vanité des richesses, la vie sur terre, l'enfer et la vie éternelle, la résurrection, la prescience divine. Ainsi une certaine érudition

---

(11) Voir J.-C. Aubailly, *Le monologue, le dialogue et la sottie,* p. 109-36. On rapprochera ces monologues du *Dit de l'Erberie* de Rutebeuf, ponctué d'appels au public.

(12) Exemples : « Watelet de tous Mestiers », « Maistre Hamberlin serviteur de Maiste Aliborum », les deux publiés dans le volume XII du *Recueil des poésies françoises des 15ᵉ et 16ᵉ siècles,* p.p. A. de Montaiglon/J. de Rothschild.

(13) Voir *Dits et contes de Baudouin de Condé et de son fils Jean de Condé,* vol. III/nos. XLII (« Dis du vrai sens ») et LXX (« Du prince qui croit bourdeurs »). Le premier organise le discours autour des termes-clés sens/folie/fol/sage, le deuxième reprend fréquemment les mots « bourdeurs »/« mençongne ».

(14) Il a été publié par G. Raynaud, *Romania* 12 (1883) 209-19. A côté de quelques remarques générales sur les avocats, l'auteur place différentes scènes à valeur exemplaire et se réfère même à ses expériences personnelles. Les thèmes-clés qui constituent l'ossature du texte concèdent une grande liberté dans la réalisation individuelle de ce type d'écriture.

pénètre l'univers poétique ; quelques motifs dominent par moments, au point de créer l'impression de véritables digressions, comme dans la « sexte lesson » où la figure de Job s'efface au profit du thème de la résurrection des corps. La pensée du poète semble aller et venir, générant une sorte de vagues thématiques qui suscitent l'idée d'une liberté à l'intérieur des limites imposées par le choix même du sujet. Postérieures de quelques années, les *Fortunes et Adversitez* de Jean Regnier obéissent à une poétique comparable. Le discours du prisonnier est essentiellement axé autour des oppositions joie/douleur, crainte/espérance etc. qui se manifestent dès le prologue (v. 1-93). La chronologie sous-jacente au poème facilite de longues digressions dont le lien avec la situation du « je » n'est souvent que léger : ainsi les réflexions sur la situation politique en France (v. 1491-1728) ou sur l'amour (v. 2214-2625). L'intervention de Réconfort renforce cette impression de liberté (15) : les exemples qu'il rapporte constituent des unités narratives détachables de l'ensemble — comparables à la description de la vie du vieillard aisé chez Taillevent (PT, v. 288-322) ou à l'épisode de Diomède et Alexandre chez Villon (16).

3.1.2. *Le « Passe Temps » de Taillevent*

Taillevent pouvait se servir de structures préexistantes qui lui accordaient une grande marge de liberté. Les rares remarques que la critique a faite sur l'organisation du discours dans le *Passe*

---

(15) La comparaison avec le *Prisonnier Desconforté du Château de Loches* (1488) est tentante ; mais là la structure est caractérisée par une nette progression des plaintes à la confession, des doutes à la confiance en la Providence, de sorte qu'il est possible de proposer avec R. Menage, « Deux poètes en prison : Maître Jean Regnier et le prisonnier desconforté de Loches », *Senéfiance* 5 (1978) 243-44, une segmentation du poème. Dans le même article le critique nous présente un découpage des *Fortunes et Adversitez* en six parties ; cette tentative nous semble beaucoup moins convaincante, car chaque segment rassemble, sous un titre générique, un nombre très élevé de vers (entre 500 et 1000).

(16) L'insertion d' « exempla », conseillée par les « artes praedicandi », est fréquente dans des débats et des discours. Coquillart en introduit dans chaque partie des *Droitz Nouveaux*, parties qui s'organisent autour du thème-clé de l'amour ; des motifs secondaires comme la mode et la parole vont et viennent, et différents motifs marginaux ne manquent pas de faire de brèves apparitions.

Temps sont marquées par une double impression : le poème apparaît comme une unité dans laquelle certains ont cru pouvoir décerner une progression d'idées (17). Non seulement les propositions de segmentation ne se correspondent pas, mais chaque fois il a fallu apporter des restrictions au schéma proposé. Une description de l'ossature du texte, telle que nous l'avons faite pour les *Congés* de Jean Bodel, tient mieux compte de la nature du poème et explique la double impression d'unité et de diversité relevée par la critique. Le schéma suivant offre un aperçu de la fréquence des mots se rattachant aux champs sémantiques des thèmes dominants, tout en indiquant les phases d'accumulations les plus importantes (18) :

Thèmes	Fréquence	Accumulations
1. Temps	173	omniprésence
2. jeunesse vs. vieillesse	27 : 56	VIII-LXXXVIII
3. joie vs. douleur/regrets	39 : 35	I-XXVII/XXXIII-XXXVII
4. richesse vs. pauvreté	10 : 40	XXIX-XL/LIX-LXI
5. vie vs. mort	15 : 22	disséminé/XXXV-XXXVIII
		LXXXI-LXXXVII
6. penser/savoir/connaître	21	I-VII

Le thème du temps ne représente pas seulement l'épine dorsale du poème, mais il est inextricablement enchevêtré avec les oppositions jeunesse/vieillesse, joie/douleur. Ainsi surgit un réseau qui traverse tout le *Passe Temps* ; l'impression d'allées et venues de la pensée provient des phases d'accumulation, souvent assez brèves, des motifs secondaires. Le niveau II tend alors à se confondre avec le niveau III, ne servant plus qu'à relier un nombre restreint de strophes. Parmi les procédés de liaisons Taillevent a le plus

---

(17) Voir P. Champion, *Histoire poétique du 15e siècle*, vol. I/p. 330 ; M. Duchein, *Le poète Michault Le Caron, dit Taillevent*, p. 162-67 ; C.S. Shapley, « Michault Taillevent's " Le Passetemps Michault " », ds. *Studies in French Poetry of the Fifteenth Century*, p. 130 ; R. Deschaux, *Michault Taillevent*, p. 343-44.

(18) Dans la deuxième colonne (« Fréquence ») on trouve souvent deux chiffres : ils signalent les occurrences de chacun des deux membres d'une paire d'opposition (vieillesse/jeunesse etc.) dans le texte. On constatera au premier coup d'œil que le membre négatif est toujours le plus fréquent, sauf dans l'opposition joie vs. douleur. Mais les expressions de joie se trouvent souvent dans un contexte négatif, de sorte que cette petite statistique signale déjà le ton triste et désabusé qui domine dans le *Passe Temps*.

Notre schéma ne tient pas compte des fréquentes métaphores qui thématisent la fuite du temps, bien qu'elles contribuent à l'omniprésence de ce motif.

souvent recours à la séquence de termes appartenant à un même champ sémantique, à la reprise terme à terme et à la liaison par contraires. Parfois il réussit à obtenir des effets stylistiques : la répétition de « povre et viel » (PT, sept. XXXII-XXXVI), de « jeunesse » au début des septains XXI à XXIII exprime une sorte d'obsession, alors que la série « espoir »/« esperance »/« esperance » (septains XXIV-XXVII) reflète la déconvenue du poète en aboutissant au proverbe : « A grant promesse, eschars don » (PT, v. 189). Aux strophes LXI et LXII, nous remarquons la séquence suivante : « desserte »/« desservy » (deux fois dans la même strophe). Cette fois Taillevent ne se contente pas d'assurer le passage d'un septain à l'autre par une reprise, mais joue, en exploitant les ressources de la rime équivoquée, sur le double sens de « desservy » (desservir vs. mériter). Cet exemple nous rapproche du procédé de la *contamination métaphorique* : la métaphore qui apparaît dans une strophe est reprise et prolongée dans la strophe suivante. Le point de départ peut être un proverbe final (19) :

sept. LXX :
>   Aise est qui prend l'*eaue* a son *puys*.

sept. LXXI :
>   Qui prend l'*eaue* a sa *cyterne*

sept. LXXII :
>   De tels *bruvaiges* en mon temps
>   N'eusse jamaiz *beu* une *goute*,

Le terme « goute » amène finalement l'expression métaphorique : « ne veoye goutte » (PT, v. 501) — nous assistons à un glissement de sens qui permet au poète de laisser derrière lui l'image initiale (20). Le *glissement proprement dit,* où l'on passe

---

(19) Voir aussi les septains XXXVII-XXXVIII/L XXXIII-LXXXIV. La contamination métaphorique est une explication ultérieure pour la prolifération du style proverbial chez Taillevent (voir chap. 2.1.2.1), de même que chez les poètes où le proverbe joue un rôle-clé.

((20) D'autres fois Taillevent *file la métaphore,* de sorte qu'un vers se trouve à l'origine de toute une série d'associations. Aux septains LXIII-LXX, la comparaison de la vie humaine aux saisons de l'année amène des réflexions sur la moisson et les vendanges. Le quatrième poème de la *Prise de Luxembourg* est traversé de termes se rattachant au champ sémantique de la lumière, séquence générée par l'étymologie du nom de la ville ; le même jeu réapparaît chez Molinet, *A Nicolas de Ruttre.* Ce procédé de construire une œuvre à partir d'un élément préexistant au texte est fréquent au 15e siècle, et Villon ne l'ignore pas : certains passages du *Testament* exploitent le nom d'un légataire ou un proverbe — comme la *Ballade de Bonne Doctrine* qui n'est qu'une longue réflexion sur la sentence du vers 1691. — Sur l'importance de ce procédé, voir P. Zumthor, « Le grand change des rhétoriqueurs », ds. *Change et forme. Biologies et prosodies,* p. 210-11.

d'un mot-lien à l'autre, est l'exception ; au septain LV Taillevent part de l'opposition froide vieillesse/chaude jeunesse pour glisser ensuite aux termes équivoques « aller sus ne jus » et « monter » (PT, v. 397) qui à leur tour amènent les substantifs « destrier » et « ane » (v. 401-02). Le glissement d'une image à l'autre assume ici une importance inhabituelle à cause de l'absence quasi complète des grands thèmes du poème ; nous avons l'impression que l'auteur procède par *association*. Mais ce n'est là qu'un bref mouvement de liberté dans le *Passe Temps* qui se présente comme une unité où tout gravite autour d'un centre. Les procédés de liaison dont se sert Taillevent dans le *Passe Temps*, nous les retrouvons un peu partout au 15ᵉ siècle (21), et nous nous limiterons à quelques remarques.

Pierre Chastellain, le continuateur de Taillevent, connaît toutes les ressources de la reprise terme à terme à la contamination métaphorique (22) ; mais le glissement associatif acquiert chez lui une nouvelle importance. La première partie du *Temps Perdu*, si proche dans sa structure du *Passe Temps*, n'en offre pourtant aucun exemple (23) ; c'est le *Temps Recouvré*, œuvre plus tardive, qui en recèle (24). Après avoir mentionné, au vers 692, l'arbalète, Pierre Chastellain introduit l'image de l'arc avec sa corde de rechange, symboles de la prévoyance nécessaire quand on veut atteindre son but :

Non obstant se le juste ment,
Aucuneffoiz il doit entendre
Que, pour vivre plus justement,
Il doit tousjours au mieulx contendre,
Et, s'il ne peult le bien actendre,
Son *arc*, pour son *cueur acorder*,
Doit de *deux cordes* acorder.

Si a il assez d'*une corde*
A son *arc*, qui trop loign ne tire,
Quant bien se consonne et *acorde*
L'*arc* au trait *tirant* d'une *tire* ;
Mais, quant plus je *tire* et *retire*,
Moins y sçay faire ung appert sault,
Par quoy j'aprouche le bersault.

---

(21) Voir aussi P. Zumthor, *Le masque et la lumière*, p. 228.
(22) Voir l'exemple cité à la page 71 du présent travail.
(23) La deuxième partie est à structure narrative ; l'auteur y raconte sa vie qui, dans le contexte donné, assume la valeur d'un « exemplum ».
(24) Sur la structure du *Temps Recouvré*, voir le chap. 3.1.3.

D'autre part quant ung *arc* ne *fleche*
Et bien ne ploye a toutes mains,
A peine est il boujon ne *fleche*
Qui au *tirer* ne vaille mains ;
Quant mainteffoiz si loign remains,
Je cuide que ma *corde* ront ;
Et ja mes traiz n'*acorderont*.

Quant je pensoye en ce *cordaige*,
Dont mon *arc* ainsi *acordoye*,
Ce n'estoit que pour mon corps d'aage
Que tant en mon cueur recordoye ;
Mais les *deux cordes acordoye*
Estre assez bonnes et, de route,
Tendre l'une quant l'autre est route.

Tirer ne doit a ung hault pris,
Qui oncques n'eut le chappellet ;
S'il a trop *bas* ne trop *hault pris,*
Ou que son trait eschappe let,
A peine ung seul meschant pelet
De laine ou de coton a taindre
Pourroit au chappellet attaindre.

Puisqu'il saura du *bas voller*
Pour obvier a mainte branche,
A paine *du hault* ravoller
Pourra du tout la pleume franche ;
S'en *mer* chiet de croc ou de franche ;
Or n'a plus *arc,* ne plus n'a vire.
Adieu, sac et tout sans *navire !*

Qui en *mer* encor denouer
Ne sçait quelque subtilité,
A peine y peult *corde nouer*
Qui luy viengne a utilité ;
Aussi toute l'abilité
Du monde ne fait ung *archier*
Bien *tirer* qui n'a son *arc* chier.

Quant je sens le *myen* si legier
Et si faible, je le supporte ;
Et, pour mes peines allegier
Et non perdre, point ne le porte ;
En tout temps assez me deporte

A prendre à la main la *roupie*
Ou la *fauvette* à l'acroupie.

Et pourtant ay je pris ung *vol*
Assez grant ou mon cueur *tiroit*
Pour retourner a son *revol,*
Dont a grant peine partiroit ;
Et puis, quant autre part yroit,
De sault, de bont, ou de *volee,*
Je ne suis que chose *anvolee.*
[*Temps Recouvré*, v. 701-63 (25)]

Le point de départ est un proverbe : « Il a deux cordes a son arc » (26), sous-jacent à tout le passage cité. Pierre Chastellain en exploite à la fois les ressources phonétiques et métaphoriques ; il se sert de la rime riche et de la rime équivoquée, cherche des formes verbales ayant le même radical que le substantif (corde-acordoys-recordoye), opère des rapprochements comme celui entre « cueur » et « corde ». L'image de l'arc amène, par association, celle de l'archer tirant au but ; l'idée du vol de la flèche, implicite aux vers 729-735/747-49, nous conduit au vol de l'oiseau (la fauvette) et à l'envol du cœur, de même que la mer a suggéré à l'auteur l'image d'un naufragé sans navire. Nous assistons ainsi à l'interpénétration de trois images dont les centres respectifs sont : l'arc, la mer et l'oiseau. De tels jeux associatifs sont caractéristiques pour le style du *Temps Recouvré* où l'auteur semble céder à la fascination d'une fantaisie verbale qui s'attaque à la surface phonique des mots ; il annonce par là la poétique des grands rhétoriqueurs, du moins un de ses aspects (27).

---

(25) F. Pascal, *Pierre Chastellain*, p. 236-239 (B.N. fonds fr. 2266/fo. 24vo-26ro). L'idée de mouvement qu'exprime l'envol du cœur dans la dernière strophe, servira de (faible) lien avec le septain qui suit : « Et ne plus ne moins que n'ose oye (nouvelle mention d'un oiseau !)/*Entrer* en un grant habitaige » (vers 764-65). — Pour comprendre le *Temps Recouvré*, il faudrait expliquer strophe par strophe les différentes métaphores et comparaisons ; ainsi, aux vers 754-56, Pierre Chastellain se réfère au monde de la chasse. On attrape le rouge-gorge à la main, la fauvette en s'accroupissant, une technique dont on se sert aussi pour les lièvres : « Et auxi prennent ilz bien (s.e. les lièvres)/A l'acroupie avec leur chien » (Gaces, *Roman des Deduiz*).
(26) Voir J. Ulrich, « Die Sprichwörtersammlung Jehan Mielot's », *Zeitschrift für französische Sprache und Literatur* 24 (1902)) 194 : il s'agit du proverbe no. **126.**
(27) Voir la description qu'en donne P. Zumthor, *Le masque et la lumière*, p. 219.

Des chaînes associatives apparaissent également dans certaines œuvres non-strophiques, comme dans le chapitre que Guillaume Alexis consacre à la lettre D dans son *ABC des Double*s : glouton → péché de la chair → luxure → amour (de Dieu) → Cupido, Amours → chasteté (28).

Ces glissements associatifs connaissent une longue tradition, notamment dans des textes à structure énumérative. Des *Cris de Paris* aux *Menus Propos* ou aux discours des hommes à tout faire, on rencontre de brèves séquences associatives, isolables de leur contexte respectif. Le glissement peut obéir à la loi de l'association phonétique, ainsi dans ce passage de la *Farce de l'Arbalestre* où l'on passe des jeux de mots sur la « teste verte » (v. 152) du mari qui doit « murir » (v. 155) à l'idée de la mort et de la sépulture :

Mary.

> N'ay-je pas fait *murir* ma teste,
> Tout ainsy que vous l'avez dict ?

Femme.

> Nennin ! que vous soyez maudict.
> Tout le cas ne s'entent ainsi.
> Ostez, ostez, ostez cecy (29).
> Il vous fault bien changer de *meurs*.

Mary.

> Je vous demande si je *meurs*.
> Et que voyez ma *sepulture*,
> Faictes y mettre en escripture :
> Cy gist, Jehan, le sot des trois lignes. (30)

L'association phonétique est le moteur qui permet au dialogue d'avancer, tout en étant une des sources du comique. Le procédé, subordonné aux buts que poursuit l'auteur anonyme de la farce, est ainsi instrumentalisé : nous n'avons pas cette impression de gratuité qui naît lors de la lecture du *Temps Recouvré*. Or, il y a des poètes antérieurs à Pierre Chastellain, dont les textes sont déjà marqués par l'importance de la liberté associative qui envahit le niveau III du discours : les *Paraphrases des neuf Leçons de Job*

---

(28) *Œuvres poétiques*, p. 24. Ces glissements correspondent à la poétique de jeu de Guillaume Alexis, telle que nous l'avons définie à la page 75 du présent travail.

(29) Le mari, véritable sot, a pris au pied de la lettre l'injonction de sa femme et a placé sa tête dans un chapeau de paille, afin qu'elle puisse « murir comme poires ou pommes » (v. 177).

(30) « Farce nouvelle de l'Arbaleste », v. 192-201, ds. *Choix de farces, soties et moralités des 15e et 16e siècles*, p.p. E. Mabille, vol. I/p. 17-18.

de Pierre de Nesson, les *Fortunes et Adversitez* de Jean de Regnier annoncent l'ouverture des structures sévères d'un Jean Bodel, en accordant une importance plus grande aux digressions.

3.1.3. *Vers un discours libre*

Avec le *Temps Recouvré*, écrit en 1451-1452 (31), Pierre Chastellain réalise un poème qui se présente comme une suite de pensées détachées. Lui-même en est parfaitement conscient :

v. 99-100 :
>   *Mainte* consideracion
>   Euz a Romme du temps passé,

v. 146-47 : *Mais puis* entray au renouvel
>   Du temps a ung *propos nouvel.*

v. 225-27 : Touteffois, ce propos en paix,
>   Lesseray pour les vanités
>   Moult volentiers ma langue en paix,

v. 264-65 : *Mais* j'euz des pencees ung *mil* hier
>   De ce monde et des faiz humains,

v. 400-03 : Ainsi me vis en *grans debas,*
>   Puis la fortune d'avant dicte,
>   En pensant de *hault* et de *bas*
>   Et choses ou souvent me dicte,

v. 568 :
>   De moy pensoye et de *mains autres,*

v. 638-39 :
>   Puis en *autre* propos entray
>   Par les nouvelles que j'oy

v. 827-28 :
>   De penser *ce que je vouloye*
>   Avoye assez loisir et temps ;

v. 834-35 :
>   Ainsi alloye extravagant
>   A Romme entre ces vieulx palais,

v. 841-43 :

---

(31) La date est indiquée aux folios 12vo-13vo/33vo-34ro du ms. B.N. fonds fr. 2266 ; voir F. Pascal, *Pierre Chastellain*, p. 212/256 : « Pourtant l'an mil et quatre cens/Cinquante et ung ce petit livre,/ De l'entendement et du sens » (v. 1170-72).

> Et *puis* en grant penser entroye
> Des chasteaulx qui sont en Espaigne,
> Des grans faiz de Romme et de Troye ;

v. 881-82 :

> J'entroye en pencee *nouvelle*
> Du Jolis temps qui renouvelle.

v. 883-84 :

> La *du coq a l'asne* saillir
> D'eure en autre me convenoit, (32)

v. 1177 :

> *Mais* le pouvre entendement *vacque,* (33)

Seule la dernière citation appartient à la deuxième partie du *Temps Recouvré*, ajoutée en 1452 et assez différente de la première. La liberté poétique thématisée jusqu'au vers 1177 se reflète dans les allées et venues d'une pensée vagabonde ; il s'agit là d'une liberté relative, puisque l'auteur se contente d'exploiter le répertoire de thèmes déjà proposé par le *Temps Perdu*. Pierre Chastellain avoue lui-même cette filiation, juste après avoir indiqué la date de la composition de l'œuvre :

> A Romme fut fait et ouvré ;
> Appellé mon « Temps recouvré ».
>
> Mais le pouvre entendement vacque,
> Se tous les murs ne trespersoit,
> Ne peult jamais de vieille bague
> Faire beau fait, tant appert soit ;
> Aussi, qui le myen apperçoit,
> Ne differe mon « Temps perdu »
> Au recouvré et reperdu.
>
> [*Temps Recouvré*, v. 1175-83 (34)]

Le contexte permet de considérer : « Temps perdu »/« recouvré »/« reperdu » comme les titres respectifs du premier poème

---

(32) Il s'agit d'une définition de la discussion que le « je » doit mener chez un riche bourgeois à Rome, afin de divertir son hôte ; mais elle reflète bien la poétique caractéristique de la première partie du poème (jusqu'au vers 1176), le verbe « saillir » appartenant au champ sémantique du *mouvement* à même titre que le verbe « entrer » (en pensée) auquel le poète a si souvent recours.

(33) Tous les extraits sont cités d'après F. Pascal, *Pierre Chastellain*, Paris, 1944. Notons la fréquence des « mais »/« puis » qui créent une sorte de temporalité à l'intérieur du texte, et ces passages, souvent introduits par « ainsi », où le poète s'arrête en quelque sorte pour faire le point.

(34) F. Pascal, *Pierre Chastellain*, p. 256 (B.N. fonds fr. 2266/fo. 34ro).

et des deux parties du second. Pour le public, l'œuvre de Pierre
Chastellain est caractérisée par une continuité thématique, de sorte
qu'il lui est difficile de distinguer les deux poèmes ; c'est ce que
suggèrent l'emploi de la « vieille bague », et, au dernier vers, le
rapprochement de « recouvré » et « reperdu ». Dans l'unité que
crée la première partie du *Temps Recouvré,* s'enchevêtrent inextricablement les thèmes de la pauvreté, la richesse, la vie, la mort,
la jeunesse, la vieillesse ; seul manque un thème qui servirait
d'épine dorsale à l'ensemble. L'absence du niveau I implique
une nouvelle valorisation des niveaux II et III qui, à eux seuls,
déterminent la physionomie du *Temps Recouvré.* Ainsi naît l'impression d'une *pensée en liberté,* impression favorisée par un
cadre extrêmement vague : de rares indications à caractère autobiographique (séjours à Rome et en Lombardie) servent d'appui
au flux des réflexions. Il est possible d'isoler une seule digression :
la violente attaque contre les mœurs de l'Eglise romaine (35). De
telles séquences (ou « vagues » pour reprendre le terme de R. Terdiman), nous en avons déjà rencontrées dans les *Fortunes et Adversitez* de Jean Regnier. Chez Pierre Chastellain, elles caractérisent toute la deuxième partie du *Temps Recouvré :*
v. 1352-1407 :

> double similitude de la tour en pleine mer et de la tour
> construite d'une seule pierre (36).

v. 1772-1904 :

> défense de l'art et de l'alchimie contre les ignorants, dé-

---

(35) *Temps Recouvré,* v. 988-1050, ds. F. Pascal, *Pierre Chastellain,*
p. 248-51 (B.N. fonds fr. 2266/fo. 30ro-31vo). Le manuscrit B.N. nouv.
acq.fr. 6217/fo. 28vo-29ro omet les vers 1009-1065 où la diatribe contre
les prélats est très violente : l'auteur les accuse de « rapine, adultère et
usure » (v. 1037).

(36) Pierre Chastellain considère lui-même ce passage comme une digression, puisqu'il le clôt en nous avertissant : « Assez d'autres points a dire
ay. » (v. 1407). — La première tour semble être une allégorie des vertus
cardinales et des vertus théologales : on y accède par *quatre* pont-levis,
elle est construite de *trois* pierres. Déjà au cours de sa diatribe contre
l'Eglise romaine, Pierre Chastellain l'avait accusée de négliger les sept
piliers « qui sont les vertuz cadinaulx » (v. 1003) ; de telles images ne
sont évidemment faites que pour « ceulx qui ont entendement » (v. 1409) !
Que savons-nous de la deuxième tour ? Elle est faite d'une seule pierre et
possède des qualités étonnantes : a) son seigneur peut faire plus de bien
que Saint Pierre ; b) elle guérit les maladies ; c) le monde serait malheureux, si elle tombait aux mains des Turcs. Le point de départ de l'image
semblent bien être les paroles que le Christ a adressées à Pierre : « Tu es
Petrus et super hanc petram aedificabo ecclesiam meam et portae inferi
non praevalebunt adversum eam » (Matth. 16/18). En plus, l'insistance sur

fense qui s'inspire du *Roman de la Rose,* v. 16'005-16'148 (37).

Le passage de la première à la deuxième partie du *Temps Recouvré* implique un changement de structure : d'abord une pensée vagabonde qui oscille entre de nombreux pôles d'intérêts, ensuite une pensée qui progresse et passe d'un complexe thématique à un autre.

Ces deux types d'organisation se retrouvent dans plusieurs *débats* poétiques. A premier abord ce cadre-type, avec l'alternance régulière des répliques, offre une structure rigide et figée — surtout lorsqu'il s'agit du type *été vs hiver* (38). Dans le *Debat d'Apvril et de May* de Jean Molinet, nous assistons à un échange de vantardises et d'accusations où la régularité semble observée jusque dans le moindre détail (chaque réplique est introduite par un proverbe). En même temps — à une échelle réduite, si on le compare au *Temps Recouvré* —, le débat progresse par petites vagues thématiques, reflet stylisé d'une discussion où l'on passe d'un argument à l'autre. Les devisants invoquent tour à tour les fleurs, les fruits, les oiseaux, les animaux, les poissons, les herbes et les fêtes religieuses (39) ; un tel agencement du discours comporte le risque d'en arriver à une simple structure énumérative qui pourrait être prolongée indéfiniment (40), avec de brusques passages d'une pensée à l'autre. Des sortes de sauts ne sont pas toujours évités :

Yver, puisque me fais des Festes remembrance, (41)

Dans ces débats le thème majeur (niveau I) n'apparaît souvent qu'en sourdine, la volonté de prouver la propre supériorité ne s'exprimant que sporadiquement. Ce sont les niveaux II et III qui finissent par déterminer la physionomie du débat. D'autres

---

les vertus de cette pierre unique fait spontanément penser à la pierre philosophale chère aux alchimistes.

(37) Le rapprochement avec le *Roman de la Rose* a déjà été opéré par F. Pascal, *Pierre Chastellain,* p. 52-56. Sur la poétique de l'auteur, voir les pages 14-15 du présent travail.

(38) Ce type comprend tout débat où s'affrontent deux opposants, quel que soit le sujet du débat.

(39) Voir aussi *Régime a Verjus, Donet baillé au Roy, Temple de Mars* et quelques autres poèmes de Molinet, où on constate des glissements analogues, du moins dans certains passages. Au niveau des mots triomphe souvent l'association phonique, comme en témoignent, entre autres, le jeu des rimes internes et les énumérations.

(40) Sur le problème de la clôture de tels textes, voir chap. 3.2.1.

(41) « Débat de l'Yver et de l'Esté », ds. *Recueil des poésies françoises des 15ᵉ et 16ᵉ siècles,* p.p. A. de Montaiglon/J. de Rothschild, vol. X/ p. 48.

disputes permettent de distinguer les trois niveaux, comme dans le *Songe doré de la Pucelle* où s'affrontent Amour et Honte (42). L'épine dorsale de leur débat est le thème de l'amour auquel se rattachent les oppositions honneur/honte, joie/tristesse et celles, plus rares, de nature, raison/folie. Sporadiquement apparaissent les motifs du mensonge, de la feinte, de la crainte, de la jeunesse que la pucelle perd en vain. Au début du siècle Alain Chartier avait structuré de manière analogue la *Belle Dame sans Mercy* : tout tourne autour de l'amour, et les limites du débat sont fixées dès les vers 185-224 qu'on peut considérer comme une entrée en matière (43). L'auteur y présente les pôles entre lesquels toute la discussion va osciller, de sorte que la tentative de l'amant de convaincre sa dame est dès l'abord vouée à l'échec : le débat est caractérisé par un mouvement à vide qui doit nécessairement reconduire aux positions initiales. La liberté du discours se vérifie par contre dans le *Passetemps des deux Alecis Freres* : le principe d'association domine le passage d'une réplique à l'autre, du moins à en juger d'après le début et quelques passages isolés, puisque l'ordre voulu par l'auteur a été profondément perturbé (44). Cette structure correspondrait bien à la poétique du jeu que Guillaume Alexis exprime au vers 12 de ce même poème. Dans le *Débat de l'Omme mondain et d'un sien Compaignon* qu'on lui a également attribué, le moraliste tranche la discussion en sa faveur : il y a une véritable évolution dans la discussion, et le lecteur peut distinguer une série d'arguments (ou de vagues thématiques) qui conduisent à la victoire finale du religieux (45). Une didactique comparable sous-tend le *Passe-Temps d'Oysiveté* de Robert Gaguin, où l'évolution du débat repose sur les différents signifiés auxquels peut renvoyer le signifiant « paix ». Mais nous quittons le domaine des débats où les répliques des devisants alternent régulièrement : Gaguin parle le plus souvent, ce qui lui permet de développer son argumentation. La logique de la démonstration conditionne la structure de la discussion : un autre principe d'organisation s'impose, fort éloigné de notre structure

---

(42) *Recueil des poésies françoises des 15ᵉ et 16ᵉ siècles,* p.p. A. de Montaiglon/J. de Rothschild, vol. III p. 204-231.

(43) Dans ce passage la longueur des répliques ne correspond pas à celle des huitains ; c'est seulement à partir du vers 225 que commence le débat proprement dit avec l'alternance régulière des répliques de l'amant et de la dame.

(44) Voir G. Alexis, *Œuvres poétiques,* vol. II/p. 2 (note de l'éditeur).

(45) Séquences les plus importantes : honneur-richesse-seigneuries-amis-mariage-mort, et, sous-jacente à tout le discours, l'opposition joies du monde vs. vie chrétienne. Le *Débat du Loup et du Mouton* de Molinet

à trois niveaux. L'exemple nous permet néanmoins de mesurer la marge de liberté que le cadre-type du débat concède à l'auteur. Le débat en tant que genre ne connaît pourtant pas une évolution : les différentes possibilités d'organiser le discours dépendent en large mesure du contenu, de sorte qu'elles existent les unes à côté des autres. Certaines de ces possibilités apparentent le débat aux poèmes qui relèvent de la tradition des dits, et dont le *Testament* est un ultime exemple.

3.1.4. *Le « Testament » de Villon*

Paul Zumthor a proposé une analyse pertinente des trente premiers huitains des *Regrets* ; il y relève dix « types sémiques », séries paradigmatiques à très petit nombre d'unités ; ainsi : « espérance » — « miséricorde » — « pardon », aux connotations identiques ; « douleur » — « tristesse » — « travail » (« tourment »), « maux », « doulouser », « triste » ; « povre », « povreté », « mendier », « faim », « affamé ». Ces dix séries, rangées selon le nombre décroissant de leurs occurrences, sont les suivantes : pauvreté (Pa) 20 fois ; douleur (D) 17 ; péché (Pé) 10 ; jugement (Ju) 7 ; vie (V) 5 ; jeunesse (Je) 4 ; richesse (R) 4 ; espérance (E) 3 ; vieillesse (Ve) 2 (46). Il constate également des accumulations dans la linéarité du texte ; plusieurs termes d'une même série se suivent, avant que n'apparaisse un terme d'une autre série. Dans la suite des *Regrets* surgissent deux nouveaux motifs — Amour et Femme — qui se combinent aux autres thèmes.

Dès l'abord le discours de Villon s'annonce plus libre que celui du *Passe Temps* ou du *Testament du Chevalier oultré d'Amour* de Pierre de Hauteville (47). C'est au *Temps Recouvré* que le *Testament* s'apparente le plus : dans les deux poèmes tout

---

représente une variante intéressante de ce type de dialogue : la progression de la discussion retrace le chemin suivi par le loup pour arriver à dévorer sa victime.

(46) *Essai de poétique médiévale*, p. 422-23.

(47) Chez Pierre de Hauteville tout s'organise autour du thème omniprésent de l'amour. En plus il y a de forts éléments narratifs qui conditionnent la structure du texte, et la confession (tout en parlant d'amour) suit un ordre traditionnel (5 sens — 12 sacrements etc.), très proche de la *Somme du Roi*.

se passe comme si le niveau I avait disparu. Chez Villon on peut néanmoins distinguer çà et là quelques phases d'accumulation de différents thèmes (à rattacher au niveau II) : la mort (ht. XXVIII-XLVII/CLVI-CLXV), l'amour (ht. LVIII — LXXI), la parole [ht. CXXXIX-CXLV (48)] Les séries paradigmatiques relevées par Paul Zumthor ne relient qu'un nombre restreint de strophes et n'apparaissent que pour de brefs moments. De là une impression de *diversité*, d'allées et venues que génère la structure du *Testament*. Comme chez Pierre Chastellain, le niveau III contribue à la liberté du discours ; c'est le *mouvement associatif* qui s'impose dans le discours villonesque — dès le début (49) :

Ht. I :	evesque-mien		
Ht. II :	*evesque-2 mon*	tel luy soit	
Ht. III.		tel luy soit	
Ht. IV :		*luy soit*	prions
Ht. V :			2 prière
Ht. VI :			on prie
Ht. VII :		franchy	*2 prière*
Ht. VIII :	(une seule phrase)		
Ht. IX :	en la fin		
Ht. X :	foible me sens		fait
Ht. XI :		delivra	escript

Du reniement de l'evêque à la prière ironique à la louange du roi, nous observons le passage progressif d'une pensée à l'autre (50). Pour atteindre ce but Villon se sert de procédés de liaison plus variés que par exemple Taillevent : reprise terme à terme, parallélisme (également de la structure grammaticale), liaison logique et débordement syntaxique (51). Même entre les huitains XI

---

(48) C'est ce qui a en partie incité R. Terdiman, « The Structure of Villon's Testament », *PMLA* 82 (1967), 623, à parler de « thematic waves ». Le thème de la parole se manifeste pourtant un peu partout dans le *Testament*, mais ses apparitions sont sporadiques, et c'est à travers les débats et la structure même du poème que se manifeste son importance.

(49) Dans le schéma l'écriture italique signale la fin d'une série.

(50) Sur le problème de la transition en général, voir le commentaire de Henry/Rychner au vers 712 du *Testament*. N. Edelman, « A Scriptural Key to Villon's « Testament », ds. *The Eye of the Beholder*, p. 31-37, constate que le mouvement de la pensée de Villon est parallèle à celui du psaume CVIII de la Vulgate. Loin de contredire nos remarques sur l'agencement du texte, cette observation les complète : le début du *Testament* serait un nouvel exemple de style biblique sous-jacent.

(51) La liaison logique consiste à placer une particule au début de la

et XII où Clément Marot avait noté une césure, la transition est assurée : d'un côté Villon se sert de la formule juridique « or est vray » (52), de l'autre il y a une reprise par contraires. Au « bienfait » du vers 88 s'oppose l'accumulation de termes de douleurs dans la strophe suivante. Villon en arrive même à se servir de l'ambiguïté sémantique d'un terme pour glisser d'une pensée à l'autre :

Ht. LXXI :	Qui *meurt* a ses loix de tout dire.
Ht. LXXII :	Je congnois approucher ma *seuf*.
Ht. LXXIII :	Qui tant d'*eaue* froide m'a fait *boire*.

« Seuf » fonctionne comme un pivot qui permet de passer de la mort à la torture. Or, en prison, la boisson pourrait représenter un danger de mort, ce qui impliquerait un transfert de sens de « seuf » à « eaue » (53). Des jeux comparables se retrouvent dans la *partie des legs* (54) :

Ht. CX :	*Cholet* poullaille	chiennet	
Ht. CXI :	jambon/andoulles		let/sang
H.t. CXII :	hures de lou/viande	matins	*vin*
Ht. CXIII :	*viande*	matins	
Ht. CXIV :		rocin gras	jacte
Ht. CXV :		cochons gras	bacins/ cocquemart
Ht. CXVI :	Paris	*graces souppes*	
Ht. CXVII :	Dieu (55) Paris		

strophe qui souligne le lien logique avec la strophe précédente. Le phénomène est courant au 15e siècle. Le débordement syntaxique n'observe pas les limites que lui imposerait l'unité-base de la strophe ; voir Henry/Rychner, vol. II/p. 276.

(52) Voir J. Rychner, « Or est vray... », ds. *Mélanges... A. Henry*, p. 266-68.

(53) Une telle connotation est plausible, puisque dans la même situation (ht. III) Villon se trouve en danger de mort : au vers 84 il affirme que « vie me recouvra ».

(54) Le début de la partie des legs (ht. LXXXIV-XCIII) est caractérisé par une riche exploitation des différents procédés de liaison. Dans la suite des legs D. Poirion, « Opposition et composition dans le « Testament » de Villon », *Esprit Créateur* 7 (1967) 178, distingue des groupes de 40 à 70 vers correspondant aux catégories sociales des légataires ; ce principe d'organisation peut sans difficulté se combiner avec les glissements.

(55) « Cholet »/« Dieu » assurent la liaison respectivement avec la strophe qui précède et qui suit.

Les connotations érotiques de « jambon »/« andoulles » semblent charger de sous-entendus les éléments suivants de la série (56). Ainsi les procédés de liaison employés par Villon ont tendance à influencer le contenu de l'œuvre ; mais son souci principal semble être celui d'assurer un *flux continu de la parole* (57). C'est ce que prouvent ses efforts pour y intégrer aussi les poèmes à forme fixe.

Dans les *Fortunes et Adversitez* de Jean Regnier les poèmes à forme fixe sont souvent annoncés et chaque fois intégrés au contexte dont ils prolongent et amplifient les thèmes ; l'œuvre du bailli d'Auxerre se place ainsi dans le sillage du *Lay de l'Espérance* d'Alain Chartier, traité moral où les parties versifiées apparaissent comme le couronnement des réflexions en prose dont elles élargissent l'horizon jusqu'au domaine de l'universel (58). Chez Jean Regnier l'amplification peut se transformer en une véritable digression ; ainsi les vers 982 à 1267, où se suivent dix lais, rondeaux et fatras, constituent une longue variation sur la douleur du prisonnier et sa relation avec son épouse. Quelques cinquante ans plus tard, l'auteur du *Prisonnier desconforté du Château de Loches* procède de façon comparable : les ballades sont annoncées et/ou intégrées thématiquement, celles qui se suivent immédiatement sont consacrées à un seul thème. Dans le passage du *Testament* où domine le thème de la parole, l'intégration des poèmes est également complète. Mais d'autres fois le lien avec le

---

(56)   Voir E. Birge-Vitz, *The Crossroad of Intentions*, p. 35.

(57) Les procédés d'enchaînement ne sont pas rigoureusement appliqués dans la partie des legs. Ainsi le passage du huitain CI au huitain CII est problématique : accordera-t-on une valeur parallèle aux incises : « quoy qu'il lui griesve »/ « ne cuidez pas que je me joue » ? On voit à quel point le lien peut être lâche, faible... donc susceptible de se rompre.

(58) Voir F. Rouy, *L'Esthétique du traité moral d'après les œuvres d'Alain Chartier*, chapitre VI : « Le Prosimetrum. Les poésies de l'" Espérance " », p. 337-349. — Martin Le Franc est également à placer parmi les héritiers d'Alain Chartier ; dans l'*Estrif de Fortune et de Vertu* (Ms. B.N. fonds fr. 12'781) les poèmes insérés servent à faire le point et assument ainsi une fonction mnémotechnique qui les rapproche du résumé. Voilà ce que répond Vertu à Fortune qui lui reproche de perdre du temps en répétant ce qu'elles viennent de discuter :

Voulentiers ay recordé votre belle sentence, dame
Fortune, affin que *mieulx vous en souviengne*. Car,
se long parlement tenons, tesmoignage nous sera de
verité en ce que demandons. (Fo. 13vo)

C'est là probablement une des raisons qui poussent Martin Le Franc, à la suite d'Alain Chartier (que Vertu cite d'ailleurs comme autorité morale au fo. 97vo pour avoir critiqué les mœurs à la cour dans le *Curial*), à varier le mètre des poèmes intercalés.

contexte semble plus léger, on dirait même fragile. Villon se sert
par exemple d'un poème comme d'un pivot permettant de passer
d'un mot-lien à l'autre ; les termes-clés se trouvent alors soit dans
le refrain, soit dans l'envoi. Parfois la série finit avec le poème,
sorte de point d'arrivée, et l'auteur a recours au procédé de l'*encerclement* (59) pour assurer le lien avec les huitains qui suivent.
Nous présentons rapidement les techniques employées pour les
différents poèmes du *Testament* :

a) *les trois ballades de l' « ubi sunt »* :
Ht. XLI :   mort
Ballades :   a mort [E (60)]
Ht. XLII :   mort (3 fois, repris par « mortel » dans le ht. XLIII)

b) *la « Belle Heaulmiere aux filles de joie »* :
Ht. LVI :   povres vielles soctes
Ballade :   3 vielles   escouter (E)
Ht. LVII :   bailler leçon/bien dit
C'est un exemple parfait de *glissement associatif* qu'illustre aussi
la *Ballade de la Grosse Margot :* on passe de l'amour à l'enseignement. Dans la *Ballade pour prier Nostre Dame* le glissement de la
religion à l'amour est assuré par le rapprochement phonique (et
ironique) de « foy » (R)/« foye ».

c) *la « Ballade a s'amye »* et le *« lay »* :
Ht. XCII/XCIII : Amours
Ballade :   amans/amoureux (E)
Ht. XCIV :   amours   ce lay
Lay :   maistresse
Ht. XCV :   nouveau laiz
La série des reprises inclut la ballade, mais s'arrête en plein
Lay. Ce rondeau est encerclé par une annonce (« ce lay ») et le

---

(59) *Encerclement,* définition : reprise d'un terme, d'une expression,
d'un motif avant et après un poème ou un passage formant une unité,
la reprise fonctionnant comme une sorte de tenailles. L'encerclement est
un procédé qu'on rencontre aussi au niveau de la macro-structure d'une
œuvre : nous en parlerons au chap. 3.2.
(60) E = envoi ; R = refrain.
Ici, il s'agit de l'envoi de la troisième ballade ; l'unité des trois ballades
est soulignée par l'emploi de particules qui donnent à l'ensemble l'aspect
d'une déduction logique (FVT, v. 357 et 385), ensemble auquel appartient
aussi le huitain XLII, introduit par le « puisque » du vers 413. Villon
assure ainsi doublement la transition : il a recours à la fois au lien logique
et aux mots-clés.

susbtantif : « laiz » (= legs) ; ce jeu sur l'homophonie ne peut
qu'être voulu puisque l'expression « faire un legs » n'apparaît que
deux fois dans le *Testament* (voir le vers 1768). En même temps
l'homophonie assure la transition des legs littéraires aux legs burlesques. Dans la *Ballade et oroison,* la *Bergeronnecte* et le *Ver-
set* la combinaison des procédés de la reprise et de l'encerclement
n'ont pas de caractéristique particulière : nous n'y insistons pas.

    d) *la « Ballade de bonne doctrine »* :

FVT, v. 1667 :	*Escoutent !* car c'est la derniere.
FVT, v. 1671-72 :	Se vous alez a Montpipeau
	Ou a Rüel, *gardez la peau,*
	(Leçon aux enfants perdus)
FVT, v. 1684 :	Q'un chacun encores *m'escoute :*
	(Ballade de bonne doctrine)
FVT, v. 1720 :	*A vous parle,* compains de galle,
FVT, v. 1722-23 :	*Gardez vous* tous de ce mau halle
	Qui noircist les gens quant sont mors ;

    L'impression d'encerclement est d'autant plus forte qu'au début
et à la fin du passage domine le thème de la mort, tandis que le
refrain de la ballade fait de la vie un leitmotiv : « Tout aux ta-
vernes (= vin/nourriture) et aux filles (= amour) ».

    Dans ce dernier exemple un système d'échos fixe à la fois les
limites des leçons et crée un rythme intérieur au passage. Nous
allons retrouver les mêmes procédés, à une échelle plus grande,
au niveau des digressions et d'œuvres entières — c'est-à-dire partout où le discours pourrait se prolonger indéfiniment. Ce qui rattache le plus Villon à ses prédécesseurs, c'est la volonté de créer
un flux ininterrompu de discours (dont l'auteur fixe arbitrairement
les limites). Mais chez les uns tout s'organise autour d'un axe thématique qui traverse le poème entier. Le schéma de base reste le
même des *Congés* de Jean Bodel au 15e siècle :

Seule l'importance des digressions (comme chez Jean Regnier) et l'interpénétration de la structure tripartite avec des schémas narratifs ou temporels sous-jacents assouplissent cette structure sévère. Un *discours libre* s'affirme seulement dans certains débats, chez Pierre Chastellain et François Villon. Dans leurs œuvres la structure à trois niveaux se réduit à deux niveaux, l'axe central disparaît :

Le discours semble échapper dans différentes directions ; la cohérence repose entièrement sur les procédés de liaison et, nous allons le voir, sur les échos internes que crée le procédé de l'encerclement employé au niveau de la macrostructure du texte. Une telle structure crée l'impression d'un discours « fragile », d'un flux de parole qui peut être interrompu d'un moment à l'autre ; elle convient admirablement bien au *Testament,* œuvre où l'auteur insiste sur le thème (ironique) de la parole humaine, faible et évanescente, et thématise à plusieurs reprises les difficultés liées à l'activité créatrice du poète. Elle convient aussi à un texte profondément marqué par la structure du débat et les changements de perspective, puisqu'elle permet de souligner les allées et venues de la pensée. Cette unité de forme et contenu manque à Pierre Chastellain, chez qui domine l'impression du jeu pur, d'une association d'idées peu structurée. Le message de François Villon a plus de force ; sous le rire transparaissent les préoccupations de qui a vécu le contraste et la confrontation, désormais vaincues par l'ironie du poète.

3.2. *Structuration du discours poétique*

Chaque œuvre représentant un flux ininterrompu de discours exige de l'auteur qu'il résolve trois problèmes majeurs, intimement liés les uns aux autres :

a) comment amener la fin du poème ?
b) comment éviter la monotonie et raviver l'attention du public ?
c) comment renforcer la cohérence de l'ensemble ?

3.2.1. *La clôture du texte*

> Assés pappier et encre meisse
> A mon passe temps raconter
> Se je ne doubtasse et cremisse
> Qu'il ennuyast a escouter.
> (PT, v. 638-41)

Taillevent est *conscient* de ce qu'il pourrait prolonger indéfiniment la série des septains ; il interrompt assez brusquement ses plaintes à la strophe XCI, introduite par la conjonction « or », unique dans le *Passe Temps* :

> Or se j'ay temps en folz despens
> Passé tellement quellement,
> Il m'en desplait et m'en repens ;
> Ou se je n'ay fait tellement
> Que mieux m'en fust totalement,
> Dieu me pardoint et me pourvoye :
> Confort d'amy est bon por voye.
> (PT, v. 631-37)

La liste qui suit présente les procédés courants au 15ᵉ siècle pour clore un texte ; le septain cité en exploite les deux premiers :

a) *l'invocation à Dieu* : il est fréquent de terminer un poème par une prière qui, souvent, implique le public, ce dont témoigne l'emploi d'un « nous » ou d'un « vous » (61). Jean Bodel s'en remet à Dieu à la fin des *Congés,* on rencontre des prières finales dans différents textes du 13ᵉ au 15ᵉ siècle : très tôt il s'agit d'une formule, parfois exploitée de manière originale. Ainsi l'auteur du *Dit des Marcheans* (62) prie pour les marchands — ses mé-

---

(61) Voir aussi L. Arbusow, *Colores rhetorici*, p. 106-07 : « Topik des Epilogs ». La prière (commune) est une clôture classique dans les complaintes ; on tiendra compte des textes d'inspiration biblique comme le *Dis du vrai Sens* de Jean de Condé.
(62) *Recueil général et complet des fabliaux des 13ᵉ et 14ᵉ siècles,*

cènes (63). Pierre de Nesson lui confère une nouvelle saveur en précisant que le « nous » se réfère à « tous les nessons et nessonnes » (64). Quelques auteurs s'en servent comme d'un élément structurel ; Martial d'Auvergne l'illustre de façon spectaculaire dans les *Matines de la Vierge*. Les neuf psaumes finissent par une prière, chaque fois répétée, à la louange de la Trinité et de la Vierge ; les neuf leçons se terminent chacune par des appels à la pitié divine, appels où alternent irrégulièrement le « je » et le « nous », de sorte que les fins des leçons reflètent l'oscillation du poème entre le cas particulier et le sort de l'humanité toute entière (65).

b) *le thème du départ* : le thème du voyage peut être interprété chez Taillevent comme une allusion à la mort ; n'exprime-t-il pas au vers 621 l'intention d'écrire un testament (66) ? La même interprétation s'impose dans la *Mort Rutebeuf* ; là aussi le thème du départ se combine avec l'invocation de Dieu. Une attitude comparable affleure à la fin du *Testament ;* mais Villon attend la mort un gobelet de vin à la main. Dans les textes où le protagoniste est à l'article de la mort, *l'adieu* représente une variante de ce type de clôture : le testataire du *Chevalier oultré d'Amours* ne l'oublie pas, et Molinet le place dans la bouche du vieillard qui récite *l'Oroison a Nostre Dame* (67). Les formules d'adieu sont aussi fréquentes au théâtre : là, elles se combinent parfois au motif de la prière, plus souvent au souhait d'avoir diverti le public.

c) *l'emploi du mot « fin »* : il n'est pas rare que le poète déclare explicitement qu'il a terminé son œuvre, interrompant assez brusquement le flux des vers (68). Pour un rhétoriqueur comme

---

p.p. A. de Montaiglon/G. Raynaud, vol. II/p. 123-29.

(63) Jean Regnier, lui, prie pour la France, comme il l'avait déjà fait aux vers 1829ss. et 2107 ss., à la fin des passages où il déplore les maux dont souffre la France ; chez lui, le « nous » devient l'expression d'un sentiment national.

(64) *Œuvres*, p. 45.

(65) Autre exemple d'une telle oscillation : le *Miroir de la Mort* de George Chastelain. On lira le commentaire de Ch. Martineau-Genieys à ce texte dans *Le thème de la mort dans la poésie française* (...), p. 197-203.

(66) La même allusion déclenche la série des prières finales dans les *Matines de la Vierge* (v. 5491ss.). Dans le *Débat de l'Homme mondain et d'un sien Compaignon* de Guillaume Alexis, le motif du testament apparaît à la strophe 49 et permet au religieux d'introduire les idées de la mort et de la damnation qui convaincront enfin son partenaire.

(67) *Faictz et Dictz*, vol. II/p. 474-75.

(68) Voir aussi E.R. Curtius, *Europäische Literatur und lateinisches Mittelalter*, p. 97-98.

Molinet l'apparition du mot « fin » est l'occasion d'exploiter les différentes connotations sémantiques du terme. Plus d'un siècle plus tôt Jean de Condé n'agit pas autrement :

> Ele (= Amour) est si pure et affinee
> Ke mais ne puet estre finee.
> Or prions a Dieu de cuer fin
> Que la vraie amour sans fin
> Esprende nos cuers finement.
> Chi prent mes contes finement. (69)

A côté de l'exploitation de l'homophonie, on remarque la combinaison de différents procédés de clôture — un phénomène qui n'a rien d'inhabituel.

d) *la fin thématisée* : c'est à cette catégorie que nous rattachons la fin du *Lais* où apparaissent d'ailleurs deux motifs traditionnels de clôture : la prière et la fatigue du poète (70). Cette fatigue finale acquiert une portée satirique dans les *Arrêts d'Amour* de Martial d'Auvergne, puisqu'il l'applique aux tribunaux — restant ainsi à l'intérieur du cadre fictionnel choisi. Jean Molinet, lui, se sert d'une expression rappelant l' « ancre gelé » (FVL, v. 308) de Villon : il n'a plus « d'encre en son cornet » (71).

Des arrêts brusques, caractéristiques pour les catégories c) et d), sont également importants dans les *débats* avec leur structure ouverte qui permettrait de prolonger indéfiniment la discussion. Dans le type été vs hiver on fait souvent appel à un juge pour trancher le différend. La belle dame sans merci d'Alain Chartier répudie brusquement son soupirant, et le débat dans la *Cruelle Femme en Amour* d'Achille Caulier est interrompu par un cerf blanc qui surgit, inattendu.

3.2.2. *De l'arrêt à l'encerclement*

D'un côté le poète doit résoudre le problème de la clôture ; de l'autre il lui faut, si le poème est d'une certaine longueur, raviver ça et là l'attention de son public. De tels arrêts, de telles interruptions du récit, relèvent presqu'exclusivement de ce que Gérard Genette a appelé la fonction de régie et la fonction idéologique

---

(69) *La Messe des Oiseaux*, v. 1575-80.
(70) Voir la note 207 de la page 52.
(71) *Faictz et Dictz*, vol. II/p. 771.

du narrateur (72). Dans l'*ABC des Doubles*, Guillaume Alexis ressent le besoin de souligner à plusieurs reprises l'utilité de cette longue suite d'observations morales, en rappelant au lecteur le chemin déjà parcouru. Il ne manque pas non plus d'annoncer le changement de sujet qu'implique le passage d'une lettre de l'alphabet à l'autre. Un même souci d'éveiller l'attention du public se reflète dans les fréquentes remarques sur l'ordre et la valeur de l'œuvre, que Pierre Chastellain intègre au *Temps Recouvré* (73) ; l'auteur du *Prisonnier desconforté du Château de Loches* apporte le même soin à distinguer les différentes parties de l'œuvre. Dans le *Passe Temps* (v. 407-11) et dans le *Songe de la Thoison d'Or* Taillevent interrompt son récit afin d'éveiller la curiosité du public pour ce qui va suivre :

> Presques achevé mon songe ay
> — Quoyqu'au primes au plus fort sommes —
> Mais qu'aye dit comment (...)
> (STO, v. 481-83)

De tels arrêts créent à l'intérieur de l'histoire que nous narre la *Destrousse,* un système d'échos qui structure le discours poétique et lui assigne des limites :

Des, v. 7-8 :

> Si *racontera* son tourment,
> Qu'il eut ou boys Sainte Maxence.

(= Annonce de la 1ʳᵉ partie.)

Des, v. 81-88 :

> *Ainsi* eust la mainte pensee
> Et mainte chose retourna
> Tant que la nuit se fut passee
> Et que ce vint qu'il adjourna,
> Puis a son chemin retourna
> Cuidans avoir tous griefz passez,
> Mais depuis *gaires loingz n'ala*
> *Qu'il fut de tous poins destroussez.*

(= Résumé de ce qui précède et annonce de la seconde partie.)

Des, v. 121-22 :

> Or vous a compté s'aventure
> Michault et son peril mortel,

(= Fin annoncée.)

---

(72) « Discours du récit », ds. *Figures III,* p. 261-63. La fonction de régie sert à organiser le discours, la fonction idéologique est un commentaire du poète qui prend la forme d'un discours justificatif ou explicatif.

(73) Aux vers 302-36 (F. Pascal, *Pierre Chastellain,* p. 220-21), l'auteur reprend le thème, traditionnel dans la littérature didactique, du miroir ; son œuvre est un miroir « fait de mainte piece/Et de voirre mal escuré »

Les annonces assument une fonction de structuration dans la *Destrousse ;* dans le bref *Dialogue* et dans le *Psaultier des Vilains* (74), c'est la reprise d'un même motif au milieu et à la fin du poème qui joue ce même rôle. Le thème de la narration ouvre et clôt la *Destrousse ;* un tel *encerclement* caractérise aussi le *Psaultier* (75). Le débat initial, avec l'image du noble éperonnant son cheval, est repris dans l'envoi de la dernière ballade (PV, v. 21/450-51). Dans le *Passe Temps,* c'est la reprise du substantif « voye » à l'intérieur du proverbe qui marque — à l'aide d'autres procédés de clôture — la fin du poème :

PT, v. 7 :

> A longue *voye* pesans fais (76).

PT, v. 637 :

> Confort d'amy est bon por *voye.*

Ce faisant Taillevent suit un précepte connu des prédicateurs, puisque déjà en 1322 Robert de Basevorn juge que plus la fin d'un sermon rappelle son début, plus la structure en est élégante (77). Cette règle est encore observée, quelques 150 ans plus tard, dans un sermon burlesque :

> Et pourtant au commencement
> De ceste predication
> Ay prins pour ma fondation :
> Quatuor ventus de mondo
> Faciunt myrabilia.
> Je dis qu'in diverso modo
> Quatre vens au monde il y a. (78)

Du 13ᵉ au 15ᵉ siècle nous observons une même continuité dans le domaine poétique où l'encerclement ne cesse pas d'être employé (79).

(v. 330-31), dans lequel il veut considérer ses faits, afin de « pluseurs reparer/Que je puis a moy comparer » (vers 319-20). Ainsi conçu, le miroir exprime à la fois la poétique de l'auteur (la structure de l'œuvre) et la valeur exemplaire accordée au moi du poète.

(74) *Dialogue,* v. 45-46/80 : « sermon » répond à « bible ». Dans la septième et dans la treizième ballade du *Psaultier des Vilains* (v. 196-235/405-453) apparaît deux fois le thème de la survie, de la renommée.

(75) Pour une définition de l'encerclement, voir p. 123/n. 59. — Le procédé réapparaît dans le cinquième poème de la *Prise de Luxembourg ;* aux vers 629-32 Taillevent nous renvoie explicitement au début du poème : c'est consciemment qu'il a recours à l'encerclement.

(76) Voir Morawski, no. 1630 : « Petit fés longue voie poise. »

(77) J.J. Murphy, *Three Medieval Rhetorical Arts,* p. 200.

(78) « Sermon joyeux des .iiii. Vens », ds. *Recueil de farces, moralités, sermons joyeux, etc.,* p.p. Leroux de Lincy/F. Michel, vol. I/no. 2, p. 22-23.

(79) Nous ne tiendrons pas compte : a) de l'encerclement de type narratif

3.2.3. *Du 13ᵉ au 15ᵉ siècle : l'encerclement de l'œuvre*

Dans la *Mort Rutebeuf* nous relevons des reprises thématiques aux strophes I, IV et VII, c'est-à-dire au début, au milieu et à la fin du poème :

v. 1-3 :

> Lessier m'estuet le *rimoier*,
> Quar je me soi moult esmaier
> Quant tenu l'ai si longuement.

v. 38 :

> J'ai fet *rimes* et s'ai *chanté*.

v. 73-74 :

> Or ai tant fet que ne puis més
> Si me covient *lessier* en pés ;

Avec la reprise du terme « lessier » (accompagnée d'un changement significatif du je-sujet au je-objet), l'encerclement est parfait, et la plainte s'arrête (80). La structure énumérative des *Crieries de Paris* (81) force Guillaume de La Villeneuve à chercher des effets d'écho comparables. Le thème de la propre pauvreté structure le poème :

v. 1-3 :

> Un noviau Dit ici nous trueve
> Guillaume de la Villeneuve
> Puisque *povretez* le justise ;

v. 99-100 :

> Menjue pain. Diex, qui m'apele ?
> Viens ça, vuide ceste escuele.

v. 185-86 :

> Tant poi ai mis que j'avoie
> Tant que *povretez* m'estroie.
> (Le motif se poursuit jusqu'à la fin.)

(songe avec assoupissement et réveil), b) de l'encerclement, fréquent au théâtre, réalisé à l'aide d'un poème à forme fixe placé respectivement au début et à la fin du texte. Retenons pourtant le *Mistère d'une jeune Fille laquelle se voulut habandonner a Peché* où le même proverbe sert de refrain aux lamentaitons initiales et finales des pauvres.

(80) Procédé analogue dans la *Griesche d'Yver* : les vers 57-58 sont repris par les vers 106-07 qui assurent en même temps la transition à la deuxième partie (narrative) du poème.

(81) *Fabliaux et contes des poètes français des 11, 12, 13, 14 et 15ᵉ siècles*, p.p. M. Méon, vol. II/p. 276.

Même esthétique du jeu, de l'énumération, mêmes procédés (82) dans l'*Oustillement au Villain ;* le dit s'ouvre et se clôt par des vers presqu'identiques où l'on se moque de l'homme qui prend femme sans « estorement » (83). Ouverture et clôture se rejoignent également dans le *Dis des haus Hommes* et le *Dis dou Mantel Saint Martin* de Jean de Condé (84) ; le point de départ et le point d'arrivée de l'argumentation se font écho.

A la suite de Taillevent, Pierre Chastellain reprend, dans son *Temps Perdu,* une structure pour ainsi dire calquée sur celle que nous avons rencontrée dans la *Griesche d'Yver* de Rutebeuf. Après une première partie où se mêlent étroitement le débat avec Taillevent, les plaintes du « je » et des considérations générales, le poète s'arrête à l'image biblique du fardeau que chaque homme doit porter, image qui l'incite à penser à l'au-delà. Et il ajoute :

> Cy fine ma theologie
> Pour donner repos a la teste ;
> Se je l'ay boutee ou logie,
> En petiz termes je proteste
> Que, s'il y a qui la deteste
> Ou s'atende au fillé qui bout,
> Il *trouvera la fin au bout.*
> [*Temps Perdu,* v. 267-73 (85)]

L'annonce est exacte : de même que Rutebeuf nous rapportait l'histoire exemplaire des malheurs du joueur, Chastellain se met à raconter les différentes étapes de sa vie avant de revenir, à la

---

(82) Il s'agit là d'une esthétique internationale : dans les *frottole italiennes* (surtout les plus anciennes) domine le principe d'association basé sur de vagues ressemblances phonétiques. A côté d'abruptes formules de clôture, on rencontre souvent le procédé de l'encerclement. On consultera à ce sujet : les 18 volumes de frottole publiés par la Tipografia Galileiana, Firenze, 1914 ; E. Levi, *Poesia di popolo e poesia di corte nel Trecento,* où l'on trouve un testament burlesque de Zaffarino da Firenze, qui obéit à cette même esthétique. Pourrait-on également y rattacher le *Passatempo,* et le *Tempo Perso,* malheureusement perdus, de Sabaudo Michiel (voir A. Piaget, « Le « *Temps Recouvré* », poème de Pierre Chastellain, composé à Rome en 1451 », ds. *Atti del Congresso Internazionale di Scienze Storiche,* vol. IV, p. 44/n. 1) ?
(83) *Recueil général et complet des fabliaux des 13e et 14e siècles,* p.p. A. de Montaiglon/G. Raynaud, vol. II/no. XLII.
(84) *Dits et contes de Baudouin de Condé et de son fils Jean de Condé,* vol. III/nos. XL et LXXIV.
(85) F. Pascal, *Pierre Chastellain,* p. 198-99 (B.N. fonds fr. 2266/ fo. 6vo). A la page 310, elle interprète l'avant-dernier vers de la façon suivante : « on sait ce qui bout dans la marmite ». Parler en termes culinaires de l'œuvre, c'est une façon de s'exprimer que nous avons déjà rencontrée chez Taillevent (PT, v. 642-44).

fin, à des réflexions d'ordre théologique. L'image du fardeau réapparaît, et l'encerclement est parfait. La charpente du *Temps Recouvré* est bien moins sévère ; la pensée vagabonde de l'auteur est limitée par la simple reprise, à quelques 2 000 vers de distance, du même proverbe légèrement altéré :

Fo. 11ro :

    Qui trop embrace pou estraingt

Fo. 43vo :

    Que ja sans manche rebrasser
    bien estraindre & moins embrassier

Son contemporain Guillaume Alexis recourt à des procédés analogues, et cela dans des types de discours fort différents : le motif du trompeur scande la suite de sentences que sont les *Faintes du Monde,* en apparaissant au milieu et à la fin du poème [v. 441-44/ 877-80 (86)]. Même structure dans un débat : le *Passetemps des deux Alecis Freres* est encerclé par le motif de la musique (début et fin) et par l'idée (exprimée au milieu et à la fin) que le vilain ne sait pas dominer ses appétits. Ce sont là des procédés que le théâtre n'ignore pas : à la fin du 15ᵉ siècle, dans la *Sottie nouvelle de l'Astrologue* (87), l'astrologue exhorte par deux fois (milieu et fin) ses compagnons à prendre patience, car le règne de Saturne approche de sa fin. Le genre du testament se prête également à ce schéma structurel, et Jean Molinet s'en sert dans le *Testament de la Guerre,* en plaçant au début et à la fin du poème des allusions à la mort imminente du testataire [v. 7/169 (88).] Même procédé dans le *Testament* de Villon : au début, au milieu (89), à la fin de l'œuvre revient le motif de la boisson, et ainsi l'attitude de Thibault d'Aussigny envers le « je » se trouve être comparée à l'action de la mort :

FVT, v. 14 :

    (...) froide eaue tout ung esté (voir aussi v. 2)

FVT, v. 738 :

    Qui tant d'eaue froide m'a fait boire,

---

(86) L'encerclement s'y combine à un autre principe d'organisation : le poème est construit à partir du chiffre 8 : huitains octosyllabiques (8x8), 110 strophes (880x8). Avec ses 88 huitains octosyllabiques, le *Songe de la Thoison d'Or* de Taillevent obéit au même principe structurel.

(87) *Recueil général des sotties,* p.p. E. Picot, vol. I/no. 7.

(88) Voir aussi le *Mandement de Froidure* à structure énumérative : le mot « aidier » scande le poème tout en l'encerclant. — Au 15ᵉ siècle, les exemples de tels procédés sont légion...

(89) Il s'agit du (faux) début des legs, donc de l'une des charnières du *Testament.*

FVT, v. 2022 :
> Un traict but de vin morillon

Sur cet arrière-fond historico-littéraire l'encadrement des legs (90) se révèle être un artifice rhétorique permettant d'interrompre la suite des dons ; le nombre des légataires pouvait être augmenté à volonté. A l'échelle plus restreinte des digressions Villon laisse transparaître, par l'emploi répété de l'encerclement, un souci profond de dominer le matériau poétique en ne le laissant pas excéder certaines limites.

3.2.4. Digression et encerclement

Déjà dans les onze premiers huitains du *Testament* Villon exploite deux fois le procédé de l'encerclement. L'invective contre Thibault d'Aussigny s'amorce après les formules testamentaires à peine ébauchées du premier vers :
> En l'an de mon trentiesme aage
> **(FVT, v. 1)**

A travers une série de glissements (91), le poète nous mène de l'évêque au roi Louis XI et clôt avec le vers :
> Escript l'ay l'an soixante et ung,
> **(FVT, v. 81)**

Aux huitains VII et IX les louanges adressées au roi semblent ne plus devoir finir, la syntaxe de la phrase ne respectant même pas l'unité de la strophe. Mais Villon arrête ce mouvement par un rappel de la fiction testamentaire et la reprise du vers qui a déclenché la suite des louanges :

FVT, v. 54 :
> Et *franchy* de ville puissance ;

FVT, v. 82 :
> Lors que le roy me *delivra*

Les premiers onze huitains se présentent comme une unité structurelle, une introduction au monde du *Testament* du point de vue des thèmes comme de celui des structures employées. L'encerclement revient fréquemment dans l'ensemble de l'œuvre :

---

(90) Le double motif du froid et du feu apparaît au début et à la fin du *Lais*.
(91) Voir p. 120-121 du présent travail.

1) FVT, v. 124 :
   Je me jugasse, ainsi m'est Dieux !
   (Exemple de Diomède)
FVT, v. 166 :
   Jugié me feusse, de ma voys.
2) FVT, v. 304 :
   Et *le filz pas ne demourra.*
   (Thème de l' « ubi sunt », y compris
   les trois ballades)
FVT, v. 418 :
   Morrai ge pas ? Oy (... ...)
3) FVT. v. 453-54 : Advis m'est que *j'oy regrecter*
   La belle (... ...)
   (Regrets de la Belle Heaulmiere)
FVT, v. 525-26 :
   Ainsi le bon temps *regretons,*
   Entre nous, povres vielles soctes,
4) FVT, v. 689 :
   Abusé m'a et fait entendre
   [huitains fatrasiques dont la structure
   énumérative permettrait de prolonger le
   jeu indéfiniment (92)]
FVT, v. 705 :
   Ainsi *m'ont* Amours *abusé*
5) FVT, 723-24 :
   De ce *me taiz* doresnavant,
   Car *poursuivre vueil* mon entente.
   (Thibault d'Aussigny et renvoi au *Lais*)
FVT, v. 777-78 :
   Somme, *plus ne diray* q'un mot,
   car *commencer vueil* a tester.
6) FVT, v. 793 :
   Ou nom de Dieu, Pere eternel,
   (Parabole de Lazare)
FVT, v. 825 :
   Ou nom de Dieu, comme j'ay dit,

---

(92) Dans les *fatrasies* on peut en effet relever des encerclements au niveau de l'unité-base qu'est la strophe : voir P. Zumthor/E.-G. Hessing/R. Vijlbrief, « Essai d'analyse des procédés fatrasiques », *Romania* 84 (1963) 170. Le *fatras* en fait un procédé systématique en antéposant deux vers au texte, dont l'un sera le premier et l'autre le dernier de la strophe qui suit : voir L.C. Porter, *La fatrasie et le fatras,* p. 186.

(L'incise du vers 825 montre que l'auteur
est *conscient* de la reprise, qu'il veut,
après la courbe que dessine la digression,
ramener le discours à son point de départ ;
en même temps il attire l'attention du public sur un procédé structurel qui pourrait
bien ne pas être remarqué lors d'une audi-
tion. Phénomène courant au 15ᵉ siècle, l'encerclement devait faire partie de l'horizon
d'attente du public de l'époque ; il n'existe
donc pas seulement au niveau de la conscience
du critique qui soumet les textes médiévaux
à un examen minutieux.)

7) FVT, v. 1275 :
(...) mes troys povres *orphelins*
(Les pauvres orphelins et les « povres
clergons »)
FVT, v. 1337 :
Oncques ne vy les meres d'eulx. (93)
8) FVT, v. 1736 :
Icy n'y a *ne riz ne jeu.*
(Les charniers des Innocents)
FVT, v. 1766 :
Ausquelz ne chault *d'esbat ne riz.*

Au niveau des digressions comme au niveau de l'œuvre entière,
l'encerclement se rencontre partout au 15ᵉ siècle ; mais aucun
auteur ne l'exploite aussi systématiquement que François Villon,
personne ne ressent un tel besoin de cohésion. Et seul l'arrière-
fond d'un message poétique que l'auteur lui-même juge frêle et
menacé peut expliquer le soin avec lequel Villon élabore les tran-
sitions (94).

Les fréquentes digressions des *Fortunes et Adversitez* amènent
Jean Regnier à se servir soit de différents procédés de clôture soit

---

(93) Nous pouvons parler d'une digression dans le sens que Villon consacre un nombre inhabituel de strophes à ces légataires. Comme pour les
poèmes à forme fixe (voir p. 123-124 du présent travail) il s'agit de relier
la brève digression au contexte, d'assurer la transition, d'éviter un « saut »,
un « trou » dans les discours.
(94) Il lui arrive néanmoins d'interrompre brusquement une digression,
en proposant simplement de changer de sujet ou en avouant s'être éloigné de la matière ; de telles formules sont fréquentes en littérature et
correspondent aux procédés de clôture dont nous avons parlé au chap. 3.2.1.

de l'encerclement : ainsi les réflexions religieuses suscitées par l'approche de Pâques [v. 1331-84 (95)] n'empêchent pas le retour à la préoccupation majeure du prisonnier qui s'inquiète du retard de son messager. Et lorsqu'il se plaint à cause de sa femme et de son fils retenus comme otages, une longue digression sur l'amour et la création littéraire interrompt ses lamentations. Poème comparable, le *Prisonnier desconforté du Château de Loches* a recours aux mêmes procédés : les strophes XII à XXXI sont un long regard jeté sur les affaires du monde, les strophes XI et XXXII reprennent l'idée qu'il faut enfin se taire (96). L'encerclement des digressions n'est pas étranger aux autres domaines de la littérature de la deuxième moitié du 15ᵉ siècle : dans le *Plaidoié d'entre la Simple et la Rusée* de Coquillart, l'avocat de la Simple intègre à son discours un rapide tableau des relations de sa cliente avec Mignon. En voici le début et la fin :

v. 45-47 :
> Cest amy estoit ung fricquet
> Ung gorgias, comme on peut croire,
> *Hardi,* vaillant, loyal, *secret.*

v. 84-85 :
> Qu'il ne fuest homme assés plaisant,
> *Hardi, secret,* adventureux ?

Dans le *Donet baillé au roy* de Molinet, le vieillard scande son discours par des espèces de résumés introduits par « ainsi » ; lorsqu'il se confesse des accidents (grammaticaux), il en annonce explicitement le début et la fin (ht. V et LVI). Et les adieux du « je » dorénavant vieux dans le *Séjour d'Honneur* d'Octovien de Saint-Gelais sont encerclés par des vers presqu'identiques :

v. 8011 : Doresnavant à riens ne serviray
v. 8050 : Doresnavant tiendray mon raenc à part,

Ces quelques exemples suffiront : dans le domaine technique, comme dans le domaine thématique, François Villon n'innove guère. Son œuvre se distingue par la cohérence entre les différents niveaux du discours poétique, qui tous se placent sous le double signe de la *fragilité* et de l'*ouverture*. Le *Testament* s'ouvre au débat avec un public critique, sa structure n'obéit plus au schéma

---

(95) Il s'agit d'une ballade layée.
(96) Voir aussi les huitains CXXXII-CXXXVII (digression consacrée aux douze articles de la foi), LXV-LXXIII (les sept péchés capitaux), LXXVIII-XCVI (la bataille des vices et des vertus) ; bien que le nombre fixe des articles de la foi, des péchés, des vices et des vertus, assigne chaque fois des limites à la digression, l'auteur a recours au procédé de l'encerclement.

sévère des *Congés*, et le poète est forcé d'avoir recours à des procédés en soi traditionnels afin d'assurer la cohésion d'un discours plus riche et plus varié qui, sans ce souci de structuration, risque de se fragmenter irrémédiablement. Un autre mouvement d'ouverture se dessine, lorsqu'on étudie la fonction du moi du poète à l'intérieur de l'univers poétique que représente l'œuvre...

CHAPITRE IV

AUTOUR DU MOI DU POETE

Le grand chant des troubadours (trouvères) représentait un univers essentiellement clos où le moi lyrique restait un sujet abstrait : tout se passait dans le triangle je-elle (vous)-autres, et pour ainsi dire chaque action partait du « je », centre de ce petit monde (1). Au 13ᵉ siècle, un poème comme la *Griesche d'Yver* suscite l'impression contraire : l'œuvre s'ouvre au monde des objets concrets, elle semble refléter une expérience vécue. Une triple question s'impose :

— à quel point la réalité extérieure, préexistante à l'œuvre, y pénètre-t-elle ?

— y a-t-il individualisation du moi du poète ?

— y a-t-il intrusion d'éléments autobiographiques ?

4.1. La « *Griesche d'Yver* » de Rutebeuf

Dans ce bref poème le « je » en *fonction d'objet* domine ; la majorité des actions décrites découlent de sujets extérieurs au « je ». Ainsi l'œuvre s'ouvre aux circonstances, à un monde que le « je » subit. Cette première impression de « réalisme » se trouve renforcée par le fait que l'ensemble se présente comme une *prise de conscience* du moi du poète quant à sa propre situation (2).

---

(1) Voir P. Zumthor, « Le « je » de la chanson et le moi du poète », ds. *Langue, texte, énigme*, p. 189ss. Cet article sert de point de départ à nos remarques sur Rutebeuf.

(2) Il est indispensable de distinguer entre la « persona » poétique de l'auteur et l'auteur en tant que personnage historique. Nous verrons au cours de cette étude que les liens entre la vie et l'œuvre sont presque

4.1.1. *Prise de conscience et bilan d'une vie*

La *Griesche d'Yver* n'est pas un exemple isolé : les *Congés* d'Arras commencent également par une prise de conscience liée à la constatation d'un changement (3). Rutebeuf intervient encore deux fois dans le texte, comme s'il voulait faire un bilan :
v. 49-51 :

> *Or voi* je bien tout va, tout vient ;
> Tout venir, tout aler covient
> Fors que bienfet.

v. 58 :

> Je n'en puis més se je m'esmai.

D'un côté ces vers expriment le rapport affectif que le poète entretient avec ce qu'il raconte, de l'autre ils révèlent la portée essentiellement *didactique* du poème. L'emploi du proverbe aux vers 50 à 51 témoigne que l'auteur entend, à l'aide d'un commentaire à portée générale, transcender le cas particulier. Il poursuit le même but en portant des jugements sur ses fautes passées (v. 47/73), invitant implicitement le public à ne pas l'imiter. Ceci n'empêche pas le « je » d'assumer son expérience personnelle en tant que telle au vers 48 : au jadis des événements, exprimé par l'accumulation des formes verbales au passé (v. 43-47), s'oppose le maintenant de l'attestation mémorielle. Le poème s'organise selon l'axe de l'écoulement du temps, un temps fragmenté en différents moments contrastés, de sorte que naît l'impression d'une expérience vécue. Mais dans la *Griesche d'Yver* n'apparaissent que

---

toujours secondaires, le plus souvent subordonnés à un but didactique et moral. En outre, il s'agit d'éviter le cercle vicieux auquel la critique villonienne n'a pas toujours échappé, en expliquant certains passages obscurs du *Testament* à la lumière de la biographie et comblant les lacunes de cette même biographie à l'aide de quelques vers tirés de l'œuvre.

(3) C'est là un exorde qu'on rencontre aussi parmi les poésies dites « personnelles » des goliards, ainsi dans une chanson où Primat raconte un épisode de sa vieillesse (O. Dobiache-Rojdescensky, *Les poésies des goliards,* p. 186) :

> Dives eram et dilectus
> inter pares preelectus :
> modo curvat me senectus
> et etate sum confectus.

deux formes verbales à l'imparfait (v. 43-44) ; les autres actions passées se référant au « je » sont toutes exprimées par le passé composé (v. 11/52/53/63/73/74) et, avec 51 occurrences, c'est bien le présent qui domine l'ensemble. Devant cet arrière-fond l'impression du vécu pâlit, le présent exprime moins la continuation du passé qu'un *présent atemporel,* voire typique. C'est ce que mettent en évidence des locutions comme « sovent » (v. 15), « toz jors » (v. 23/24), « nule foiz » (v. 25), exprimant la répétition et la durée. Cas exemplaire, le moi du poète (sans nom !) est à peine individualisé.

4.1.2. *Vers une valorisation du « je »* ?

Dans la *Griesche d'Yver* le moi du poète est l'objet de forces extérieures dont l'importance diffère. Nous relevons en fonction de sujet :
— 16 occurrences de jeu (4) ;
— 4 occurrences de pauvreté ;
— 4 occurrences d'une « force naturelle » (vent, mouche) ;
— 2 occurrences de Dieu ;
— 1 verbe dont le sujet désigne une personne.
Si l'on néglige Dieu, puissance métaphysique, seule la pauvreté acquiert le statut d'une « fictio personae » que caractérisent différentes actions humaines (5). D'autre part elle est intimement liée au thème du jeu qui, d'une autre manière que les forces naturelles renvoie à un univers concret. Le monde de Rutebeuf n'est pas celui, abstrait et général, où les personnifications règnent en maître ; son monde s'apparente à celui des goliards :
Secundo redarguor etiam de ludo
sed cum ludus corpore me dimittat nudo,
frigidus exterius, mentis estu sudo,
tunc versus et carmina meliora cudo. (6)
Là aussi les trois thèmes de la pauvreté, du jeu et de la poésie (du moment créateur) constituent une unité indissoluble. La plainte

---

(4) Nous tenons compte de toute expression se rattachant au champ sémantique du jeu.
(5) Voir H. Lausberg, *Handbuch der literarischen Rhetorik,* §§ 827/829.
(6) « Estuans intrinsecus », str. 6, ds. O. Dobiache-Rojdesvensky, *Les poésies des Goliards,* p. 191.

du moi de Rutebeuf ne reflète pas une expérience unique ; bien au contraire, elle reprend les constituants classiques de la *plainte du pauvre* :

a) *le pauvre victime du froid et du vent* (v. 13-16) : la maison ventée du pauvre est une image que nous retrouvons, au 15ᵉ siècle, chez Michault Taillevent (PT, v. 466-68) et chez Christine de Pisan, lorsqu'elle nous décrit dans la *Mutacion de Fortune* le spectacle navrant dont elle a été témoin après avoir passé la Porte de Povreté :

> Les maisons y sont descouvertes,
> Obscures, noires et plueuses,
> Basses, laydes et ruineuses,
> Crevaciees et replastrees,
> A basses et povres entrees,
> Laides derrieres et devant,
> Et de toutes pars vient le *vent*,
> Sanz huis, sanz fenestre et sanz gon,
> Ne la n'a ne four, ne fourgon,
> Ne pour chauffer gent chose nee, (7)

La mention du vent s'intègre ici à une description détaillée, de sorte qu'elle fait vrai. Chez Rutebeuf et Taillevent, elle est isolée dans un autre contexte : le vent n'apparaît pas comme un élément descriptif, mais comme une image à valeur symbolique qui résume en elle-même toute la situation désespérée du pauvre.

b) *l'opposition entre pauvre et riche* (v. 27) : c'est déjà un motif récurrent dans la Bible (8), qui apparaît nécessairement dans tout texte parlant de la pauvreté. L'opposition pauvre vs. riche correspond à celle de pauvre vs. puissant ; de la Bible (9) à François Villon, l'impuissance, l'exclusion du pauvre sont des motifs constamment répétés (10). Dans ce sens on notera l'importance de la figure de Lazare du 13ᵉ au 15ᵉ siècle ; on se souviendra des

---

(7) *Mutacion de Fortune*, v. 3436-3445 ; voir aussi B. Woledge, « Le thème de la pauvreté dans la « Mutacion de Fortune » de Christine de Pisan », ds. *Mélanges... R. Guiette*, p. 103.

(8) Voir J. Batany, *Approches du « Roman de la Rose »*, p. 83-84.

(9) Prov. XIV/20 et XIX/4,7. Le motif a passé en proverbe : voir Morawski, no. 1714 : « Povre hons n'a nul ami », auquel Taillevent fait écho (PT, v. 270-71). Son pendant latin se trouve dans les *Adagia* d'Erasme : « Mendico ne parentes quidem amici sunt » (fo. 245vo), idée que Villon développe au huitain XXIII du *Testament*.

(10) Voir p. 52 du présent travail. Voir aussi J. Batany, *Approches du « Roman de la Rose »*, p. 87/90-91 ; J.L. Goglin, *Les misérables dans l'Occident médiéval*, p. 139.

plaintes de Job, plaintes que Villon fait siennes au début de
l'*Epître à ses Amis* (FPV XII). Il cite explicitement Job au huitain
XXVIII :

> Mes jours s'en sont alez errant,
> Comme, dit Job, d'une touaille
> Font les filletz, quant tixerant
> En son poing tient ardente paille :
> Lors s'il y a nul bout qui saille,
> Soudainement il le ravit.
> Sy ne crains plus que riens m'assaille,
> Car a la mort tout s'assouvit.
>
> (FVT, v. 217-24)

A la suite de Pierre de Nesson (*Paraphrases des neuf Leçons de
Job*), Villon cède ici la parole à Job, figure emblématique de l'adversité, à laquelle il semble s'identifier. L'emploi du « je » est en
effet profondément ambigu : alors que la première moitié du huitain suit de près le texte biblique (*Job* 7/6), la deuxième est due
à la plume de l'auteur. Mais rien n'indique, dans la syntaxe de la
strophe, un changement de focalisation : est-ce encore Job qui
parle ? est-ce le « je » de Villon qui assume de nouveau le discours et tire des conséquences pour son propre cas ? Les deux
figures se confondent...

François Villon ne se contente pas de jouer, à l'instar de
Taillevent , le rôle du pauvre vieillard : il l'assume, il est vrai,
au début des *Regrets* (ht. XII-XXVIII), lorsqu'il pleure sa
jeunesse dissipée, mais le relie également au motif du testataire
qui voit sa fin approcher (FVT, v. 73-80/728-36/785-86). Chez
Villon la pauvreté a, en plus, un aspect social : il oppose les indi-
gents, dont il fait partie, aux riches (ht. XXXI), et se présente
comme un « povre marcerot » (FVT. vers 417). Enfin, le « je » de
Villon n'est pas le seul pauvre dans l'univers du *Testament* : voici
le pauvre vieillard contraint à mendier (ht. XLIII-XLV), les vieilles
prostituées sans ressources (ht. XLVI), Lazare qui nous rappelle
que l'indigent est plus près de Dieu, une idée d'origine biblique
que nous trouvons aussi dans le *Temps Perdu* de Pierre Chastellain : ce poète se présente comme un parent du Christ, le pauvre
par excellence (11). Au huitain CLV, Villon s'adresse aux enfants
perdus, gens en marge de la société qui doivent craindre le gibet,

---

(11) *Temps Perdu*, v. 472-83, ds. F. Pascal, *Pierre Chastellain*, p. 207 et
207 bis (B.N. fonds fr. 2266/fo. 10ro-10vo). Sur la pauvreté du Christ, voir
les quelques remarques de J.-L. Goglin, *Les misérables dans l'Occident médiéval*, p. 27-29 ; aux pages 76-77 du même ouvrage, on trouvera des
observations sur Job et Lazare.

comme le révèlent la *Ballade de bonne Doctrine* et le huitain CLX.
Ses adieux (FVT, v. 1976-83) sont pour les fous, les bateleurs, les
prostituées — donc des marginaux ! Ainsi François Villon réussit,
tout en s'inspirant de différentes traditions, à créer une image mul-
tiple de la pauvreté, à suggérer l'idée d'une société pleine de
contrastes fort proche de la réalité historique de son temps. Le
jeu de contrastes du *Testament* culmine dans les *Contreditz Franc
Gontier* où le débat tourne autour des avantages/désavantages de
la pauvreté : Villon évite d'assumer purement et simplement les
motifs qu'il connaît de ses dévanciers.

c) *la crainte de l'avenir :*

Je n'en puis més se je m'esmai :
Ne voi venir avril ne may,
Vez ci la glace. (12)

Rutebeuf se contente d'une formulation vague s'inspirant à la
comparaison traditionnelle entre la vie humaine et les mois de
l'année. Taillevent, lui, exprimera concrètement la peur de finir
ses jours dans un dénuement total. Il met en évidence sa propre
insouciance en rappelant l'image biblique, courante en littérature,
du paresseux qui devrait suivre l'exemple de la fourmi laborieuse
et prévoyante [PT, v. 479-83 (13)]. La même optique, axée sur les
seuls soucis matériels, apparaît aussi dans les *Douze Mois Figurez,*
poème fort populaire qui décrit les étapes communes à la vie de
tout homme (14). Les caractéristiques essentielles du moi poétique
de Taillevent correspondent à l'image que la littérature médiévale
nous a transmise du pauvre. Le début du *Mistère d'une Jeune
Fille laquelle se voulut habandonner a Peché* découvre à quel point
cette image était stéréotypée à l'époque : dans les plaintes du père,
de la mère et de la fille, nous retrouvons tous les aspects énumérés
de la pauvreté — exprimés sous forme de proverbes !

Chez tous les auteurs la description de la pauvreté est largement
tributaire d'une longue tradition ; il est pourtant aisé d'y voir, avec
J. Batany et J.-L. Goglin, le reflet de la situation réelle des pauvres
au moyen-âge. Les correspondances sont frappantes — seulement
les auteurs des 13e, 14e et 15e siècles se contentent d'exploiter un
répertoire limité de motifs peignant la vie du pauvre de façon

---

(12) La *Griesche d'Yver,* v. 58-60.
(13) Prov. VI/6-8 ; l'iconographie a repris cette scène : voir la *Bible
moralisée illustrée,* p.p. A. de Laborde, planche 269 (Ms. B.N. fonds lat.
11'560/fo. 45vo). En littérature, voir Jean de Condé, *Li Dis du Fourmis ;*
Philippe de Thaün, *Bestiaire,* v. 851-90 ; Brunet Latin, *Li Livre dou Trésor,*
chap. : « Dou Formi » (Livre I) ; Charles d'Orléans, *Poésies,* vol. II/p. 549.
(14) J. Morawski, « Les " Douze mois figurez " », *Archivum Romanicum* 10 (1926) 351-63.

assez générale : jusqu'où va la sincérité ? où commence la confession personnelle ?

Cette tendance au général est confirmée, dans la *Griesche d'Yver,* par l'insertion d'un long passage narratif à la troisième personne (v. 76 à 105). Ainsi se réalise un changement de focalisation, impensable dans le chant courtois, qui permet d'intégrer au poème une expérience étrangère à celle du moi. Cette expérience présente les caractéristiques de ce que dans le roman on appelle une scène : les détails mentionnés suggèrent l'ambiance de la ville avec sa population affairée. Le récit fait vrai ; seulement le « il » anonyme joue, lui aussi, le rôle du pauvre, et le passage est introduit par le vers 76 qui suggère que *tout homme* pourrait se trouver dans une telle situation :

Fols est qu'a lor conseil abite :

Le poète avertit son public. A la fin du poème, l'avant-dernier vers rapproche explicitement les expériences du « je » et du « il » ; Rutebeuf présente deux exemples qui, se confirmant, assument une valeur paradigmatique et sont par conséquent virtuellement didactiques. Ce sera la caractéristique commune à tous les textes que nous allons étudier ; tout « effet de réel » (15) sera habituellement subordonné à ce but ultime.

4.1.3. *Effets de réel*

Une étude des objets (grammaticaux) sur lesquels portent les rares actions du « je » dans la *Griesche d'Yver* reste décevante : le poème connaît une forte unité thématique, axée sur le jeu et la pauvreté, que transgressent uniquement les comparaisons (v. 34-35/38-39). Ces images se détachent fortement d'un contexte où n'apparaît que trois fois l'adjectif « povre » (v. 10/12) pour caractériser le moi du poète. La même impression de généralité se dégage au cours d'une étude des verbes intransitifs : ou ils s'intègrent au champ sémantique dominant, ou ils se rattachent aux images et symboles choisis par l'auteur. Le vers 28 échappe pourtant à une telle cataloguisation :

Je ne dorm que le premier somme.

La notation est si rapide, si vague que l'effet de réel obtenu est nul, comme le révèle la comparaison avec un passage de la *Complainte Rutebeuf :*

---

(15) Pour une définition, voir R. Barthes, « L'effet de réel », *Communications* 11 (1968) 84-89.

Ma fame ra enfant eü
C'un mois entier
Me ra geü sor le chantier
Je me gisoie endementier
En l'autre lit,
(Vers 96-100)

Les indications spatiales et temporelles créent l'atmosphère d'une habitation fort différente de la symbolique maison de Pauvreté rencontrée dans la *Griesche d'Yver* et dans le *Passe Temps*. Malgré un tel effet de réel la *Complainte* n'annonce en aucune manière les confessions d'un Jean-Jacques Rousseau ; comme Colin Muset (chanson no. V), Rutebeuf subordonne son récit à une demande finale de subsides, adressée au comte de Poitiers. En plus, il se compare à Job (vers 20) puni par Dieu et cite, quelques vers après le passage transcrit ci-dessus, un proverbe désabusé :

Li mal ne sevent seul venir :
Tout ce m'estoit a avenir
S'est avenu.
(Vers 107-09)

Son cas sert ainsi à illustrer une vérité généralement reconnue ; Rutebeuf accepte de jouer le rôle qui correspond à l'image qu'on se fait de la vie du jongleur :

Joculatores intrantes domos suas, inveniunt eas
paupertate et murmure plenas, quia tota familia
sua de eis conqueritur et murmurat et defectus
suos proclamat. (16)

Les vers 108 et 109 comparent implicitement Rutebeuf au Christ lui-même, puisqu'ils paraphrasent les paroles que le Christ ressuscité adresse à ses disciples, à savoir que tout ce qui avait été écrit à son sujet devait s'accomplir (*Luc*, 24/44-47). Le système de références est le même dans le *Mariage Rutebeuf* : notre auteur date son poème par rapport à la naissance du Christ et compare ses tribulations aux pires malheurs de l'histoire profane comme la destruction de Troie (vers 74-75). De l'accumulation de tels rapprochements outrés jaillit l'ironie (17) : le narrateur ne

---

(16) J.-Th. Welter, *La Tabula exemplorum secundum ordinem alphabeti. Recueil d'exempla compilé en France à la fin du 13ᵉ siècle*, p. 95.

(17) Voir V.R. Rossmann, « The " Mariage Rutebeuf " », ds. *Perspectives of Irony in Medieval French Literature*, p. 45-53. On pourrait se demander si de telles comparaisons, surtout celle avec le Christ, ne confinent pas au sacrilège. Mais dans les deux poèmes Rutebeuf assume le rôle du *fou* : aux vers 21-22 du *Mariage* il rappelle que « fols qui ne foloie/Pert sa seson » ; sa peine, nous confie-t-il au début de la *Complainte*,

saurait s'identifier à son personnage. Nous assistons à une « comédie du moi » (18), destinée à apitoyer le mécène.

Des plaintes comparables jaillissent, au 15ᵉ siècle, sous la plume de Pierre Chastellain : la deuxième partie du *Temps Perdu* brosse un tableau de sa vie malheureuse. Sa bonne Jehanette est enceinte, Pauvreté et Nécessité gouvernent sa maison. Dans le *Temps Recouvré* l'auteur fait encore une fois allusion à ses enfants, il rappelle également qu'il a exercé les métiers de harpeur et d'alchimiste. Une telle continuité permet-elle de croire à l'intrusion de l'autobiographie dans l'œuvre ? Le doute est permis : le problème se posait déjà pour Rutebeuf qui présente sa *Complainte* (vers 1-6) comme une continuation du *Mariage*. En plus Pierre Chastellain invite son public à se mirer dans son œuvre (19) : il se propose, lui aussi, un but didactique. Dans le *Temps Perdu* il confesse qu'il a encore été changeur, afin de pourvoir aux besoins de sa famille. Tous ces métiers successifs qu'il prétend avoir exercés, rappellent un fabliau satirique, *Des Estas du Siecle* (20). En quête d'une vie facile, le protagoniste essaie différentes professions, se marie et, dégoûté de ce monde, finit par se dédier à l'astronomie. Un mouvement analogue conduit Pierre Chastellain à des réflexions religieuses et à la leçon chrétienne de l'humilité. Une confession inspirée à des traditions littéraires ? Il semble que oui, bien que la deuxième partie du *Temps Perdu* transgresse le ton délibérément général de la majeure partie des plaintes des pauvres.

4.2. *14ᵉ et 15ᵉ siècle : prise de conscience et bilan d'une vie*

Exemple d'une nouvelle sensibilité la *Griesche d'Yver* représente

---

« commença en lune plaine » (v. 9), astre qui, selon Vincent de Beauvais et Barthélémy l'Anglais, provoque un dérèglement du cerveau chez les lunatiques. Dans un article à paraître (*Rutebeuf : mariage et folie*), Michel Rousse arrive aux mêmes conclusions en reprenant le problème de la date que Rutebeuf indique pour son mariage : « Uit jors apres la nascion/ Jhesu.... ». Il s'agit du premier janvier, date à laquelle commençait la fête des fous ; et c'est bien l'univers à l'envers du carnaval que nous retrouvons dans le *Mariage*, monde de la dérision. On se souviendra que Villon rapproche folie et lunatisme aux vers 294 du *Lais*, exprimant ainsi le dérèglement total de ses sens.

(18) Terme repris à D. Poirion, *Le poète et le prince*, p. 232/334, qui s'en sert pour définir la poésie d'Eustache Deschamps.

(19) *Temps Recouvré*, v. 302-36.

(20) *Recueil général et complet des fabliaux des 13ᵉ et 14ᵉ siècles*, p.p. A. de Montaiglon/G. Raynaud, vol. II/no. LIV.

la réalisation d'un type d'écriture dont on trouve les traces dans différents textes de la fin du moyen-âge, textes où l'univers poétique s'organise autour de la figure centrale du « je ». Ce contexte historico-littéraire va nous permettre de lire le *Passe Temps* et le *Testament* sous un nouvel éclairage.

4.2.1. *De Froissart à Jean Lemaire des Belges*

Le début du *Joli Buisson de Jonece* est placé sous le double signe du souvenir et du remords. Avec l'intervention de Philosophie — motif inspiré de Boèce —, identifiée aux pensées qui hantent le poète (vers 102-04/191-94), la prise de conscience se présente sous une forme à la fois narrative et théâtrale. Même procédé dans le *Songe en Complainte* de Charles d'Orléans, où Age apparaît en vision : mais tout est ici subordonné au thème de l'amour. A la place du long regard de Froissart sur la vie passée — rétrospective à laquelle l'énumération des mécènes confère un cachet de véracité —, nous ne trouvons chez le duc que quelques vers généraux sur la fuite du temps et la nécessité de retourner à Raison (v. 25-48). Opuscule fortement moralisant, le *Dit de Remors et de Cheminant* (21) reprend le motif traditionnel du pèlerinage, symbole de la vie humaine devenu populaire depuis le succès du *Pèlerinage de Vie Humaine* de Guillaume de Digulleville. L'intervention de Remords provoque les regrets et la confession du « je » (22), plaintes toutes générales que ne particularise aucun effet de réel. Malgré sa simplicité, la bipartition de ce poème rappelle la structure du *Prisonnier desconforté du Château de Loches* : après une longue complainte (accompagnée d'un plaidoyer), le « je » prend conscience de sa condition humaine (v. 1870-85) et se met à prier. Prisonnier lui aussi, Jean Regnier place ses *Fortunes et Adversitez* dès l'abord sous le double signe de la souffrance du Christ et de la volonté d'apprendre. Le Job de Pierre de Nesson découvre qu'il est arrivé à l'orée de la vieillesse ; le vieillard du *Donet* de Molinet s'aperçoit de l'approche de

---

(21) Bibliothèque municipale de Lille, ms. BML MS. 342/fo. 1ro-7ro.
(22) Même mécanisme dans les moralités où l'intervention de la mort, la maladie ou l'adversité personnifiées provoquent une prise de conscience : voir W. Helmich, *Die Allegorie im französischen Theater des 15. und des 16. Jahrhunderts*, p. 73.

la mort. Il se souvient que ce sort est commun à tous les hommes, pensée qui déclenche des regrets où la jeunesse perdue s'oppose à la déchéance actuelle. Le discours s'organise autour d'une durée éclatée où un présent s'oppose à un passé, le regard jeté en arrière semble se situer à un *moment crucial* de la vie. C'est là un aspect rarement thématisé : Froissart situe sa prise de conscience à l'âge de 34 ans, lors du passage de Soleil à Mars. Le temps de la jeunesse est définitivement passé (23). Taillevent se réfère à un autre type de segmentation de la vie humaine pour nous dire qu'il est arrivé au seuil de la vieillesse :

> Des aages sens au dos le cense ;
> Je suy oultre — c'est verité —
> Infans, puer, adollescence,
> Iuventute et virilité
> (PT, v. 533-36)

Peu importe qu'un auteur préfère les distinctions en quatre, six ou sept âges de l'homme, toutes courantes au moyen-âge. Seule compte la référence à un *schéma valable pour chaque être humain,* de sorte que l'expérience individuelle se fonde dans l'expérience collective.

Villon s'insère-t-il dans cette tradition ? Aux huitains XXII à XXIX du *Testament* il se contente de l'opposition sommaire entre jeunesse et vieillesse. Au fond le passage peut être considéré comme une amplification d'un proverbe connu :

> Len doit querir en sa jeunece
> dont len vive en sa veillece. (24)

Ce terme vague de vieillesse, Villon l'avait déjà précisé au huitain XV :

> Ceulx donc qui me font telle presse
> En *meureté* ne me vouldroient voir.
> (FVT, v. 119-20)

Mais quel est l'âge de « meureté » ? Trente ans, si l'on en croit le premier vers du *Testament.* Or, une telle idée correspond à ce qu'affirment les *Douze Mois Figurez* en présentant le mois de mai ;

> Ansy se doit chascun penner
> De belles fleurs bon fruict (z) porter,
> Quant a XXX ans est arrivés ;
> Entre les bons soit renommé (s),

---

(23) Voir M.-R. Jung, « Poetria », *Vox Romanica* 30 (1971) 62-63.
(24) Morawski, no. 1464 : à comparer au no. 1462.

> Fort et hardi (s) se doit monstrer,
> *Saigement* se doit gouverner. (25)

C'est la première fois que l'idée d'une sagesse enfin acquise apparaît dans le texte : trente ans représentent donc bien un tournant dans la vie de l'homme. Et on se souviendra que dans la vie du Christ le même âge a une importance exceptionnelle, puisqu'après trente ans de silence il commence son enseignement : « Et ipse Iesus erat incipiens quasi annorum triginta, (...) » (*Luc,* 3/23). Voici quelques réflexions que ce passage biblique a suscitées parmi les exégètes. Selon Petrus Comestor le baptême du Christ par Saint Jean Baptiste correspond à la fin du cinquième âge et au début du sixième. Jésus n'a attendu trente ans que pour obéir à la loi :

> Post triginta annos venit Iesus ad baptisma legem
> veterem soluturus. (...). Per. XXX. annos iustitiam
> legis ad impleverat et tunc venit ad baptisma evan-
> gelium doctorus. Quasi cumulum cunctis observationibus
> legis imponens. (26)

Dans une note marginale de la *Biblia vulgata* (*cum glossa et marginalibus*) l'idée que le Christ doit nous servir d'exemple s'exprime avec force. Après un passage où le chiffre trente est expliqué par la multiplication de trois (mistère de la Trinité) fois dix (le décalogue) (27), nous trouvons les lignes suivantes :

> Beda. Tricesimo anno baptizatur. Facit miracula,
> docet : ut reprimat temerarios qui omnem aetatem
> ad hoc officia idoneam credunt, quod non est. (28)

C'est ce qu'explique aussi le magister à son élève dans l'*Elucidarium* d'Honorius Augustodinensis :

(25 J. Morawski, « Les Douze Mois figurez », *Archivum Romanicum* 10 (1926) 361. On trouve une reprise presque textuelle de ces vers dans le *Chevalier errant* (1403-04 ?) de Thomas III de Saluces : sur la porte de la chambre d'Avis est en effet gravée une poésie divisant la vie de l'homme en douze étapes. Mai, c'est le roi des mois, le mois où « devient ly homs fors » (cité d'après E. Gorra, « Il Cavaliere Errante di Tommaso III di Saluzzo », ds. *Studi di Critica Letteraria*, p. 70).

(26) *Scholastica Historia Sacre Scripture Brevem Nimis et Expositam Exponentis*, édition de 1480 (Zentralbibliothek Zürich, Hss. Rb 8), chap. XXXIII : « De Iesu baptismo ».

(27) Le chiffre trente peut également s'appliquer au mariage. Voir le commentaire d'Albert le Grand à *Matthieu* 13/8 mentionné par V.F. Hopper, *Medieval Number Symbolism*, p. 104 : il propose une multiplication des trois biens conjugaux par les dix commandements.

(28) *Biblia vulgata*, Zentralbibliothek Zürich, Hss. Bibl. 13-15, fol. CIIIro. Elle date du 15ᵉ siècle.

D. - Quare in tringinta annis nec docuit nec signum fecit ?
M. — Exempli gratia venit in mundum. Ideo voluit prius
    facere et tunc docere, (...). Per hoc ergo exemplum
    praebebat ne quis ante legitiman aetatem docere
    praesumat vel prius velit docere quam discat, (29)
    L'exemple de Jésus sert au chancelier Gerson pour s'élever
contre ceux qui ont à la fois honte d'être pauvres et peur de
travailler ; le fils de Marie n'était pas oiseux en sa jeunesse,
« ainsois ouvroit du mestier de Joseph jusquez a l'aage de trente
ans ou environ quant il commença a praichier, (...) (30).

    Le huitain XV du *Testament* peut donc être lu au moins à deux
niveaux : ou Villon se réfère simplement à une segmentation de
la vie humaine en douze âges correspondant aux douze mois de
l'année, ou alors, comme l'a déjà fait Rutebeuf, il se compare implicitement au Christ. On trouve des indices invitant soit à l'une
ou à l'autre interprétation : d'un côté les huitains XII à XVI sont
pleins de références à la Bible, de l'autre c'est l'esprit des *Douze
Mois Figurez* qui va s'imposer à partir de la strophe XXII avec la
série de motifs traditionnels liés au thème de la pauvreté. Si l'on
opte pour la première solution (lectio facilior), Villon accuse ses
dénigrateurs de ne pas tenir compte des lois qui régissent l'évolution de toute vie humaine. Dans le deuxième cas (lectio diffi-
cilior), il les assimile aux ennemis du Christ ; et au huitain XVI il
envisage de mourir comme « ung homme inique » (v. 123), c'est-
à-dire sur la croix. Mais ce n'est là qu'une hypothèse dont Villon
démontre immédiatement l'inutilité : l'identification avec le Christ
est suggérée, mais pas consommée. Il reste que, comme le Christ,
il se croit désormais le droit d'enseigner, car l'expérience ne lui
manque pas (huitain XII), et il a pris conscience de ses fautes
passées. Le style proverbial des *Regrets* vient confirmer ces intentions didactiques : trente ans, c'est l'âge de la raison, que l'on
se réfère à la vie humaine en général, ou à celle du Christ en
particulier — lequel, d'ailleurs, doit nous servir d'exemple en nous
apprenant à parler seulement après avoir fait nos expériences.
C'est du moins l'avis d'Honorius, de Bède et de Gerson.
    Mais, me dira-t-on, trente ans c'est aussi l'âge d'un mulet.

    — Tu as trente ans ! — C'est l'aage d'ung mulet.
    — Est ce enfance ? — Nennil. — C'est donc foleur

---

    (29) Y. Lefèvre. *L'Elucidarium et les lucidaires,* p. 386 : il s'agit de la
question no. 137.
    (30) « Pour la fête de la desponsation Notre Dame » (26 septembre
1413), ds. *Œuvres complètes,* vol. VII/p. 290.

Qui te saisist.
(FPV, XIII/v. 12-14)

Sous-jacent au passage cité nous retrouvons la double opposition : trente ans vs. enfance et raison vs. folie. Le Cœur et Villon sont d'accord que l'enfance est passée ; mais le Cœur reproche à son maître de ne pas se comporter comme un homme mûr, c'est-à-dire d'agir en fou (31). Mais que signifie la réponse du « je » que trente ans, c'est l'âge d'un mulet ? La tradition populaire le présente comme un animal stérile, dont les excréments et la salive peuvent servir de médicaments (32). Un passage de la *Genèse* jette quelque lumière sur la réponse énigmatique de Villon :

> Et hi filii Sebeon : Aia et Ana. Iste est Ana qui invenit
> aquas calidas in solitudine, cum pasceret asinos
> Sebeon patris sui ; (..)   (*Genèse,* 36/24)

Ce passage est commenté de la façon suivante dans la *Biblia Vulgata* :

> Alii dicunt quod equarum greges ab asinis primus ascendi ut *muli contra naturam nascerentur.* (33)

Barthélémy l'Anglais reprend, lui aussi, cette idée qu'Ana, neveu d'Esaü, a été le premier à croiser des ânes avec des juments, rappelle ensuite que selon Aristote le mulet est stérile et précise :

> La mulle ne porte nulz faons : mais le mulet qui est
> chault pource que il est masle, engendre par adventure
> en aulcuns temps et en aulcuns pays : et ce qu'il engendre est moult estrange et contre nature si comme dit
> Aristote ou .XVI. Livre des Bestes. (34)

Nous retrouvons à peu près les mêmes indications dans le *Speculum Naturale* de Vincent de Beauvais, mais enrichies de quelques remarques sur le caractère du mulet :

> Mulus est animal versutum, retrocalcitrando quippe
> mulioni insidias praetendit, ac pede magistrum suum

---

(31) Comme Rutebeuf, Villon semble assumer le rôle d'un fou dans le *Testament* : voir p. 58-60 du présent travail.

(32) Voir H. Bächtold-Stäuble, *Handvörterbuch des Aberglaubens*, à la voix : « *Maultier* ». Dans la *Ballade des Langues ennuyeuses*, Villon propose également d'employer « l'escume d'une mulle poussive » (FVT, v. 1436) : les vertus thérapeutiques de cet animal lui sont connues, mais l'ajout de « poussive » souligne l'ironie du conseil.

(33) Zentralbibliothek, Zürich, Hss.Bibl.13, chap XXXVI : « He autem sunt generations Esau ». Pour l'interprétation du texte de Villon, il n'est peut-être pas sans importance qu'Esaü est celui qui a renoncé à son droit d'aînesse et reçoit de son père une bénédiction qui le voue à une vie errante (*Genèse,* 27). L'élu de Dieu, c'est Jacob ; et Villon se croit la victime d'une fatalité (FPV XIII/3lss.).

(34) *Le Propriétaire des Choses,* chap. XVIII/LXX : « Du mullet ».

stimulantem percutit. Stimulis etiam inobediens est,
(...) (35)

Le chapitre 67 : « De mulorum generatione » offre une explication possible pour le rapprochement entre le chiffre trente et
le mulet :

> Plin. ubi supra. Muli, ut dictum est, un solstitio
> generantur. Partus à *tricesimo* mense ocyssimus, sed
> à trimatu legitimus.

Concluons ! Le mulet est un animal négatif (36) que caractérisent à la fois la ruse et l'obstination. Entêté, il refuse d'obéir
comme Villon rejette tous les conseils que lui prodigue son Cœur.
Bref, ils sont tous deux contre nature : le mulet, parce qu'il est le
fruit d'une union artificielle, Villon, parce qu'il ne se soumet pas
aux lois de la vie humaine. Dans la ballade comme dans le *Testament,* Villon définit son propre cas par rapport à un modèle
généralement valable ; il procède donc comme ses prédécesseurs.
Mais chaque fois la transgression de la loi commune est suggérée,
soit par les dénigrateurs du poète, soit par son Cœur. Dans les
Regrets, le moi de Villon va assumer le rôle du moraliste ; l'auditeur fera-t-il confiance à un homme dont la mureté est contestée ?

Par contre, le discours d'Octovien de Saint-Gelais s'impose dès
l'abord comme un discours sérieux. Bien qu'âgé de seulement
24 ans, il rumine, solitaire et mélancolique, d'amères pensées sur
la vie. Dame Sensualité ne manque pas de lui reprocher une telle
attitude :

> Vieillir, mon Dieu, que veult ce dire et ceulx qui ont
> les cinquante ans, que diront ilz quand en l'aage d'ado-
> lescence ainsy voulés ia murmurer comme homme vieil. (37)

Cette situation au début du *Séjour d'Honneur* n'a rien d'une
confession autobiographique ; aux yeux d'un public médiéval ou
pré-renaissant, elle devait assumer une valeur emblématique. Ce
qu'Octovien de Saint-Gelais re-propose, c'est l'opposition traditionnelle entre la sensualité et la volonté ou, comme le formule
Robert Gaguin, entre la raison et la sensualité (38). Ces deux
forces déchirent tout homme dans deux directions contraires : la

---

(35) *Speculum Naturale*, chap. XVIII/LXV : « De mulo ».
(36) Voir par exemple les legs que Villon, testataire, fait à Pierre de
Saint-Amant (*Lais,* ht. XII/ *Testament,* ht. XCVII) : la mule y a une
place de choix.
(37) *Le séjour d'Honneur,* B.N. fonds fr. 12'783/fo. 17vo.
(38) R. Gaguin, « Passe-Temps d'Oysiveté », ds. *Epistole et orationes,*
vol. II/p. 378-80 : lire avant tout la strophe XLI. — Sur le problème de

sensualité est en effet « inclinans ad corporis delectationem », la volonté nous pousse « ad bonum substantiale naturae » (39). Si le protagoniste s'était retiré dans un lieu solitaire, c'était pour suivre la voix de la sagesse et échapper aux tentations de ce monde, tenant ainsi compte d'un avertissement que Jacques Legrand avait formulé au début du 15ᵉ siècle :

> (...) Sapience, laquelle requiert lieu solitaire
> comme dit Prosper en son livre Epigramaton. Mais
> plusieurs desirent a devenir sages & clers, &
> toutesfois ilz suivent seculieres & mondaines occupa-
> cions, lesquelles empeschent toutes contemplacions. (40)

Mais le jeune homme du *Séjour d'Honneur* n'est pas encore mûr pour une vie contemplative ; il suivra donc dame Sensualité. Reprenant la schéma narratif du pèlerinage, inspiré de Guillaume de Digulleville, Octovien de Saint-Gelais va nous conduire d'une étape à l'autre de la vie humaine, jusqu'à ce que son héros rencontre enfin Raison et se retire à l'hermitage d'Entendement. Même mouvement symbolique et généralement valable d'une folle jeunesse à une sage vieillesse dans des textes comparables comme : le *Chemin de Vaillance* de Jean de Courcy, le *Chevalier Délibéré* d'Olivier de La Marche, (41) et, en partie, dans la *Concorde des deux Langages* de Jean Lemaire ; le thème de l'errance apparaît alors qu'il a quitté Vénus (amour) et s'approche du rocher où se situe le palais de Minerve (sagesse). Les figures mythologiques jouent ici un rôle traditionnellement réservé aux personnifications : celui de représenter les étapes de la vie humaine jusqu'à ce que le « je » rencontre, vers la fin, Entendement (La Marche, Saint-Gelais), Labeur Historien (Jean Lemaire) ou s'achemine vers le Port de Salut((Jean de Courcy). Les moralités connaissent aussi le schéma du « Stationenweg » (42) et retracent les errances de l'homme entre le chemin de Perdition et le chemin de Salvation. La sagesse n'est acquise qu'après une période de fourvoiement plus ou moins longue. Ce qui dans les domaines théâtral et narratif

---

l'autobiographie chez Octovien de Saint-Gelais, voir : S. Cigada, « Introduzione alla poesia di O. de Saint-Gelais », *Aevum* 39 (1965) 244-65.

(39) Vincent de Beauvais, *Speculum Naturale*, chap. XXVIII/LVI.

(40) *L'Archiloge Sophie*, B.N. fonds fr. 24'232/fo. 14ro.

(41) Pour un résumé et une analyse, voir R. Menage, « Le voyage délibéré du chevalier de La Marche », ds. *Voyage, quête et pèlerinage dans la littérature et la civilisation médiévales*, p. 209-19.

(42) Voir W. Helmich, *Die Allegorie im französischen Theater des 15. und des 16. Jahrhunderts*, p. 163-80 ; il rappelle que l'image du cheminement est d'origine biblique.

est un point d'arrivée, sert de point de départ aux regrets lyriques :
un homme déjà revenu de ses erreurs jette un regard en arrière.
Deux structures de base apparentées réapparaissent chaque fois,
identiques. La persistance même de ces schémas invite à les considérer comme des *cadres-types,* susceptibles peut-être d'intégrer
des éléments « réalistes », mais ne constituant pas nécessairement
une notation à valeur autobiographique. La *Complainte de François Garin,* écrite peu avant le *Testament,* semble pourtant refléter
les revers de son auteur, marchand à Lyon. Mais pour exprimer
sa douleur, celui-ci a recours au même modèle d'écriture que ses
prédécesseurs : le discours proverbial envahit — comme chez
Taillevent — des strophes entières, soulignant la portée générale
que le facteur entend conférer à l'œuvre. C'est un savoir (v. 33-35/
42), une sagesse découverte à l'orée de la vieillesse (v. 173-76)
qu'il s'agit de transmettre. Une telle prise de conscience tardive
est, aux yeux de Philippe de Navarre, une loi de la vie humaine :

> Premierement doit on quesnoistre soi meismes
> (au « moien age »), et se doit on amesurer et
> retraire des folies que l'an a fait en jovrant (...) (43)

C'est la connotation profondément humaine d'une telle attitude
(accompagnée ici d'un « nosce teipsum » proche de la sensibilité
moderne) qui aura incité le public des 19e et 20e siècles à voir
dans les poésies d'un Taillevent et surtout d'un Villon une confession sincère et personnelle (44).

4.2.2 *Michault Taillevent et Pierre Chastellain*

Le *Passe Temps* s'ouvre sur une prise de conscience répétée
que reflète l'emploi du verbe « penser » dans chacune des six
premières strophes. La prise de conscience du *Temps Perdu* est
déclenchée par la lecture de l'œuvre de Taillevent ; Chastellain
invite ce dernier à réfléchir à la vie humaine d'un point de vue
plus chrétien. Le même moralisme inspire, au début du *Temps*

---

(43) *Les Quatre Ages de l'Homme,* p. 53.
(44) La prédilection pour des moments cruciaux qui permettent de
jeter un regard sur le passé, se retrouve en effet dans des textes modernes
à valeur autobiographique : on pensera à Stendhal (début de la *Vie de
Henry Brulard*), Simone de Beauvoir (début de la *Force de l'Age*), Aragon
(*La Chambre de Don Quichotte*)... C'est donc là une attitude foncièrement
humaine qui rapproche les auteurs médiévaux de notre propre sensibilité.

Recouvré, les 77 vers de réflexion générale sur la condition humaine ; Chastellain a désormais 43 ans et entre en vieillesse (45). Mais le poème n'oppose guère un passé heureux à un présent douloureux ; partout c'est le temps grammatical du présent qui s'impose (46), comme il s'impose dans le *Temps Perdu.* Dès le début, des vers à allure proverbiale se mêlent aux plaintes du « je » sur son état actuel, le passé ne s'immisce qu'en sourdine — sauf dans la deuxième partie où l'auteur retrace les étapes de sa vie (47).

Dans le *Passe Temps* le discours s'organise autour d'une durée éclatée. La fuite du temps est le thème dominant, Jeunesse et Vieillesse les personnifications les plus importantes (48). Taillevent emploie l'image de la maison de Jeunesse — comme Rutebeuf parlait de la maison de Pauvreté —, image qui, liée à l'emploi des verbes séjourner, entrer et sortir (PT, v. 58/225/378), suscite l'idée d'un pèlerinage de vie humaine. Cette impression de mouvement est renforcée par l'emploi des temps : jusqu'au septain XXVII le passé domine pour s'effacer ensuite. Dans cette première partie, le présent (auquel nous rattachons les occurrences du passé composé) apparaît soit en tant que contraste avec le passé, soit en tant que prise de conscience (49). S'accusant d'avoir dissipé le temps de sa jeunesse, plaidant toutefois non-coupable, Taillevent est comme surpris dans une attitude de défense :

> Mais a mon docteur alleguier,
> Aucune honte peusse avoir :
> Trop *cuidier* vient de peu *savoir.*
> (PT, v. 152-54)

L'opposition « cuidier »/« savoir » correspond à celle entre jeunesse et vieillesse ; double opposition traditionnelle déjà employée dans la ballade MLXXVII d'Eustache Deschamps, qui représente, du point de vue thématique, un *Passe Temps* en miniature. L'auteur y compare, à la suite d'une longue tradition, les quatre âges de l'homme au cycle de la nature (50). Même image aux septains LXIII-LXX du *Passe Temps* dont les idées et les

---

(45) *Temps, Recouvré,* v. 407ss., ds. F. Pascal, *Pierre Chastellain,* p. 224-25 (B.N. fonds fr. 2266/fo. 19 ro).
(46) Sur la structure du *Temps Recouvré,* voir le chap. 3.1.3.
(47) Voir la page 147 du présent travail.
(48) Elles ne manquent pas tout à fait chez Pierre Chastellain.
(49) Contraste : *Passe Temps,* v. 88/96/97/102/103/123/176/177/178/180 ; Prise de conscience : *Passe Temps,* v. 113-14/117/129/136.
(50) Voir l'étude de R. Tuve, *Seasons and Months,* Paris, 1933. On se rappellera en passant que les *Quatre Ages de l'Homme* sont le titre d'une œuvre de Philippe de Navarre, écrite vers 1265.

métaphores sont souvent proches des *Douze Mois Figurez* ; les étapes de la vie y sont comparées aux mois de l'année, et en juin (à 36 ans) l'homme devrait désormais être sage ; en septembre il devrait posséder assez de biens pour vivre sans souci l'automne de sa vie, son grenier étant plein (voir aussi PT, v. 456-62). De véritables systèmes de pensées préexistants au poème, sous-tendent le discours chez Taillevent ; dans ce jeu combinatoire avec des éléments traditionnels qu'est le *Passe Temps,* tout tend au général.

4.2.3. *François Villon : les « Regrets »*

Le *Lais,* comme le *Testament,* s'ouvre par une prise de conscience. Dès le début, le « je » est rapproché d'un « on » impersonnel (FVL, v. 5/8) : Villon adopte l'attitude qu'on attend de tout testateur. Et le huitain VIII vient rappeler la fragilité d'une vie humaine menacée par la mort, double motif presqu'obligatoire dans un testament : on le retrouve dans le *Testament de l'Amant trespassé de Dueil* de Pierre de Hauteville et dans celui que Jean Regnier insère dans les *Fortunes et Adversitez.* Chaque fois, le « je » propose une sorte de bilan, jette un regard en arrrière, insère des réflexions d'ordre général ; la parenté avec les textes présentés jusqu'ici n'est que trop évidente. Les *Regrets* de Villon (FVT, ht. XII-LVI) se rattachent sans difficultés à ce filon littéraire : après une première prise de conscience, interrompue dès le sixième vers du *Testament,* en voici une seconde au huitain XII, cette fois située au passé. Ceci n'est pas sans rappeler le début du *Passe Temps* où une première prise de conscience se situe sept ans avant la rédaction du poème (51). Dans les deux cas le point de départ est *l'expérience personnelle :*

Travail mes lubres sentemens,
Esguisez comme une pelocte,
M'ouvrist plus que tous les commens
D'Averroys sur Aristote.
(FVT, v. 93-96)

---

(51) Le premier vers du *Passe Temps* : « Je pensoye n'a pas sept ans », est à rapprocher des vers 45-46 du *Roman de la Rose* :
    Avis m'iere qu'il estoit mais,
    il a ja bien .V. anz ou mais,
Là aussi, une indication temporelle qui crée une distance entre le moment créateur et l'événement qui fait l'objet du récit.

> Mais a renouer et refaire
> *Trouvay trop* en mes pesans fais :
> A longue voye pesans fais.
>   [PT, v. 5-7 (52)]

Il est significatif que l'expérience de Meung précède le huitain XII du *Testament* : « Travail » renvoie aux « peines eues » (FVT, v. 4) qui déclenchent les invectives contre Thibault d'Aussigny. Tout au long des onze premiers huitains Villon se présente comme une victime, et le « je » se définit à travers la relation moi-société, rapport de force qui oppose l'évêque (le seigneur) au « serf » (FVT, v. 12). Le « je » est complément d'objet de verbes au passé ou, s'il est sujet, il régit un verbe à valeur passive. Seulement au présent apparaît un « je » actif, criant vengeance dans des vers que nous rattacherons au niveau extradiégétique. Or, le « je »-objet et l'emploi du passé ne cessent de dominer jusqu'au vers 105 :

> Je suis pecheur, je le sçay bien.
>   (FVT, v. 105)

Le mouvement général du *Testament* correspond à celui du *Passe Temps :* on nous présente d'abord un passé qu'une prise de conscience assume après-coup. Cette durée éclatée semble refléter l'expérience d'une vie, impression d'une intrusion de la réalité qui se trouve renforcée de deux manières : après s'être présenté comme une victime, Villon se met à *plaider* non-coupable (53). Dans les onze premiers huitains il multiplie les indications de temps, lieux et personnes, nous incitant ainsi à croire à la réalité de l'emprisonnement de Meung. De cette expérience unique naît une prise de conscience que suivent des réflexions d'ordre général ; dans l'économie de l'ensemble l'expérience assume la fonction d'un *exemple* transcendant le niveau individuel. Ceci d'autant plus que les onze premiers huitains suivent de près le développement du psaume CVII (54) ; les parallélismes sous-jacents entre la souf-

---

(52) A comparer à la *Povreté Rutebeuf,* v. 1-3 :
   Je ne sai par ou je coumance
   Tant ai de matyere abondance
   Por parleir de ma povretei.
L'expérience (négative) précède le moment créateur ; ce n'est pas là le début d'une confession, mais plutôt une ouverture à caractère formulaire, dont on trouve des échos dans les *Congés* d'Arras, et qu'on pourrait rapprocher de la mélancolie initiale chez les poètes du 15e siècle.
(53) Même attitude que chez Taillevent ; voir p. 156 du présent travail. Au sujet des procédés employés, voir H. Lausberg, *Handbuch der literarischen Rhetorik,* §§ 411/426.
(54) Voir N. Edelman, *The Eye of the Beholder,* p. 31-37.

france du psalmiste et celle du pauvre écolier ne devaient guère
échapper au public de l'époque. Les parallélismes avec l'exemple
de Diomède viennent confirmer cette tendance implicite au général.
Le développement de la pensée suit les deux fois la même
courbe (55) :
a) expérience personnelle → moment réflexif (ht XIV)
b) exemple (de Diomède) → moment réflexif (ht. XXI)
        A l'intérieur des *Regrets* le vers 105 (ht. XIV) fonctionne
comme un pivot ; après, les temps du passé n'apparaissent plus
que sporadiquement, le passé composé même est rare (56), et les
deux constructions hypothétiques se référant au passé (ht. XXI/
XXVI) servent de contraste au présent. Cette suite de réflexions
est assumée par des interventions testimoniales (FVT, v. 185/297/
302/305) dont les trois dernières se placent dans la partie la
plus générale des *Regrets* où le « je » s'efface. Après avoir parlé
de son propre cas, Villon porte son regard sur « les autres », il ne
le ramènera définitivement sur soi qu'au vers 657 :
        De moy, povre, je vueil parler.
        (FVT, v. 657)
        Le mouvement est le même dans le *Passe Temps* : jusqu'au sep-
tain XXXI le discours est écrit à la première personne, le discours
impersonnel domine ensuite pendant presque trente strophes.
A même titre que les interventions testimoniales qui mettent en
évidence le moment réflexif, ces va-et-vient entre le « monde »
et la propre expérience témoignent du caractère didactique commun aux deux textes : c'est une sagesse que le poète communique,
le cas personnel s'insère dans un cadre plus vaste. Ce balancement
entre « on » et « je », nous l'avons déjà rencontré chez Rutebeuf ;
il réapparaît dans tous les autres textes mentionnés, observation
qui ne saurait étonner, puisque chaque prise de conscience assumait dès l'abord une valeur symbolique et générale.

4.3. *Vers une valorisation du « je »* ?

Première impression : le rapprochement entre « je » et « on »/

---

(55) Mouvement analogue dans le *Miroir de la Mort* de George Chastelain : les sept premières strophes constituent une scène montrant le poète
au chevet de sa dame morte, expérience qui déclenche une suite de
réflexions (générales) sur la mort.
(56) *Testament,* v. 109/170/172/176/187/193/217/300.

« chacun » etc. semble être lié a certains thèmes — ainsi ceux de la pauvreté et de la mort commune à tous les hommes. Le deuxième thème apparaît aussi dans le *Joli buisson de Jonece* sous la forme d'une réflexion sur le Jugement dernier et la résurrection des morts (v. 800-17), quoique le poème soit axé sur la redécouverte du passé amoureux. Lorsqu'il parle de la fuite du temps (v. 376-84), Froissart retrouve un ton général en paraphasant la Bible, comme le feront, après lui, le *Prisonnier desconforté* (v. 166-69/ 1778-81) et François Villon [FVT, v. 218-22 (57)]. Dans le *Joli Buisson de Jonece* la tendance au général est renforcée par la présence de personnifications et par la comparaison de son propre amour à celui d'Achille et Polyxène (v. 625ss.) ; la mytho-logie confère une nouvelle dignité à la propre expérience. Seules les énumérations des mécènes (v. 230ss.) et des œuvres de l'au-teur (v. 446ss.) créent l'impression d'une expérience individuelle ; mais ces deux passages s'intègrent à la première partie du *Joli Buisson* qui sert d'introduction à la vision qu'a le poète après avoir indiqué la date de l'œuvre (1373) et s'être endormi (v. 847-871). L'entrée en vision a ici la fonction de signaler le passage de la « réalité » à la fiction (58) ; le « je »-héros du rêve ne saurait être identifié au « je »-narrateur de la première partie : il y a dédoublement, dédoublement souligné par l'invitation de Philoso-phie de remonter au passé, bien que le temps de la jeunesse soit révolu. Retourner à la jeunesse, c'est franchir une distance tem-porelle. Le portrait qui va définitivement ouvrir les portes du souvenir, voilà bien longtemps que le poète ne l'a plus regardé :

---

(57) Il s'agit d'une référence implicite soit au psaume CI, soit à *Job* VII/6. On la rencontre déjà chez les goliards (voir « Pulvis es », ds. *Canti goliardici medievali*, p.p. L. Vertova, vol. II/p. 42). Le motif de la prise de conscience du pécheur (*Testament*, v. 106-12 ; *Fortunes et Adevrsitez*, v. 2991-96 ; *Prisonnier desconforté du Château de Loches*, v. 1598-1601) est aussi d'origine biblique ; le texte de base est *Ezéchiel* XVIII/23 auquel on s'inspire fréquemment au 15ᵉ siècle (voir G. Frank, « Proverbs in Me-dieval Literature », *Modern Language Notes* 58 (1943) 511). Villon le transforme en se servant de la première personne, mais laisse persister la comparaison avec « tout autre » pécheur aux vers 108-09 : son cas garde une valeur paradigmatique.

(58) Froissart en est parfaitement conscient, puisqu'il prévoit le re-proche, souvent formulé, qu'une vision ne saurait être véridique :

Si m'endormi en un tel songe
Ou nulle riens n'a de mançonge.
(Vers 870-71)

Car il a bien .VII. ans entiers,
Quoi que g'i pense volontiers,
Que je n'ouvri ne fui au coffre. (59)

Le « je » de la première partie, figure du narrateur (60), est en même temps une figure de l'auteur, c'est-à-dire de Jean Froissart, personnage historique : le caractère référentiel des énumérations des mécènes et des œuvres permet une identification, à même titre que la liste des œuvres au début de *Cligés,* la mention de « ma dame de Chanpaigne » au premier vers du *Chevalier de la Charette* nous renvoient à la figure historique de Chrétien de Troyes. Quoique plus développés que chez Chrétien, les éléments autobiographiques restent limités chez Froissart : en plus, ils sont intégrés au rôle que joue le « je » — narrateur (extradiégétique), de sorte que nous ne saurions les considérer isolément. Une telle subordination de l' « autobiographie » à d'autres buts (didactiques, moraux, etc.) est caractéristique pour la littérature médiévale, du 13ᵉ au 15ᵉ siècle.

4.3.1. *Les poèmes « lyriques »*

Les *Congés* de Jean Bodel et de Baude Fastoul présentent un monde où les rares personnifications symbolisent presque exclusivement l'état psychique du « je » (Honte, Pitié, Ennui, Joie) et non pas les grandes forces qui régissent le sort du genre humain tout entier (61). Ce phénomène d'intériorisation trouvera son expression la plus consommée dans l'œuvre de Charles d'Orléans ; en se servant d'un nombre impressionnant de personnifications, le duc réussit à conférer une grande densité psychologique à son moi poétique (62). Les *Congés* n'y parviennent pas : ils sont

---

(59) *Joli Buisson de Jonece,* v. 541-43. On remarquera la parenté avec l'ouverture du *Passe Temps* (voir p. 157) !

(60) Le dédoublement est inévitable, lorsqu'il y a vision : s'endormir et transcrire, à la fin, ce qu'on a vu, fait partie du rôle du narrateur. Chez Froissart, l'intervention de Philosophie souligne le statut fictionnel du « je »-narrateur, puisque le dialogue se réalise entre un être humain et une personnification.

(61) Seul apparaît Dieu, force métaphysique à statut spécial dans la hiérarchie médiévale.

(62) Voir P. Zumthor, « L'allégorie chez Charles d'Orléans », ds. *Mélanges... R. Lejeune,* vol. II/p. 1481-1502.

avant tout marqués par l'atmosphère de la ville d'Arras, et le
nombre des personnages énumérés (et identifiés par la critique)
confère un cachet de véracité au monde décrit. Mais les deux
poèmes se rencontrent, malgré d'évidentes différences de ton, dans
leur démarche généralisatrice et leur ambition exemplaire (63).
Le « je » reste souvent complément d'objet d'un verbe régi par
« on »/« chascun » — au point que Baude Fastoul constate que
le monde entier le dédaigne (v. 302-303) ; ainsi apparaît la figure
de l'exclu dans un conflit essentiellement humain qui oppose le
moi aux autres, figure qui rappelle, malgré l'arrière-fond dramatique de la lèpre, le protagoniste de *Dives eram et dilectus* :

> Unde vilis et neglectus,
> A deiectis sum deiectus, (64)

La quasi-absence de personnifications est caractéristique pour
beaucoup de dits. Le satirique *Dit des Avocats* (65) présente une
violente critique des juristes sous forme de brèves scènes alternant
avec des passages généraux ; la critique est déclenchée par l'expérience du « je », lui-même victime des manœuvres des avocats
(v. 58-69). Nous retrouvons le balancement caractéristique entre
« je » et « on », rapprochement que Jean Regnier opère dès la
première apparition du pronom « je » dans les *Fortunes et Adversitez* (v. 126-28). Victime avant tout de dame Fortune, son moi
poétique acquiert une valeur exemplaire ; ceci d'autant plus que
les exemples de patience qu'on lui propose de suivre (Job, bon
larron, Théophile), orientent son expérience dans un sens chrétien. Le poème de Jean Regnier s'ouvre d'ailleurs sous le signe
du Christ, l'exemple par excellence de la souffrance. Les indices
d'une individualisation du moi du poète ne manquent pourtant
pas : à l'exception de Fortune, toutes les personnifications symbolisent les hauts et les bas du prisonnier condamné à l'attente ; le
personnage acquiert une certaine densité psychologique. Jean Regnier a femme et enfants, des compagnons de misère, eux aussi
à la merci de ses « maistres » (v. 262/270) : ce petit monde se
peuple, des noms apparaissent çà et là. Ses propres malheurs se
reflètent dans les malheurs de la France (v. 1573ss.) : d'où l'em-

---

(63) Voir M. Zink, « Le ladre, de l'exil au Royaume. Comparaison
entre les Congés de Jean Bodel et ceux de Baude Fastoul », *Sénéfiance* 5
(1978) 71-88.
(64) O. Dobiache-Rojdesvensky, *Les poésies des Goliards*, p. 186 : voir
aussi, à la page 184, les vers suivants de l'*Invectio contra Goliardos* : « Os-
cula materna fugis et documenta paterna/Deseris eterna bona pro brevitate
moderna./Vilis et ignotus, ab utroque parente remotus ».
(65) *Romania* 12 (1883) 209-19.

ploi du pronom « nous », expression du sentiment patriotique
d'appartenir à une nation, tel qu'il apparaît déjà dans le *Quadrilogue Invectif* d'Alain Chartier (66). L'emploi du même pronom
dans le *Prisonnier Desconforté* souligne la profonde différence
entre ce texte et celui de Jean Regnier ; il apparaît dans la prière
finale, censée intégrer la chrétienté tout entière (67). C'est bien
le rôle du pécheur que le « je » assume de plus en plus au cours
du poème, et l'optique chrétienne permet de dépasser le niveau
personnel. La prison même, qui chez Regnier représente une
situation réelle définissant son moi poétique par opposition aux
autres personnages, devient dans le *Prisonnier desconforté* le symbole de la vie humaine en général :

> Tous les humains tiens en prison
> Entredeux, le ciel et la terre.
> [v. 1880-81 (68)]

Dans le balancement entre expérience personnelle et monde
(v. 222ss.), le *Prisonnier desconforté* se considère néanmoins
comme le plus malheureux des êtres. Une définition par opposition affleure, vague, presqu'aussi vague que l'allusion au passage
du roi au château de Loches (ballade no. V). Le *Donet* de Jean
Molinet éveille la même impression d'un discours volontairement
général ; à la place des personnifications, le recours à la grammaire comme système d'expression fait dominer l'impression
d'un jeu, cohérent en soi, où les rapprochements entre un « je »
que n'individualise aucun effet de réel, et le « on » sont fréquents.

On admettra qu'au 15ᵉ siècle encore l'ouverture à la réalité extérieure reste timide. Jean Regnier constitue un cas exceptionnel ;
le schéma narratif sous-jacent à son poème crée une temporalité
interne qui facilite l'intégration d'éléments réalistes. L'étude des
œuvres narratives confirmera cette possibilité ; l'œuvre de Regnier
se situe en marge des textes « lyriques » auxquels nous devons
rattacher Villon et Taillevent.

---

(66) Au sujet du « nous » dans le *Quadrilogue,* consulter F. Rouy, *L'Esthétique du traité moral d'après les œuvres d'Alain Chartier,* p. 272-
286 : « Du côté des locuteurs : les emplois du « je » et du « nous ». Le
« nous de concitoyenneté », comme l'appelle F. Rouy, se transforme, dans
le *Petit Jehan de Saintré,* en un « nous épique » : lors de la croisade
contre les infidèles, Antoine de La Sale parle de « nos gens » (p. 221) —
il retrouve le ton des chansons de geste, du début de la *Chanson de Roland.*
(67) La prière finale dans les *Fortunes et Adversitez* est une prière pour
la France !
(68) Le thème de la *prison* apparaît au début des deux œuvres majeures
de Villon : à l'« amoureuse prison »(FVL, v. 15) répond la « dure prison de

4.3.2. Taillevent, Chastellain et Villon

Les indices d'une volonté de créer un monde à valeur générale sont multiples dans le *Passe Temps* : prolifération du style proverbial impliquant un nombre impressionnant de strophes où le « je » s'efface (69). Il arrive que le pauvre prenne la parole (sept. LIII), victime des mêmes personnifications que le moi poétique de Taillevent, c'est-à-dire : Vieillesse (10 fois), Jeunesse (9 fois), Pauvreté (4 fois), Esperance (3 fois), Dieu (2 fois), Fortune (1 fois). Les personnifications représentent en majeure partie les grandes forces de l'univers médiéval, et l'auteur s'applique à leur conférer le statut d'authentiques puissances agissant contre les êtres humains. Les verbes que régissent Pauvreté, Jeunesse, Vieillesse et Mort se rattachent aux champs sémantiques de la chasse et de la guerre ; Jeunesse est une personne qu'on peut aimer (PT, v. 142), Vieillesse et Pauvreté prennent la parole (v. 204/562), Espérance se présente sous les traits d'une mère qui allaite son enfant (sept. XXVII). Çà et là, Taillevent tâche de décrire la personnification (v. 149/591-93), procédé qui rapproche le *Passe Temps* des quêtes narratives où les personnages allégoriques acquièrent une vie propre — phénomène que l'on constate également dans les moralités (70).

Le première partie de *Temps Perdu* de Pierre Chastellain fait naître la même impression d'un monde abstrait où le « je » vit une expérience exemplaire ; l'auteur reprend le ton du *Passe Temps* auquel il veut répondre, il met en scène les mêmes personnifications. Dans le *Temps Recouvré* elles se font rares, mais le

---

Mehun » (FVT, v. 83). Ce renoncement à un vocabulaire métaphorique souligne la différence profonde entre les deux ouvertures.

(69)   La première personne n'apparaît que dans 54 strophes. Le style proverbial sous-jacent est, rappelons-le, commun à Chastellain et à Taillevent. Voir le chap. 2.1.2.1. du présent travail.

(70) Voir W. Helmich, *Die Allegorie im französischen Theater des 15. und des 16. Jahrhunderts,* p. 73/130ss. — Dans le *Livre du Cuer d'Amours espris,* p.p. S. Wharton, le roi René d'Anjou présente des personnifications qui se comportent comme des êtres humains (voir D. Poirion, « L'allégorie dans le Livre du Cuer d'Amours espris de René d'Anjou », *TraLiLi* 9/2 (1971) 53) : ainsi, Bel Accueil déclare être l'homme lige de dame Esperance (p. 53), et Cuer la considère à la fois comme sa mère et sa suzeraine : « Ma dame Esperance et me mere », dit-il au début d'un discours (p. 57).

ton reste caractérisé par l'importance du discours impersonnel. A travers les références répétées au séjour en Italie de l'auteur, l'œuvre s'ouvre à la réalité extérieure, bien que subordonnée à un but moral ; seuls des détails font vrai. Dans le *Passe Temps* par contre le didactisme se réflète jusque dans le moindre détail. Plus proche de l'esthétique d'un Rutebeuf que de celle d'un Pierre Chastellain, Taillevent insère une scène (sept. XLII-XLVI) au *Passe Temps*. Il y décrit la vieillesse aisée d'un homme riche et conclut :

> Ainsi en viellesse s'aise on.
> (PT, v. 330 ; voir aussi v. 323)

La valeur exemplaire de ce bref tableau est mise en évidence par les réflexions générales qui suivent. Les *images* mêmes dont se sert l'auteur, ne sont jamais au service de l'individualisation du « je », jamais elles ne créent un effet de réel. Lorsqu'il désire des « pois et du lard » (PT, v. 474), il fait allusion à deux mets traditionnellement associés (71) et dont le rapprochement est, au 15e siècle, proverbial :

> Qui veult bien rimer contre pois,
> Au monde ne peult mieux que lart. (72)

L'image du boulanger qui enfourne son pain (sept XXXVII-XXXVIII) apparaît, dans le même contexte (une jeune fille pleure sa jeunesse perdue), dans le *Lay du Desert d'Amour* d'Eustache Deschamps (73). Tout caractère référentiel manque à la mention de « Cartaige » (v. 527) qui désigne traditionnellement un lieu lointain, difficilement accessible (74). Aux vers 39-41 Taillevent oppose à sa propre insouciance le sérieux des actes codifiés par les chartes. Nous retrouvons le même renvoi générique dans le *Prisonnier desconforté* (v. 366-70) ; aucun de ces deux exemples n'est comparable à la référence précise des vers 545-48

---

(71) *La Pacience de Job,* v. 1172-73, les considère comme la pitance du pauvre (ce qui justiferait le désir de Taillevent) ; le fabliau des *Trois Bossus Ménestrels* les présente comme un festin. — Tout aussi usée est l'image de *la nef* (PT, v. 113-14).

(72) « Sottie des Menus Propos », v. 153-54, ds. *Recueil général des sotties,* p.p. E. Picot, vol. III. Déjà Horace (*Sat.* II, 6, 63) avait rapproché fèves, légume et lard :
> O quando faba Pythagorae cognata simulque
> uncta satis pingui ponentur oluscula lardo !

Ce passage semble trouver un écho dans le *Curial* d'Alain Chartier, où il est question des fèves de Pythagore et des choux d'Horace (voir *Œuvres latines,* p.p. P. Bourgain-Hemeryck, p. 358-59).

(73) *Œuvres complètes,* vol. II/p. 187-88.

(74) Voir le *Roman de la Rose,* v. 5348-49.

du *Songe de la Thoison d'Or,* poésie encomiastique fortement ancrée dans la réalité historique de l'époque.

Les personnifications sont rares dans les *Regrets* de Villon (75), mais elles y sont distribuées de façon stratégique : aux huitains XII et XIII le « je » est objet de Travail et de Dieu, un certain fatalisme pèse sur la persona de Villon. En même temps ces deux forces nous révèlent un « je » oscillant entre l'espoir et la conscience de son malheur. Mais c'est avant tout à travers le rapport « je »-autres (76) que se définit le moi de Villon, une définition basée sur le principe du contraste — et ceci pas seulement lorsqu'apparaît le thème de la pauvreté (comme chez Rutebeuf ou Taillevent). L'opposition met chaque fois en évidence l'insignifiance du propre cas comparé à de fameux exemples d'origine historico-littéraire :

a) les grands de jadis → le « povre marcerot »

(FVT, v. 417)

b) les célèbres victimes de Fortune → le « soullon »

(FPV, X/v. 10)

c) les amants célèbres → l'amant bafoué

(FVT, v. 657ss.)

L'expérience du pauvre Villon n'est pas unique. A ses plaintes font écho celles de la Belle Heaulmiere (77), du vieillard (FVT, v. 431-36), des mendiants (v. 235-36). Eux aussi font figure d'exclus, eux aussi sont des victimes de leur entourage. L'aspect didactique ne manque pas : la Belle Heaulmiere considère sa propre expérience comme exemplaire (v. 532) et tient à faire la leçon aux jeunes filles — comme Villon la fera plus tard aux enfants perdus (FVT, v. 1660ss.). Ainsi les différents personnages qui peuplent le monde du *Testament* s'intègrent à des groupes sociaux : le pronom « nous » apparaît dans la bouche de la Belle

---

(75) C'est pourtant la partie qui en connaît le plus : Dieu (v. 101/102/106/112/161/246), Jeunesse (v. 172/176), Travail (v. 95), Pauvreté (v. 277/éventuellement v. 281), Conscience (v. 111), Cœur (v. 284). Certaines personnifications agissent comme de véritables personnages, mais parfois l'ironie n'épargne pas cette façon traditionnelle de s'exprimer : l'attitude de Villon est ambigue (voir p. 87 du présent travail).

(76) Il ne fait qu'affleurer dans le *Passe Temps* aux vers 512-15 : le pronom indéfini « nul » est mis en parallèle avec le « vent », force météorologique. L'allusion reste on ne peut plus vague.

(77) Ses plaintes opposent passé et présent, la prise de conscience (v. 487/490) provoque un dédoublement de son « je », caractéristique pour le discours personnel de Rutebeuf à Villon. Les regrets de la Belle Heaulmiere s'apparentent néanmoins surtout au discours de la vieille dans le *Roman de la Rose*, v. 12'731ss.

Heaulmiere s'identifiant aux « povres vielles soctes » (FVT, v. 526), et le « je » s'en sert à plusieurs reprises. Comme tout homme, il se sait condamné à mourir ; un mouvement de compassion pour le pauvre vieillard devient possible (v. 423) — une sorte de dialogue s'établit entre les personnages. Dans la hiérarchie sociale la place du moi est clairement indiquée :

> Mais aux povres qui n'ont de quoy
> Comme moy, Dieu doint pascience.
> (FVT, v. 245-46)

L'emploi du jargon jobelin (FVT, v. 695) suggère, pour le public de l'époque, un rapprochement entre le moi du poète et les Coquillards, dont le procès avait eu lieu en 1455 à Dijon (78). La première partie de la *Ballade de mercy* s'adresse également à des gens en marge de la société « officielle » ; dans la seconde partie, maître François refuse de crier merci aux puissants qu'il ne craint désormais plus. Ainsi réapparaît, à la fin du *Testament,* la dialectique moi — société que thématisent déjà les onze huitains introducteurs et le huitain XVI. Le même sentiment d'exclusion domine lorsqu'il parle de sa famille :

> Povreté tous *nous* suit et trace.
> (FVT, v. 277 ; voir aussi v. 181-84)

Dans ce même huitain apparaît le nom d'un parent de Villon : « Orrace ». Le huitain suivant mentionne Jacques Cœur, nom dont la connotation référentielle est évidente. C'est également un nom à valeur emblématique : pour ses contemporains Jacques Cœur était l'exemple par excellence des caprices de Fortune. Tout aussi emblématique est le nom de Horace :

a) on a pu voir dans le nom de Villon une combinaison de « vil » + « hom(s) » (79) ; le lecteur décèlera dans le nom de « Orrace » la combinaison « ord (e) » + « race ».

b) pour le moyen-âge Horace est le poète de la « mediocritas » qui permet à l'homme d'échapper à l'emprise néfaste de dame Fortune (80). Quoique le huitain XXXV parle de la misère, on se souviendra que le nom du poète latin est fréquemment associé

---

(78) Voir F. Villon, *Ballades en jargon,* p.p. A. Lanly, p. 11ss.

(79) Voir P. Paioni, « I proverbi di Villon », *Studi Urbinati* 45 (1971) 1131 ; un tel décodage du nom de Villon cadre bien avec le rôle que le moi du poète assume avant tout dans les *Regrets.* On pensera également au décodage, beaucoup plus audacieux, proposé par P. Guiraud, dans le *Testament de Villon ou le gai savoir de la Basoche,* Paris, 1970.

(80) Voir B. Latini, *Li Livres dou Tresor,* chap. II/106 ; A. Chartier, « Le Curial », ds. *Œuvres latines,* p. 358-59.

au thème de la pauvreté, rapprochement opéré plus d'une fois par le *Roman de la Rose* (81).

Le huitain XXXV reprend le thème de l'exclusion, mais l'applique, du moins implicitement, à la figure du poète. Il n'y a pas que la relation entre le moi et la société qui soit problématique ; on se souviendra que Villon thématise à plusieurs reprises les difficultés inhérentes à la relation auteur — public (82). Les différents niveaux du discours villonien se font écho, le message acquiert une cohérence extraordinaire : quel que soit le thème, le « je » du poète se présente comme une victime, un exclu, un incompris. La structure même du *Testament,* avec ces débats où l'on émet des doutes quant aux affirmations du poète, vient renforcer cette impression : un discours « fragile » semble échapper à tout moment au contrôle de l'auteur (83), les changements de ton sont fréquents — alors que de tels contrastes n'affleuraient que timidement chez Taillevent grâce à l'insertion de quelques septains grivois (84). Le *Testament* s'ouvre à une réalité aux multiples facettes, ce qui permet à l'auteur d'intégrer à l'œuvre différents points de vue, passant du discours personnel au discours impersonnel ou cédant la parole à d'autres personnages. Chez Rutebeuf et surtout chez Taillevent, en partie même chez Pierre Chastellain, on percevait sous chaque « je » la présence du « on », du « chacun ». Villon connaît plutôt une interpénétration des deux types de discours : le cas individuel renvoie à l'expérience collective, l'expérience collective rappelle le cas individuel. Thématiquement, les *Regrets* sont imprégnés de souvenirs littéraires, d'expressions bibliques ou proverbiales ; et les parallélismes entre les différentes expériences présentées contribuent à la valeur didactique de l'ensemble. Les *Regrets* ne sauraient être considérés comme une page autobiographique (85).

4.3.3. *Les quêtes et les pèlerinages*

Dans le sillage du *Roman de la Rose* et du *Pèlerinage de Vie Humaine* de Guillaume de Digulleville, le 15ᵉ siècle a produit un

---

(81) Voir P. Brockmeier, *François Villon,* p. 93-95.
(82) Voir le chap. 1.2.5.
(83) Voir les pages 124-125 du présent travail.
(84) *Passe Temps,* sept. LVI-LVIII ; même passage du sérieux au grivois chez Villon, *Testament,* ht. XXV (au début des *Regrets*).
(85) C'est sur la partie des legs, avec ses centaines de noms propres,

nombre appréciable de poèmes allégoriques à structure narrative. L'anonyme *Dit de Remors et Cheminant* (deuxième moitié du siècle) est un poème essentiellement lyrique, mais le cadre contient les éléments constitutifs que développent les différentes quêtes : motif du cheminement symbolisant la vie humaine, rencontre tardive avec une personnification (Remords) qui déclenche une prise de conscience. Le but didactique est mis en évidence par le rapprochement initial de « on » et « je », ainsi que par les exhortations que Remords n'adresse pas seulement au « je », mais à tous les états de la société, puisque personne ne saurait échapper à la mort :

Et pensez que vous ne savez l'eure ;
Ayez grant peur d'estre soupprys !
Vous savez bien que la demeure
N'est pas tousiours en cest pays.
Vous veez morir grans et petits :
N'est nul qui par ce pas ne passe ;
La Mort fait que chascun trespasse.

Ne roy ne duc n'en est exempt,
Ne nul aultre de nul estat.
Il n'est qui se rende absent,
Ne qui serve par advocat :
Contre la mort ne vault debat (86)

Dans les quêtes narratives, comme celles de Jean de Courcy et d'Olivier de La Marche, l'allégorie représente un système cohérent où chaque détail est mis au service du didactisme : il suffit de parcourir les noms des lieux et des personnifications pour s'en rendre compte. Alors que chez Jean de Courcy les tableaux accrochés aux murs du Palais du Monde représentent les sept âges de l'homme, le *Chevalier délibéré* s'ouvre sur l'image

---

qu'on s'est appuyé pour trouver des informations sur la vie et les milieux que fréquentait François Villon. L'impression de réalité qui se dégage de cette partie, est comparable à celle que l'on rencontre dans les *Congés* d'Arras ou dans le *Jeu de la Feuillée* d'Adam de La Halle, pièce où le public découvrait sur scène des gens connus de la ville, des connaissances ou même des parents : Ph. Ménard, « Le sens du " Jeu de la Feuillée " », *TraLili* 16 (1978) 393, y voit « un spectacle satirique qui fait penser aux revues d'étudiants ».

(86) Bibliothèque municipale de Lille, BML MS. 342/fo. 4vo. On notera en passant le style proverbial du passage cité, ce ton moralisateur qu'on rencontre dès la première strophe du poème. La parenté de ce texte avec la *Danse aux Aveugles* et le *Pas de la Mort* qui se trouvent dans ce même manuscrit, est frappante.

des saisons symbolisant traditionnellement les étapes de la vie humaine. Le « je »-héros comme les personnifications revêt des armures dont les parties ont une valeur allégorique (87), de sorte que l'ensemble acquiert une *densité fictionnelle* où la réalité personnelle et historique ne s'immisce que timidement. Le cimetière de mémoire du *Chevalier délibéré* nous offre une liste de personnages qui nous conduit de la Bible et de l'Antiquité au 15ᵉ siècle (88). Les membres de la maison ducale de Bourgogne sont l'un après l'autre victime de Débile ou d'Accident : eux aussi partagent le sort humain, et l'exemple historique incite à la réflexion générale qui s'exprime dans une série de strophes moralisantes. L'auteur offre un « miroir » à ses contemporains (89). Telle est aussi l'intention d'Octovien de Saint-Gelais qui qualifie le *Séjour d'Honneur* de « traictié de la vie humaine » [v. 8784 (90)]. Chez lui aussi les rapprochements entre « on » et « je » sont fréquents, et Sensualité conduit le moi du poète à travers un monde allégorique peuplé de personnifications. C'est à l'instar d'Adam et d'Eve qu'ils traversent la Forêt des Aventures, c'est une danse de « tous estatz » (v. 3309) qui rassemble les anciens et les contemporains de l'auteur dans l'Ile de Vaine Espérance : digne héritier des rhétoriqueurs, Octovien de Saint-Gelais recherche l'universalité. Mais chez lui s'instaure une symbiose entre la réalité historique et le monde allégorique ; comme René d'Anjou ou Oliver de La Marche, il mentionne des personnages historiques, parmi lesquels — cadavre flottant sur les ondes — il reconnaît son propre père, Pierre de Saint-Gelais. Dès ce moment (livre III) le « je » devient identifiable, même si cette rencontre sert à révéler au pèlerin sa misérable condition humaine (v. 2134ss). Plus tard celui-ci découvre son ancien professeur, maître Martin Magistri, dans un groupe de poètes ; il se souvient de ses études à Paris et, enfin saisi de regrets, il dira adieu aux villes où il a passé sa jeunesse (v. 8014ss.). Le *Séjour d'Honneur* offre une valori-

---

(87) Même procédé dans le *Cuer d'Amours espris* de René d'Anjou. Chez Olivier de La Marche l'armure représente les forces psychiques dont dispose l'homme ; mais la densité psychologique des poésies d'un Charles d'Orléans reste étrangère à ce texte.

(88) Même façon de développer l'énumération dans les trois ballades de l'« ubi sunt » du *Testament*.

(89) *Le Chevalier délibéré*, fo. F.i./ro.

(90) Après une folle jeunesse, il se trouve, comme tout homme, au croisement de deux chemins, rappel du passage biblique où Saint Matthieu (VII/14) oppose le chemin de la Salvation au chemin de Perdition. Comme dans les moralités, le héros choisira le large chemin de Perdition et commencera son long voyage.

sation du moi du poète à un degré inconnu au 15ᵉ siècle, malgré l'intrusion de la réalité personnelle chez Jean Regnier (91). Au début du siècle, Christine de Pisan fait figure d'exception : dans le *Livre de Mutacion de Fortune* elle mentionne son père et son origine italienne. Toutefois, l'allégorie triomphe bientôt : son père possédait des pierres précieuses aux vertus particulières, Nature est sa mère, et elle-même une victime de Fortune. Comme dans le *Livre du Chemin de Long Estude,* le voyage correspond à une quête ayant pour but la connaissance scientifique du monde ; une recherche qui est le prélude à un discours final où triomphe le didactisme (92). Cette volonté d'enseigner se retrouve dans tous les textes présentés, et aussi dans l'œuvre d'un contemporain de Christine de Pisan, lui aussi d'origine italienne : Thomas III de Saluces. Son *Chevalier errant* rapporte les aventures d'un héros que ses tribulations conduisent de la cour d'Amour au royaume de Fortune et finalement à la demeure de dame Connaissance « qui bon conseil savoit donner » (93) : elle le fera dormir dans la chambre d'Avis, où un poème inscrit sur la porte divise la vie humaine en douze étapes correspondant aux douze mois de l'année ; et le lendemain, après la messe, elle lui expliquera le sens des aventures qu'il a vécues. Le chevalier a désormais conquis la sagesse.

A côté des éléments qui dans les œuvres (à dominante lyrique ou narrative) tendent à universaliser le discours, la réalité (historique d'abord, personnelle ensuite) pénètre çà et là dans le texte. Dans le domaine lyrique, la structure des poèmes « personnels » de Rutebeuf ou des *Congés* offraient déjà la possibilité (implicite) d'une ouverture du poème à la réalité en présentant un « je » objet d'actions découlant de forces extérieures. Pour l'évolution des quêtes, le *Pélerinage de Vie Humaine* de Guillaume de Digulleville représente un point de départ analogue. Au début du 15ᵉ siècle, le *Chevalier errant* intègre à la quête, à côté de récits puisés dans la littérature, les faits de personnages histo-

---

(91) Sur le problème de l'autobiographie chez Octovien de Saint-Gelais, voir p. 153-154 du présent travail. — Ajoutons qu'à l'ouverture de l'allégorie à la réalité correspond une ouverture à différentes sources d'inspiration (Antiquité, Italie, France) : voir aussi chap. 1.1.2.

(92) Voir S. Gompertz, « Le voyage allégorique chez Christine de Pisan », ds. *Voyage, quête, pèlerinage dans la littérature et la civilisation médiévales,* p. 195-208.

(93) E. Gorra, « Il Cavaliere Errante di Tommaso III di Saluzzo », ds. *Studi di Critica Letteraria,* p. 22.. Le *Chevalier errant* a probablement été écrit en 1403-1404, à la cour de Charles VI.

riques (94) ; ce n'est qu'avec le *Séjour d'Honneur,* poème écrit
à la première personne, —alors que le siècle se clôt—, que cette
ouverture, possible grâce à la multiplicité des épisodes et des
détails, est vraiment exploitée : Octovien de Saint-Gelais devient,
à travers la fiction du récit, un témoin de son temps.

Dans le domaine lyrique l'évolution ne semble pas linéaire ;
mais les *Fortunes et Adversitez,* poème-limite entre récit et lyrisme,
risquent de fausser la perspective. De Rutebeuf aux *Regrets* de
Villon, le type d'écriture reste étonnamment stable. On a d'abord
le choix entre un discours avec ou sans personnifications, ce qui
permet de distinguer deux filons ; on notera que les poètes gra-
vitant dans l'orbite d'une cour ont tendance à préférer les personnifications — comme Taillevent qui est, de ce point de vue, plus
proche des rhétoriqueurs que de Villon ou de Rutebeuf. Mais
partout le discours tend au général, soit parce que derrière chaque
« je » on décèle la présence du « on », soit parce qu'il y a interpénétration des discours personnel et impersonnel, comme chez
Villon. Sa façon d'écrire représente une variante d'un type d'écriture traditionnel qu'il transgresse dans le sens qu'il accède ainsi
à une valorisation majeure de son moi poétique, défini à travers
un système de contrastes et de comparaisons (95) ; dans le domaine
du discours caractérisé par une forte présence de personnifications,
Charles d'Orléans lui fait pendant.

---

(94) E. Gorra, « Il Cavaliere Errante di Tommaso III di Saluzzo », ds.
Studi di Critica Letteraria, p. 5.

(95) Le cas du *Temps Recouvré* de Pierre Chastellain n'est pas comparable : dans ce tissu de pensées, d'associations, c'est grâce à tel ou tel
détail mentionné incidemment que le « je » s'individualise. Le même remarque s'impose pour le *Séjour d'Honneur* d'Octovien de Saint-Gelais,
quoique les (rares) références à une réalité historique ou personnelle soient
intégrées de façon plus systématique, c'est-à-dire au cours d'épisodes cruciaux.

CHAPITRE V

CONCLUSION

Au 15ᵉ siècle, le poète n'échappe pas à l'emprise d'une tradition souvent vieille de plusieurs siècles. Il puise largement dans un fonds thématique hérité de l'Antiquité, de la Bible et du moyen âge. Dans les domaines les plus différents de la production littéraire au 15ᵉ siècle, on exploite les mêmes procédés de clôture, les mêmes techniques pour structurer le discours ; de là l'impression d'une continuité, d'un « langage d'époque » qui doit beaucoup à ses prédécesseurs et auquel participent François Villon et Michault Taillevent. Le rapprochement de ces deux auteurs ne se justifie pleinement qu'au moment où l'on aborde le problème du moi du poète : prise de conscience tardive des fautes passées (à un moment crucial de la vie), regrets, bilan d'une vie — voilà les éléments qui semblent inviter à parler d'une « poésie personnelle ». L'étiquette, riche en connotations romantiques, reste néanmoins dangereuse, qu'on l'applique à Rutebeuf et aux *Congés* de Jean Bodel et Baude Fastoul (1), ou qu'elle serve à définir la poésie du 15ᵉ siècle : les œuvres de Taillevent, Pierre Chastellain, François Villon étaient, pour leurs contemporains, profondément didactiques (2). La « delectatio et utilitas » — un lieu commun de l'époque — est également le but poursuivi par les quêtes et les pèlerinages de vie humaine, pendants narratifs aux regrets lyriques.

---

(1) Voir à ce sujet M. Zink, « Le ladre, de l'exil au Royaume. Comparaison entre les « Congés » de Jean Bodel et ceux de Baude Fastoul », *Sénéfiance* 5 (1978) 71, page dans laquelle il s'élève contre la projection de l'image du « poète maudit » sur les auteurs arrageois.

(2) Encore Clément Marot parlera, dans sa préface à l'édition des œuvres de Villon, de la « bonne doctrine » du poète parisien.

De Pierre Chastellain à Octovien de Saint-Gelais, l'effet de réel ne pénètre l'œuvre qu'au niveau du détail ; Villon, de son côté, réalise une certaine individualisation de son moi poétique en altérant un modèle d'écriture traditionnel qu'illustre parfaitement, au 15ᵉ siècle, le *Passe Temps*. Chez Rutebeuf et encore chez Taillevent, « je » et « on »/« chacun » s'équivalent ; le *Testament*, monde poétique que peuplent différents personnages, multiplie les points de vue (3), et le discours oscille entre « je », « il », « on » et « nous ». Au niveau extradiégétique comme au niveau diégétique, le moi de Villon apparaît sous la figure du pauvre, de l'incompris, bref, de l'exclu ; un moi poétique qui se définit à travers un jeu poussé de contrastes et de parallélismes, d'où naît l'illusion d'un reflet de la réalité (sociale) déchirée du Paris de la deuxième partie du 15ᵉ siècle.

Continuation (de la tradition) *ET* transgression (d'un horizon d'attente), voilà ce qui distingue François Villon d'un Michault Taillevent. Œuvre d'une profonde unité, contenu (4) et structure du *Testament* s'impliquent mutuellement, système de correspondances où les transformations opérées à un modèle d'écriture traditionnel se chargent de sens. Ainsi la structure : l'épine dorsale (le thème majeur) qui, des *Congés* au *Passe Temps*, assurait la cohérence de l'ensemble, disparaît. D'où l'impression d'un discours plus libre, plus proche des flux et reflux de la pensée, allées et venues que proposait, déjà en 1451, le *Temps Recouvré ;* mais chez Pierre Chastellain tout se résout en un jeu associatif où l'on glisse d'un thème à l'autre, thèmes d'ailleurs tous repris du *Temps Perdu*. La liberté, chez lui, n'excède pas certaines limites. En plus, il n'élabore pas le passage d'une strophe à l'autre avec le soin qu'apporte Villon pour assurer un fil continu du discours ; l'auteur du *Testament* se sert de procédés traditionnels d'enchaînement comme s'il craignait — c'est là du moins la première impression d'un lecteur moderne — de voir le texte s'interrompre brusquement, sombrant dans le silence. La parole du poète lui-même est sujette à caution, comme le sont, dans l'univers du *Testament,* les autorités, les proverbes et la parole humaine [et divine ! (5)] en général. Le public, méfiant, interrompt le discours du poète, exprime ses doutes et pose des questions. L'œuvre

---

(3) Voir W. Calin, « Observations on Point of View an the Poet's Voice in Villon », *Esprit Créateur* 7 (1967/3) 180-87.

(4) Dans ce système d'oppositions/relations qu'est le *Testament,* les *thèmes traditionnels* (gloire, pauvreté, exclusion) se chargent de nouvelles connotations. Voir les chap. 1.2.1./1.2.4./4.1.2.

(5) On relira de ce point de vue le huitain XLVI.

s'ouvre ainsi à la critique extérieure, à des débats au centre desquels réapparaît chaque fois le thème de la parole. De telles ouvertures permettent aux rhétoriqueurs, poètes de cour, de confirmer la supériorité du « facteur » sur son public ; dans plusieurs passages du *Testament,* à la fin du *Lais,* Villon se profile comme poète du doute, de la poésie mise en question. Mais il ne renonce pas à parler !... Notre auteur a opté pour le registre de l'ironie, et son œuvre pourrait bien être un jeu où la moquerie n'épargne ni les personnages, ni le poète, ni le public ; le *Testament* serait-il l'envers ironique de la poésie officielle ?

Un peu plus de vingt ans séparent le *Testament* du *Passe Temps :* réalisations d'un même type d'écriture, les deux poèmes témoignent d'un profond changement d'attitude de l'auteur envers son œuvre. La confiance dans la parole du poète dont témoigne l'œuvre de Taillevent, annonce les rhétoriqueurs — au même titre que l'emploi à des fins essentiellement rhétoriques du proverbe dans le *Passe Temps.* Mais des changements s'affirment également dans le domaine de la poésie de cour, et ceci surtout dans les années soixante : avec les *Douze Dames de Rhétorique* et les complaintes de Simon Greban s'exprime une attitude pré-renaissante, caractérisée par une *sensibilité accrue* quant aux problèmes de la langue et au travail du poète. Le *Testament,* également écrit après 1460, témoigne de la même prise de conscience ; seulement, les rhétoriqueurs sont fascinés par les ressources de la langue ; Villon en souligne les incohérences. Eux, ils désirent enrichir, recherchent un « style d'apparat » (6), soignent l' « ornatus » et, dans le dernier quart du 15ᵉ siècle, ouvrent de plus en plus leurs œuvres à de nouvelles sources d'inspiration — parmi lesquelles l'Italie (7). Villon, lui, propose le thème de la parole fragile et réalise une œuvre où s'effritent les structures traditionnelles, où triomphent l'ironie et le double sens. Alors que le rhétoriqueur,

---

(6) Le terme est d'E. Auerbach, *Mimésis,* p. 253 ; il l'applique à une scène du *Petit Jehan de Saintré* où, il est vrai, le style d'apparat se réalise d'une autre manière que chez les rhétoriqueurs, sensibles, surtout dans le domaine lyrique, aux ressources phoniques de la langue.

(7) Dans ses grandes lignes l'histoire de la réception des œuvres de Pétrarque et de Boccace vient confirmer un changement d'esthétique dans la poésie française après 1460. En 1452, l'œuvre de Pierre Chastellain ne garde aucune trace littéraire du séjour en Italie de l'auteur. Les écrits didactiques (latins) avaient pourtant depuis longtemps retenu l'attention soit des humanistes (également sensibles aux phénomènes de style), soit des poètes. La France y redécouvrait ses thèmes et ses préoccupations traditionnels ; ainsi Martin Le Franc, influencé par la pensée de Pétrarque dans l'*Estrif de Fortune et de Vertu ;* ainsi George Chastelain pour qui Boccace est un « docteur de pacience en adversité » (*Temple de Boccace*). Le didactisme

« praeceptor principis » (8), chante le triomphe du Verbe, Villon représente le poète dont l'œuvre vise à déconcerter le public.

Fils de la même époque, les rhétoriqueurs et François Villon témoignent de cette nouvelle sensibilité qui, nourrie de forts éléments traditionnels, se manifeste au cours des années soixante. Mais Villon, poète de la dénigration, crée un monde incompatible avec celui de la poésie à la cour des princes ; au premier abord, il fait figure d'isolé. Mais son attitude de doute, sa mise en ques-

---

domine encore les résumés sentencieux que Robertet (vers 1476) et, un peu plus tard, Molinet donnent des *Trionfi ;* ainsi, les poètes français ont été d'abord sensibles à l'aspect moral de la littérature italienne, et c'est seulement vers la fin du siècle que s'affirmera une sensibilité aux nouveautés stylistiques d'outre-monts, ouvrant les portes à l'épanouissement du pétrarquisme au 16ᵉ siècle. Mais bien avant ce renouveau poétique, les *Douze Dames de Rhétorique* avaient opposé l'Italie aux Flandres, et Jean Robertet à George Chastelain au nom de l'esthétique :

> C'est en Ytalie, Montferrant, sur qui les respections
> du ciel influent *ornez parlers* et vers qui tirent toute
> *doulcheur* elementaire pour là fondre *armonie.* (...).
> Mes est (= Chastelain) flandrin homme de pallus bes-
> tiaux engrossis de meubles qui les organes encombrent,
> qui endorment les esperis (...)
> (Ms. Med. Palat. 120/fo. 268ro-268vo)

Peu après, Jean Miélot, également issu du milieu bourguignon, traduira le passage du quatorzième livre du *De Genealogia* où Boccace défend la dignité du poète. L'estime dans laquelle le rhétoriqueur tient son propre travail, laisse prévoir la possibilité d'une émulation entre les deux cultures ; et, premier poète français à le faire (influencé par les protestations d'un Nicolas de Clamanges ?), Simon Greban attaque Pétrarque dans sa *Complaincte de la Mort de Jaques Millet* (B.N. fonds fr. 1716/fo. 23ro) pour avoir affirmé que « oratores et poetae extra Italiam non quaerentur » (*Seniles,* IX/1) ; et il fait même dire à dame Rhétorique que, si Milet avait vécu plus longtemps, « on l'eust de lorier coronné/Comme les poetes à Romme ». Une telle opposition entre la France et l'Italie ne s'affirmait pas dans le cimetière des poètes d'amour du *Cuer d'Amours Espris* (1457) : le laurier n'y est pas seulement décerné à Ovide et aux poètes italiens, mais aussi à un Français, Jean de Meun, dont la tombe a exactement la même hauteur que celle de Boccace. Seuls les tombeaux d'Ovide et de Pétrarque dominent vraiment les autres ; ce sont là les maîtres de la poésie amoureuse, le premier en tant qu'auteur de l'*Ars Amandi,* le second en tant que novateur incomparable de la lyrique d'amour. Mais tous les poètes, sans exception, ont droit à une épitaphe de douze vers alexandrins, donc à une strophe carrée dont le mètre est, à l'époque, réservé avant tout aux sujets illustres. On se demandera seulement pourquoi René d'Anjou ne nomme aucun poète français ou bourguignon du 15ᵉ siècle, le sixième et dernier tombeau étant celui d'Alain Chartier.

(8) En 1452, Jacques Milet, « humble translateur », se compare au lierre qui s'entoure autour du chêne, arbre noble représentant le prince au service duquel il travaille (Charles VII). (Citation d'après M.-R. Jung, « Jacques Milet et son Epître épilogative », *TraLiLi* 16 (1978) 252-53). Les rhétoriqueurs seront encore conscients du lien de dépendance qui les unit

tion du message poétique, de façon à corroder la relation auteur-public, tout cela se retrouve dans le théâtre de l'époque, et surtout dans les soties (9). Des liens étroits rattachent le *Testament* au monde des tréteaux ; dès le début, le moi du poète assume le rôle d'un sot, « ne du tout fol ne du tout saige » [FVT, v. 3 (10)]. Et à la fin, il prend congé de son auditoire en se servant d'une formule courante dans les pièces de la deuxième moitié du 15ᵉ siècle. Une attitude comparable à celle de François Villon affleure plus tard chez un autre représentant du milieu du palais d'où est sortie la Basoche : Guillaume Coquillart. Pourtant, dès le début du siècle, un certain scepticisme quant à la valeur de la parole humaine, de la sagesse que transmettent les proverbes et les autorités, transparaît dans les cercles humanistes ; çà et là s'exprime la crainte de voir le propre texte altéré et maltraité, crainte où affleure timidement la notion de la propriété litté-raire (11). Une influence sur la littérature d'expression française ne peut pas être exclue ; mais, dans l'état actuel des recherches dans ce domaine, il est difficile d'établir à quel point le rayon-nement des foyers humanistes parisiens au début du 15ᵉ a dépassé les limites d'un cadre restreint. En plus, surtout à l'époque de la deuxième génération des humanistes (Fichet et Gaguin), alors que l'université s'ouvre résolument à de nouvelles idées, la certitude l'emporte de loin sur le doute : humanistes et rhétoriqueurs se rencontrent dans la conscience d'un renouveau des lettres.

D'un côté, les humanistes et les rhétoriqueurs, poètes de cour ; de l'autre, le monde de la dénigration, celui des sots et de François Villon (12), l'exclu (13) pour qui l'arme du rire représente à la

---

au mécène (voir Molinet, *Gaiges Retrenchiés*), mais leur confiance dans le pouvoir de la parole les porte à se juger l'égal du prince ; de là les louanges aux bons facteurs, les épitaphes pour des artistes défunts.

(9) Et dans le théâtre scolaire, comme en témoigne le *Veterator* !

(10) L'ambiguïté du discours villonien n'est pas seulement annoncée par ce vers qui invite l'auditeur à ne pas trop prendre au sérieux ce qu'on va lui dire. Elle l'est également par la polyvalence du titre « testament », à laquelle le public de l'époque était sensible ; voir V.R. Rossmann, *François Villon, les concepts médiévaux du testament,* surtout p. 31ss.

(11) Les huitains LXXV et CLXXIV où Villon altère à la fois des for-mules testamentaires et littéraires, semblent bien trahir une prise de cons-cience comparable.

(12) Celui de Rutebeuf aussi qui, dans la *Griesche d'Yver* et dans le *Mariage Rutebeuf,* assume le rôle d'un fou : ainsi, il peut, sans commettre de sacrilège, comparer ses propres malheurs aux souffrances du Christ. Villon, deux siècles plus tard, ne procède pas autrement, lorsqu'il suggère une identification entre son moi et le Christ : voir p. 149-151 du présent travail.

(13) Avant tout dans le sens où l'entend Clément Marot, lorsqu'il sou-

fois une protection et un moyen d'attaque. Une protection, parce que l'ironie déconcerte et permet au poète de se dérober ; ses attaques contre les légataires, contre les autorités, contre la Bible même, peut-on les prendre au sérieux ? ne s'agit-il pas que d'un jeu ?

Les poètes de cour opposés à François Villon : nous retrouvons la ligne de démarcation proposée à la fin du chapitre consacré au moi du poète : au monde de l'allégorie, Villon oppose un univers axé sur les rapports humains (14), donnant ainsi consistance à sa persona littéraire. Au cours de nos lectures s'est peu à peu construite une image de maître François, dont certaines caractéristiques importantes rappellent de près la légende rapportée par François Rabelais (15) : Villon, homme de théâtre (16) en conflit avec les décisions des autorités.

––––––––––

haite que Villon ait vécu à la cour des princes où les « langages se polissent ». Exclusion de caractère social aussi (thématisée dans le *Testament*) que connaissent déjà les jongleurs, tels que les présentent différents fabliaux et poèmes des 13ᵉ et 14ᵉ siècles (ainsi : *Les Putains et les Jongleurs, Saint Pierre et le Jongleur*, le *Dit des Jacobins et des Fremeneurs* de Jean de Condé, ménestrel pourtant rattaché au service d'un prince).

(14) On se gardera pourtant d'y voir une ligne de démarcation absolue ; plus le réalisme du détail pénètre dans l'univers allégorique, plus s'accentue l'interpénétration des deux types de discours. Villon lui-même a çà et là recours au procédé de la personnification ; ce n'est qu'à l'aide de la notion de dominance que l'on peut rattacher une œuvre à l'un ou à l'autre des deux filons.

(15) *Le Quart Livre*, chap. XIII. Rabelais devait être sensible à la poétique de Villon : dans son œuvre le thème de la parole est central, des doutes quant à la véracité de ses dires s'expriment, dans une sorte de débat avec le lecteur, dès le prologue de *Pantagruel*. Voir aussi B.C. Bowen, « Rabelais and the Comedy of Spoken Word », *Modern Language Review* 63 (1968) 575-80. Evidemment, l'image que Rabelais se fait de Villon s'inspire, du moins en partie, de la figure du héros des *Repues Franches*, personnage rusé qui semble sortir directement de la tradition des fabliaux et des farces. Pour Guillaume Budé, contemporain de Rabelais, Villon est le prototype même de l'imposteur (voir E.V. Telle, « Le témoignage de Guillaume Budé sur Villon », *BHR* 28 (1966) 668-69). Tributaire de la tradition ou non, cette opinion cadre bien avec l'image (littéraire) que le *Testament* — univers du doute où la ballade finale exprime par trois fois les incertitudes du public quant à la véracité du message villonien — nous offre de son auteur.

(16) Nous parvenons ainsi à une conclusion qui semble propre à corroborer les résultats obtenus par Jean Deroy, *François Villon, coquillard et auteur dramatique*, Paris, 1977. Mais cette étude recherche les signatures cachées de Villon dans différentes pièces de l'époque, afin de lui en attribuer la paternité ; une telle démarche est incompatible avec la nôtre qui, à travers une lecture du *Testament*, tâche de définir le moi poétique de François Villon.

CHAPITRE VI

ANNEXES

6.1. *Abréviations employées*

a) *Michault Taillevent* :

De	Destrousse
Di	Dialogue
STO	Songe de la Thoison d'Or
Mo	Moralité
PV	Psautier des Vilains
PT	Passe Temps
Lux	Poèmes sur la prise de Luxembourg
DCO	Débat du Cœur et de l'Œil
RF	Régime de Fortune
Lay	Lay sur la Mort de Catherine de France
CA	Congé d'Amour
BA	Bien Allée
Ed	Edifice de l'hôtel douloureux d'Amour
Res	Ressource et relèvement du douloureux hôtel

b) *François Villon* :

FVL	*Le Lais*, p.p. A. Henry/J. Rychner, Genève, 1977.
FVT	*Le Testament*, pp. A. Henry/J. Rychner, Genève, 1974.
FPV	*Les poèmes variés*, p.p. A. Henry/J. Rychner, Genève, 1977.
Henry/Rychner	*Le Testament Villon, II : commentaire*, p.p. A. Henry/J. Rychner, Genève, 1974.

c) *Autres textes* :

BDSM	A. Chartier, *La Belle Dame sans Mercy*, p.p. A. Piaget, Lille/Genève, 1949.
Morawski	*Proverbes français antérieurs au 15e siècle*, p.p. J. Morawski, Paris, 1925.
PaV	*Proverbes au Vilain*, p.p. A. Tobler, Leipzig, 1895.
RR	*Roman de la Rose*, p.p. F. Lecoy, Paris, 1966-70.

6.2. Index nominum et rerum

Cet index est destiné à permettre une certaine lecture thématique du livre, ainsi que des consultations partielles.

Nous y avons relevé les titres des ouvrages anonymes et les noms des auteurs. Pour Villon et pour Taillevent, nous distinguons entre les différentes œuvres.

Le lecteur trouvera également des entrées renvoyant aux sujets les plus importants abordés dans le livre.

Les chiffres renvoient aux pages ; nous ne distinguons pas entre un renvoi au texte et un renvoi à une note.

6.3. *Bibliographie*

La bibliographie suivante ne mentionne pas les instruments de travail, indispensables à toute recherche critique, que sont les dictionnaires et les bibliographies.

6.3.1. Textes de l'époque

L'Abuzé en Court, p.p. R. Dubois, Paris/Genève, 1973.

Adam de La Halle, *Le Jeu de la Feuillée*, p.p. E. Langlois, Paris, 1968.

Adam de la La Halle, voir : *Congés d'Arras*.

Alain de Lille, *Der Anticlaudianus*, trad. p. W. Roth, Stuttgart, 1967.

Albertano da Brescia, « Tractatus de Arte Loquendi et Tacendi », ds. *Brunetto Latinos levnet og skrifter*, p.p. T. Sundby, Copenhague, 1869, p. 85-119.

Alexis (Guillaume), *Œuvres poétiques de Guillaume Alexis*, p.p. A. Piaget/ E. Picot, Paris, 1896, 3 vol.

Alighieri (Dante), *La Divina Commedia*, p.p. T. Casini/S.A. Barbi, Firenze, 1967, 3 vol.

Alighieri (Dante), *Il Convivio*, p.p. G. Vandelli/G. Busnelli, Firenze, 1964.

Amerval (Eloy d'), *Le Livre de la Deablerie*, p.p. Ch. F. Ward, Iowa City, 1923.

Ancien théâtre français, p.p. Viollet-Le-Duc, Paris, 1854, 2 vol.

Anthologie des grands rhétoriqueurs, p.p. P. Zumthor, Paris, 1978.

Aristote, *Aristotelis Libri Omnes cum Averrois Cordubensis Variis in eosdem Commentariis*, Venetiis apud Juntas, 1574.

Aristote, *Problems*, trad. p. W.S. Hett, Cambridge/London, 1961-65, 2 vol.

Aristote, *On the Soul*, trad. p. W.S. Hett, Cambridge/London, 1964.

Arts poétiques du 12ᵉ et du 13ᵉ siècle, p.p. E. Faral, Paris, 1962.

Avicenne, *Canonis Libri V Avicennae, in Latinum Translati a Gerardo Cremonensi*, Mediolani per P. de Lavagnia, 1473, in-fol.

Avicenne, *Abugali Filii Sinae, sive ut vulgo dicitur Avicennae (...) de Morbis Mentis Tractatus*, Parisiis apud J. Huart, 1659, in-8°.

Baïf (Jean-Antoine de), « Les Passetemps de Jan Antoine de Baif à Monseigneur le Grand Prieur », ds. *Euvres en Rime de Jean-Antoine de Baif*, p.p. Ch. Marty-Laveaux, Paris, 1887, vol. IV/p. 197-450.

Barthélémy l'Anglais (de Glanville), *Le Propriétaire des Choses*, trad. p. Jean Corbichon/Pierre Ferget, Lyon, 1482, in-fol.

Baude (Henri), *Dictz Moraulx pour faire Tapisserie*, p.p. A. Scoumanne, Genève/Paris, 1959.

Baude (Henri), *Henri Baude, a Poet in Villon's Shadow*, p.p. W. Gurka, University Microfilm International, Ann Arbor, 1971.

Baudouin de Condé, *Dits et contes de Baudouin de Condé et de son fils Jean de Condé*, p.p. A. Scheler, Bruxelles, 1866-67, 3 vol.

Beroaldus (Philippus), *Oratio Proverbiorum*, Argentine, 1507.

La Bible des Poètes, Paris, A. Vérard, 1498.

La Bible moralisée illustrée, reproduction intégrale du ms. du 13ᵉ siècle, accompagnée de planches similaires et d'une notice par le Comte A. de Laborde, Paris, 1911-27, 4 vol. de fac-similés, 1 vol. de texte, in-4°.

Biblia Sacra iuxta Vulgatam Versionem, p.p. R. Weber OSB, Stuttgart, 1975, 2 vol.

Biblia Vulgata (cum Glossa et Marginalibus), Argentor, A. Rusch, 14.., 3 vol., in-fol. (ZB Zürich, ms. Bibl. 13-15).

Bible, voir : Comestor (Petrus).

Boccaccio (Giovanni), *Genealogie Deorum Gentilium Libri*, p.p. V. Romano, Bari, 1951, 2 vol.

Boccaccio (Giovanni), voir : Le Maçon (André), Premierfait (Laurent de).

Bodel (Jean), voir : *Congés d'Arras*.

Boèce (Boethius), *La Consolazione della Filosofia*, éd. et trad.p. A.M. Severino, Milano, 1977.

Bouchet (Jean), *Le Temple de Bonne Renommee & Repos des Hommes et Femmes Illustres/trouvé par le Traverseur des Voyes Perilleuses*, Paris, s.d., in-4°.

Bouchet (Jean), *Les Regnars traversant les Perilleuses Voyes des Folles Fiances du Monde*, Paris, A. Vérard, 1510.

Bucarius, « Le Pastoralet », ds. *Chroniques relatives à l'histoire en Belgique sous la domination des ducs de Bourgogne*, p.p. K. de Lettenhove, Bruxelles, 1873, vol. II/p. 573-852.

Canti goliardici medievali, p.p. L. Vertova, Firenze, 1952, 2 vol.

Castel (Jean), *Le Spécule des Pécheurs ; l'Exortation des Mondains ; l'Exemple des Dames et Damoiselles*, Paris, vers 1500.

Caulier (Achille), « La Cruelle Femme en Amour », p.p. A. Piaget, *Romania* 49 (1902) 315-49.

Charles d'Orléans, *Poésies*, p.p. P. Champion, Paris, 1971, 2 vol.

Chartier (Alain), *La Belle Dame sans Mercy*, p.p. A. Piaget, Genève/Lille, 1949.

Chartier (Alain), *Le Quadrilogue Invectif*, p.p. E. Droz, Paris, 1950.

Chartier (Alain), *Le Livre de l'Espérance*, p.p. F. Rouy, Paris, 1967.

Chartier (Alain), *The Poetical Work of Alain Chartier*, p.p. J.C. Laidlaw, Cambridge, 1974.

Chartier (Alain), *Le Curial*, p.p. F. Heuckenkamp, Genève, 1974.

Chartier (Alain), *Les œuvres latines d'Alain Chartier*, p.p. P. Bourgain-Hemeryck, Paris, 1977.

Chastelain (George), *Œuvres de George Chastelain*, p.p. K. de Lettenhove, Bruxelles, 1863, 8 vol.

Chastelain (George), *Œuvres de George Chastelain*, Biblioteca Medicea Laurenziana, Firenze, ms. Laur. Med. Palat. 120.

Chastelain (George), voir : *Enseignes des Douze Dames de Rhétorique*.

Chastellain (Pierre), *Pierre Chastellain, dit Vaillant ; étude et édition*, p.p. F. Pascal, 1944 (thèse manuscrite de l'Ecole des Chartes) (1).

Chastellain (Pierre), *Le Temps Perdu ; Le Temps Recouvré*, Paris, B.N. fonds fr. 2266 et B.N. nouv. acq. fr. 6217.

Choix de farces, soties et moralités des 15ᵉ et 16ᵉ siècles, p.p. E. Mabille, Genève, 1970, 3 vol.

Christine de Pisan, *Œuvres poétiques de Christine de Pisan*, p.p. M. Roy, Paris, 1886, 3 vol.

---

(1) L'édition de R. Deschaux, *Les Œuvres de Pierre Chastellain et de Vaillant*, Genève, 1982, a été publiée alors que nos recherches étaient déjà terminées. Comme R. Deschaux se sert du même manuscrit de base que F. Pascal, la numérotation des vers est identique.

Christine de Pisan, *Epître d'Othéa, Déesse de Prudence à Hector, Chef des Troyens*, reproduction des cent miniatures du ms. 9392 à la Bibliothèque Royale de Belgique, p.p. J. van den Gheyn, Bruxelles, 1913.

Christine de Pisan, *Le Livre du Chemin de Long Estude*, p.p. R. Püschel, Berlin/Paris, s.d.

Christine de Pisan, *L'Avision-Christine*, p.p. M.L. Towner, Washington, 1932.

Christine de Pisan, *Le Livre de la Mutacion de Fortune*, p.p. S. Solente, Paris, 1959, 4 vol.

Clamanges (Nicolas de), *Nicolai de Clemangiis Opera Omnia*, Amsterdam, I.M. Lydius, 1613, in-4°.

Clerc de Voudoy, *Les dits de Clerc de Voudoy*, p.p. P. Ruelle, Bruxelles, 1969.

Colin Muset, *Les chansons de Colin Muset*, p.p. J. Bédier, Paris, 1969.

Collerye (Roger de), *Roger de Collerye et ses poésies dolentes, grivoises et satiriques*, p.p. F. Lachèvre, Paris, 1942.

Comestor (Petrus), *Scholastica Historia Sacre Scripture Seriem Brevem nimis et Expositam Exponentis*, 1480, ZB Zürich, ms. Rb 8 (du monastère de Rheinau).

Commentaire aux Echecs Amoureux, ms. B.N. fonds fr. 24'295.

Les Congés d'Arras, p.p. P. Ruelle, Paris, 1965.

Coquillart (Guillaume), *Œuvres*, p.p. M.J. Freemann, Genève/Paris, 1975.

Courtecuisse (Jean), *L'Œuvre oratoire française de Jean Courtecuisse*, p.p. G. Di Stefano, Torino, 1969.

Courtecuisse (Jean), voir : *Sénèque des IIII. Vertus*.

Cretin (Guillaume), *Œuvres poétiques*, p.p. K. Chesney, Paris, 1932.

Croy (Henri de), *L'Art et Science de Rhétorique pour faire Rigmes et Ballades*, Paris, A. Vérard, 1493, in-fol.

La Danse aux Aveugles et autres Poesies du 15ᵉ siècle extraites de la Bibliothèque des Ducs de Bourgogne, Lille, A.J. Panckoucke, 1748.

Deschamps (Eustache), *Œuvres complètes d'Eustache Deschamps*, p.p. le marquis de Queux de Saint-Hilaire, Paris, 1878, 11 vol.

Deux jeux de Carnaval de la fin du moyen âge, p.p. J.C. Aubailly, Genève/Paris, 1978.

« Le Dit des Avocas », p.p. G. Raynaud, *Romania* 12 (1883) 209-19.

Le Dit de Remo·s et Cheminant, Bibliothèque Municipale de Lille, ms. BML MS. 342/fol. 1ro-7vo.

Les Diz et Proverbes des Sages, p.p. J. Morawski, Paris, 1924.

« Les Douze Mois Figurez », p.p. J. Morawski, *Archivum Romanicum* 10 (1926) 351-63.

Du Bellay (Joachim), *La Deffence et Illustration de la Langue Française*, p.p. H. Chamard, Paris, 1966.

L'Elucidarium et les lucidaires, p.p. Y. Lefèvre, Paris, 1954.

Les Enseignes des Douze Dames de Rhétorique, Firenze, Biblioteca Medicea Laurenziana, ms. Ashb. 51 (124)/fo. 3ro-11ro.

Erasme, *Erasmi Roterodami Germaniae Decoris Adagiorum Chiliades Tres*, Basileae in aedibus I. Frobenii, 1513.

Etymologia preclara Donati noviter exarata, Rütlingen, 1488, (Zentralbibliothek Zürich, Hss. Ra 46).

Les Evangiles des Domées, p.p. R. Bossuat/G. Raynaud de Lage, Paris, 1955.

Fabliaux et contes des poètes françois des 11, 12, 13, 14 et 15ᵉ siècles, p.p. M. Méon, Paris, 1808, 3 vol.

Fabliaux, p.p. G. Rouger, Paris, 1978.

Fabliaux français du Moyen Age, tome I, p.p. Ph. Ménard, Genève, 1979.

Fabri (Pierre), *Le Grand et Vrai Art de Pleine Rhétorique*, p.p. A. Héron. Genève, 1969.

La Farce de Maistre Pierre Pathelin, p.p. C.E. Pickford, Paris, 1974.

La Farce de Maistre Pathelin et ses continuations : le Nouveau Pathelin et le Testament de Pathelin, p.p. J.C. Aubailly, Paris, 1979.

Fastoul (Baude), voir : *Congés d'Arras*.

Fichet (Guillaume), *Epître adressée à Robert Gaguin*, Paris, 1889.

Le Franc Archier de Baignollet, suivi de deux autres monologues dramatiques, p.p. L. Polak, Genève/Paris, 1966.

Froissart (Jean), *Œuvres de Froissart*, p.p. A. Scheler, Bruxelles, 1870, 3 vol.

Froissart (Jean), *Chroniques*, p.p. G.T. Diller, Genève/Paris, 1972.

Froissart (Jean), *Le Joli Buisson de Jonece*, p.p. A. Fournier, Genève, 1975.

Gaguin (Robert), *De Arte Metrificandi*, Paris, U. Gering, s.d., in-4°.

Gaguin (Robert), *Epistolae et Orationes*, p.p. L. Thuasne, Paris, 1903, 2 vol.

Garin (François), *La Complainte de François Garin, marchand de Lyon (1460)*, Presses Universitaires de Lyon, 1978.

Gautier de Coincy, *Sermon en Vers de la Chasteté as Nonnains*, p.p. T. Numela, Helsinki, 1937.

Gerson (Jean), *Six sermons en français inédits de Jean Gerson*, p.p. L. Mourin, Paris, 1946.

Gerson (Jean), *Œuvres complètes*, p.p. Mgr Glorieux, Paris/Tournai, 1960-1974, 10 vol.

Godefredi de Traiecto Grammaticale, voir : Klinger (Chr.).

Greban (Arnoul), *Le Mystère de la Passion*, p.p. O. Jodogne, Bruxelles, 1965, vol. I.

Greban (Simon), *Complaincte faicte par Maistre Simon Greban de la Mort de Maistre Jaques Millet qui composa la Destruction de Troyes*, ms. B.N. fonds fr. 1716/fo. 15vo-26vo.

Greban (Simon), « Epitaphes de Charles VII de France », p.p. S.C. Aston, *Studies in Medieval Literature in Honor of A.C. Brough*, University of Pennsylvania Press, 1961, p. 299-344.

Gregorio da Città di Castello (Tiphernas Gregorius), *Opuscula*, Venetii, B. Venetum, 1498.

Grosnet (Pierre), « De la Louange et Excellence des Bons Facteurs qui ont composé en Rime tant deça que dela les Montz », ds. Collerye (Roger de), *Roger de Collerye et ses poésies dolentes, grivoises et satiriques*, p.p. F. Lachèvre, Paris, 1942.

Guillaume de Digulleville, *Pèlerinage de Vie Humaine*, p.p. J.J. Stürzinger, London, 1893.

Guillaume de Lorris/Jean de Meun, *Roman de la Rose*, p.p. F. Lecoy, Paris, 1966-70, 3 vol.

Guillaume de Machaut, « Prologue », ds. *Œuvres*, p.p. E. Hoepffner, Paris, 1908, vol. I/p. 1-12.

Hauteville (Pierre de), « Testament du Chevalier Oultré d'Amours », voir : *Jardin de Plaisance*.

Hélinand de Froimont, *Les Vers de la Mort*, p.p. Fr. Wulff/Em. Walberg,

Paris, 1905.

Isidore de Séville, *Etymologiarum sive Originum Libri XX*, p.p. W.M. Lindsay, Oxford, 1911, 2 vol.

Jardin de Plaisance et Fleur de Rhétorique, p.p. E. Droz/A. Piaget, Paris, 1910, 2 vol.

Jean de Condé, *La Messe des Oiseaux et le Dit des Jacobins et des Fremeneurs*, p.p. J. Ribard, Genève/Paris, 1970.

Jean de Condé, voir : Baudouin de Condé.

Jean de Courcy, « Le Chemin de Vaillance », édition partielle et résumé par A. Piaget, *Romania* 27 (1898) 582-607.

Jean de Meun, voir : Guillaume de Lorris.

Juvénal des Ursins (Jean), *Histoire de Charles VI*, Paris, A. Pacard, 1614.

La Marche (Olivier de), *Le Chevalier Délibéré*, Paris, J. Trepperel. 1500, in-4°.

La Marche (Olivier de), « Le Chevalier Délibéré », voir : *Recueil de pièces historiques imprimées sous le règne de Louis XI reproduites en facsimilé.*

La Marche, (Olivier de), *Le Triumphe des Dames*, p.p. J. Kalbfleisch, Berne, 1901.

La Sale (Antoine de), *Jehan de Saintré*, p.p. J. Mirashi/Ch.A. Knudson, Genève, 1967.

Latini (Brunetto), *Li Livres dou Tresor*, p.p. F.J. Carmody, Berkeley/Los Angeles, 1948.

Le Franc (Martin), *Le Champion des Dames*, ms. B.N. fonds fr.12'476/fo. 1ro-150ro.

Le Franc (Martin), *L'Estrif de Fortune et de Vertu*, ms. B.N. 12'781/fo. 2ro-114vo.

Le Grand (Jacques), *L'Archiloge Sophie qui parle de l'Amour de Sapience*, ms. B.N. fonds fr. 24'232.

Le Maçon (André), *Le Décaméron*, p.p. F. Dillaye, Paris, 1882-84, 5 vol.

Lemaire de Belges (Jean), *La Plainte du Désiré*, p.p. D. Yabsley, Paris, 1932.

Lemaire de Belges (Jean), *La Concorde des deux Langages*, p.p. J. Frappier, Paris, 1947.

Lemaire de Belges (Jean), *Epîtres de l'Amant Vert*, p.p. J. Frappier, Genève/Lille, 1948.

Lemaire de Belges (Jean), *Le Temple d'Honneur et de Vertus*, p.p. H. Hornik, Genève/Paris, 1957.

Le Queux (Regnaud), *Barâtre Infernal*, ms. B.N. fonds fr. 450/fo. 1ro-128vo.

Lhermite (Jean), *Le Passetemps*, p.p. Ch. Ruelens, Genève, 1971, vol. I.

Die Liederhandschrift des Cardinal de Rohan, p.p. K. Löpelmann, Göttingen, 1923.

Le livre des proverbes français, p.p. M. Le Roux de Lincy, Paris, 1859, 2 vol.

Le Lyon Coronné (1467), p.p. K. Urwin, Genève/Paris, 1958.

Macrobe, *Comentarii in Somnium Scipionis*, p.p. J. Willis, Lipsia, 1963. (Nous avons aussi consulté deux éditions de l'époque : a) Venetiis, N. Jenson, 1472, in-fol. ; b) Venetiis, A. de Zannis, 1513, in-fol.).

Maillard (Olivier), *Sermones*, Lyon, S. Gueygnardi, 1503.

Marguerite de Navarre, *L'Heptaméron*, p.p. M. François, Paris, 1967.

Marot (Clément), *Œuvres complètes*, p.p. P. Jannet, Paris, 1876, vol. IV.

Marot (Clément), *L'Adolescence Clémentine*, p.p. V.L. Saulnier, Paris, 1958.

Marot (Clément), *L'Enfer, les coq-à-l'âne, les élégies*, p.p. C.A. Mayer, Paris, 1977.

Marot (Jean), *Œuvres*, Genève, Slatkine Reprints, 1970.

Martial d'Auvergne, *Les poésies de Martial de Paris*, Paris, A. Urbain Coustelier, 1724, 2 vol.

Martial d'Auvergne, *L'Amant rendu Cordelier à l'Observance d'Amours*, p.p. A. de Montaiglon, Paris, 1881.

Martial d'Auvergne, *Les Arrêts d'Amour de Martial d'Auvergne*, p.p. J. Rychner, Paris, 1951.

Martial d'Auvergne, *Matines de la Vierge*, p.p. Y. Le Hir, Genève/Paris, 1970.

Meschinot (Jean), *Les Lunettes des Princes*, p.p. Chr. Martineau-Génieys, Genève, 1972.

Michault (Pierre), *La Danse aux Aveugles*, Lille, A.J. Panckoucke, 1748.

Michault (Pierre), « Deux Complaintes sur la Mort de la Comtesse de Charrolois », voir : *La Danse aux Aveugles et autres poésies du 15ᵉ siècle*.

Michault (Pierre), *Le Doctrinal du Temps Présent*, p.p. Th. Walton, Paris, 1931.

Michault (Pierre), *Œuvres poétiques*, p.p. B. Folkart, Paris, 1980.

Miélot (Jean), « Die Sprichwörtersamnlung Jehan Mielot's », p.p. J. Ulrich, *Zeitschrift für französische Sprache une Literatur* 24 (1902) 191-99.

Milet (Jacques), voir : M.-R. Jung.

Le Mistère d'une Jeune Fille laquelle se voulut habandonner a Peché, p.p. L. et M. Locey, Genève, 1976.

Molinet (Jean), *Chroniques de Jean Molinet*, p.p. G. Doutrepont/ O. Jodogne, Bruxelles, 1935, 3 vol.

Molinet (Jean), *Les Faictz et Dictz de Jean Molinet*, p.p. N. Dupire, Paris, 1937, 3 vol.

Molinet (Jean), *Roman de la Rose moralisé*, ms. B.N. fonds fr. 24'393.

Montaigne, *Essais*, p.p. A. Micha, Paris, 1969, 3 vol.

Montgesoie (Amé de), « Les poèmes d'Amé de Montgesoie : le « Pas de la Mort » et la « Complainte sur la Mort d'Isabelle de Bourbon », p.p. Th. Walton, *Medium Aevum* 2 (1933) 1-33.

Montreuil (Jean de), *Opera I : Epistolario*, p.p. E. Ornato, Torino, 1963.

Nesson (Pierre de), *Pierre de Nesson et ses Œuvres*, p.p. A. Piaget/E. Droz, Paris, 1925.

Nesson (Pierre), « Le Testament de Maistre Pierre de Nesson » (=« Oroison à la Vierge »), voir : *La Danse aux Aveugles et autres poésies du 15ᵉ siècle*.

Nouveau recueil de fabliaux et contes inédits des poètes français des 12ᵉ, 13ᵉ, 14ᵉ et 15ᵉ siècles, p.p. M. Méon, Paris, 1823, 2 vol.

Oresme (Nicolas), « Maistre Nicolas Oresme : le Livre du Ciel et du Monde, Text and Commentary », p.p. A.D. Menut/A.J. Denomy, *Mediaeval Studies* 3 (1941) 189-280/4 (1942) 159-297.

La Pacience de Job, mystère anonyme du 15ᵉ siècle (ms. fr. 1774), p.p. A. Meiller, Paris, 1971.

Parnasse satyrique du 15ᵉ siècle, p.p. M. Schwob, Paris, 1905.

Peletier du Mans (Jacques), *L'Art Poétique (1555)*, p.p. A. Boulanger, Paris, 1930.

Petrarca (Francesco), *Le rime*, p.p. E. Bianchi, Firenze, 1965.

Petrarca (Francesco), *Prose*, p.p. G. Martellotti, Milano/Napoli, 1955.

Philippe de Navarre, *Les quatre Ages de l'Homme*, p.p. M. de Fréville, Paris, 1888.

Philippe de Thaün, *Le Bestiaire*, p.p. E. Walberg, Genève, 1970.

Premierfait (Laurent de), *Le Livre des cent Nouvelles*, Paris, A. Vérard, 1485, in-fol.

Premierfait (Laurent de), *Des Cas des Nobles Hommes et Femmes*, p.p. P.M. Gathercole, Chapel Hill, 1968.

Premierfait (Laurent de), *Livre de Vieillesse et le Livre de l'Amitié*, ms. B.N. fonds fr. 126/fo. 121ro-189vo.

Priscien, « Prisciani Grammatici Caesariensis Institutionum Grammaticarum Libri XVIII », ds. H. Keil, *Grammatici Latini*, Hildesheim, 1961, vol. II et III.

Le Prisonnier Desconforté du Château de Loches, p.p. P. Champion, Paris, 1908.

Les Proverbes au Comte de Bretaigne, Erlangen, Fr. Junge, 1892.

Proverbes français antérieurs au 15ᵉ siècle, p.p. J. Morawski, Paris, 1925.

Proverbes en Rimes, p.p. G. Frank/D. Miner, Baltimore, 1937.

Proverbes au Vilain, p.p. A. Tobler, Leipzig, 1895.

Recueil d'Arts de Seconde Rhétorique, p.p. E. Langlois, Genève, 1974.

Le Recueil du British Museum, éd. phototypique p.p. H. Lewicka, Genève, 1970.

Recueil de farces, moralités, sermons joyeux, etc., p.p. M. Le Roux de Lincy/F. Michel, Paris, 1831-37, 4 vol.

Recueil de farces, soties et moralités du 15ᵉ siècle, p.p. P.L. Jacob, Paris, 1859.

Recueil général et complet des fabliaux des 13ᵉ et 14ᵉ siècles, p.p. A. de Montaiglon/G. Raynaud, Paris, 1872, 6 vol.

Recueil général des sotties, p.p. E. Picot, Paris, 1910-12, 3 vol.

Recueil des pièces historiques imprimées sous le règne de Louis XI reproduites en fac-similé, p.p. E. Picot/H. Stein, Paris, 1923.

Recueil de poésies françoises des 15ᵉ et 16ᵉ siècles, p.p. A. de Montaiglon/ J. de Rothschild, Paris, 1870-78, 13 vol.

Recueil Trepperel : les sotties, p.p. E. Droz, Paris, 1935.

Recueil Trepperel : les farces, p.p. E. Droz/ H. Lewicka, Genève, 1961.

Regnier (Jean), *Les Fortunes et Adversitez de Jean Regnier*, p.p. E. Droz, Paris, 1923.

René d'Anjou, *Le Livre du Cœur d'Amours Espris*, ms. B.N. fonds fr. 23'399.

René d'Anjou, *Le Livre du Cuer d'Amours Espris*, p.p. S. Wharton, Paris, 1980.

Repues Franches, voir : Villon (François).

Robertet (Jean), *Œuvres*, p.p. M. Zsuppán, Genève/Paris, 1970.

Ronsard (Pierre de), *Œuvres complètes*, p.p. P. Laumonier, Paris, vol. IV et VII.

Rutebeuf, « Poèmes de l'Infortune », ds. *Œuvres complètes*, p.p. E. Faral/ J. Bastin, Paris, 1969, vol. I/p. 517-80.

Saint-Gelais (Octovien de), *Le Séjour d'Honneur,* p.p. J.A. James, Chapel Hill, 1977.

Saint-Gelais (Octovien de), *Le Séjour d'Honneur,* ms. B.N. fonds fr. 12'783/ fo. 2ro-170vo.

Sénèque des IIII. Vertus : la FORMULA HONESTAE VITAE de Martin de Braga (pseudo-Sénèque) traduite et glosée par Jean Courtecuisse (1403), étude et édition par H. Haselbach, Berne/Frankfurt a.M., 1975.

Taillevent (Michault), « Two Poems of Michault Taillevent : « Le Congié d'Amours » and « La Bien Allée », p.p. W.H. Rice, *Modern Philology* 42 (1944) 1-8.

Taillevent (Michault), *Le poète Michault Le Caron, dit Taillevent,* édition et étude par M. Duchein, Paris, 1949, 2 vol. (thèse dactylographiée de l'Ecole des Chartes).

Taillevent (Michault), « Deux poèmes sur la chevalerie : le « Breviaire des Nobles « d'Alain Chartier et le « Psautier des Vilains » de Michault Taillevent », p.p. W.H. Rice, *Romania* 75 (1954) 54-97.

Taillevent (Michault), « A Fifteenth-Century Morality Play : Michault Taillevent's « Moralité du Povre Commun », p.p. J.H. Watkins, *French Studies* 8 (1954) 207-32.

Taillevent (Michault), *Un poète bourguignon du 15e siècle : Michault Taillevent (édition et étude),* p.p. R. Deschaux, Genève, 1975.

Tardif (Guillaume), *Grammatica Tardivi,* s.l.n.d., in-4°.

« Testaments enregistrés au Parlement de Paris sous le règne de Charles VI », ds. *Mélanges historiques,* p.p. A. Tuetey, Paris, 1880, vol. III/ p. 271-704.

Testaments de l'Officialité de Besançon, 1265-1500, p.p. U. Robert, Paris, 1907, 2 vol.

Thomas III de Saluces, voir : Gorra (E.).

Tory (Geoffroy), *Champ Fleury ou l'Art et Science de la Proportion des Lettres,* reproduction phototypique de l'édition princeps de 1529, Paris, Ch. Bosse, 1931.

Veterator, voir : Frunz (W.).

Villon (François), *Œuvres complètes,* p.p. P.L. Jacob, Paris, 1854. (Contient aussi les *Repeues Franches,* le *Monologue du Franc Archier de Baignollet,* le *Dialogue de Messieurs de Mallepaye et Baillevant*).

Villon (François), *Œuvres,* édition et commentaire p. L. Thuasne, Paris, 1923, 3 vol.

Villon (François), *Œuvres,* traduction et commentaire p. A. Lanly, Paris, 1969, 2 vol.

Villon (François), *Ballades en jargon,* édition et traduction par A. Lanly, Paris, 1971.

Villon (François), *Œuvres,* p.p. R. van Deyck/R. Zwaenepoel, Saint-Aquilin-sur-Pacy, 1974, 2 vol.

Villon (François), *Le Testament Villon,* édition et commentaire par A. Henry/J. Rychner, Genève, 1974, 2 vol.

Villon (François), *Le Lais Villon et les poèmes variés,* édition et commentaire p. A. Henry/J. Rychner, Genève, 1977, 2 vol.

Vincent de Beauvais, *Speculum Doctrinale,* Argentinae, A. Rusch, 1477-1478, in-fol.

Vincent de Beauvais, *Speculum Naturale,* Argentinae, A. Rusch, 1478 (?),

2 vol., in-fol.

Vorillon (Guillaume de), « The " Liber de Anima " of Guillaume of Vorillon », p.p. J. Brady, *Mediaeval Studies* 10 (1948) 225-297/11 (1949) 247-307.

Zaffarino da Firenze, voir : Levi (E.).

6.3.2. *Etudes critiques*

Alter (J. V.), *Les origines de la satire anti-bourgeoise en France*, Genève, 1966.

Antoni (A. M.)/Lapucci (C.), *I proverbi dei mesi*, Bologna, 1975.

Apel (K. O.), *Die Idee der Sprache des Humanismus von Dante bis Vico*, Bonn, 1963.

Arbusow (L.), *Colores rhetorici*, Göttingen, 1948.

Arnould (E. J.), *Le « Manuel des Péchés »* (13e siècle), Paris, 1940.

Aubailly (J.-C.), *Le théâtre médiéval*, Paris, 1975.

Aubailly (J.-C.), *Le monologue, le dialogue et la sotie*, Paris, 1976.

Auerbach (E.), *Literatursprache und Publikum in der lateinischen Spätantike und im Mittelalter*, Bern, 1968.

Auerbach (E.), « Madame du Chastel », ds. *Mimésis*, trad. frç. par C. Heim, Paris, 1977.

Bächtold-Stäuble (H.), *Handwörterbuch des deutschen Aberglaubens*, Berlin, 1927-42, 10 vol.

Bakhtine (M.), *L'Œuvre de Rabelais et la culture populaire au moyen âge et à la Renaissance*, Paris, 1973.

Bambeck (M.), « Aus alter Form zu neuem Leben. Versuch einer Deutung der Dichtung Jean Lemaires de Belges », *Zeitschrift für französische Sprache und Literatur* 68 (1958) 1-42.

Barthes (R.), « L'Effet de réel », *Communications* 11 (1969) 84-89.

Batany (J.), *Approches du « Roman de la Rose »*, Paris, 1973.

Beltràn (E.), « Un passage du " Sophilogium " emprunté par Michault dans le " Doctrinal " », *Romania* 96 (1975) 405-12.

Bennett (H. S.), « The Author and his Public in the Fourteenth and Fifteenth Centuries », *Essays and Studies by Members of the English Association* 23 (1938) 7-24.

Bergweiler (U.), *Die Allegorie im Werk von Jean Lemaire des Belges*, Genève, 1976.

Birge-Vitz (E.), *The Crossroad of Intentions*, La Haye/Paris, 1974.

Il Boccaccio nella cultura francese, p.p. C. Pellegrini, Firenze, 1971.

Boccace en France : de l'humanisme à l'érotisme, Paris, Bibliothèque Nationale, 1975.

Bonno (Abbé A.), *La Collégiale Royale de Saint-Martin de Champeaux*, Provins, s.d.

Boutet (D.)/Strubel (A.), *La littérature française au moyen-âge*, Paris, 1978.

Bowen (B.C.), *Les caractéristiques essentielles de la farce française et leur survivance dans les années 1550-1620*, Urbana, 1964.

Bowen (B.C.), « Rabelais and the Comedy of Spoken Word », *Modern Language Review* 63 (1968) 575-80.

Brockmeier (P.), *François Villon*, Stuttgart, 1977.

Brunelli (G. A.), « Le formule conclusive nel teatro del XV-XVI secolo e la conclusione del " Testament " di Villon », ds. *Saggi critici da Villon a Molière*, Messina, 1967, p. 11-28.

Brunelli (G. A.), *François Villon*, Messina, 1975.

Brunet (G.), *La France littéraire au 15ᵉ siècle ou Catalogue raisonné des ouvrages de tout genre imprimés en langue française jusqu'à l'an 1500*, Paris, 1865.

Bruppacher (H.), *Die Beurteilung der Armut im Alten Testament*, Zürich, 1924.

Burger (A.), « L'Entroubli de Villon », *Romania* 79 (1958) 485-95.

Burger (A.), *Lexique complet de la langue de Villon*, Genève, 1974.

Buridant (C.), « Nature et fonction des proverbes dans les Jeu-Partis », *Revue des Sciences Humaines* 161 (1976) 377-418.

Butor (M.), « La prosodie de Villon », ds. *Répertoire IV*, Paris, 1974, p. 97-119.

Calin (W.), « Observations on Point of View and the Poet's Voice in Villon », *Esprit Créateur* 7 (1967/3) 180-87.

Campeaux (A.), *François Villon, sa vie et ses œuvres*, Paris, 1859.

Cecchetti (D.), « L'Elogio delle arti liberali nel primo Umanesimo francese », *Studi Francesi* 28 (1966) 1-14.

Cecchetti (D.), *Il petrarchismo in Francia*, Torino, 1970.

Cerquiglini (J. et B.), « L'Ecriture proverbiale », *Revue des Sciences Humaines* 161 (1976) 359-75.

Champion (P.), *François Villon, sa vie et son temps*, Paris, 1913, 2 vol.

Champion (P.), *Histoire poétique du 15ᵉ siècle*, Paris, 1966, 2 vol.

Charland (Th.-M.), *Artes praedicandi, contribution à l'histoire de la rhétorique au moyen âge*, Paris, 1936.

Chatelain (H.), *Recherches sur le vers français au 15ᵉ siècle*, Paris, 1908.

Cigada (S.), *L'Opera poetica di Charles d'Orléans*, Milano, 1960.

Cigada (S.), « Introduzione alla poesia di Octovien de Saint-Gelais », *Aevum* 39 (1965) 244-65.

Cigada (S.), *L'Attività letteraria e i valori poetici di Jean Marot*, Milano, 1967.

Cigada (S.), « Due studi su Villon », *Contributi dell'Istituto di Filologia Moderna; Serie Francese* 7 (1972) 1-49.

Commeaux (Ch.), *La vie quotidienne en Bourgogne au temps des ducs de Valois (1364-1477)*, Paris, 1979.

Cosenza (M. E.), *Biographical and Bibliographical Dictionary of the Italian Humanist and of the World of Classical Scholarship in Italy, 1300-1800*, Boston (Mass.), 1962, 5 vol.

Curtius (E.R.), « Mittelalterliche Literaturtheorien », *Zeitschrift für Romanische Philologie* 62 (1942) 417-91.

Curtius (E. R.), *Europäische Literatur und lateinisches Mittelalter*, Bern, 1948.

Dällenbach (L.), « Intertexte et autotexte », *Poétique* 27 (1976) 282-96.

Demarolle (P.), *L'Esprit de Villon. Etude de style*, Paris, 1968.

Demarolle (P.), *Villon, un testament ambigu*, Paris, 1973.

Demarolle (P.), « Les voyages de François Villon », ds. *Voyage, quête, pèlerinage dans la littérature et la civilisation médiévales*, (CUERMA,

Université de Provence), Paris, 1976, p. 125-37.

Deroy (J.), *François Villon, coquillard et auteur dramatique*, Paris, 1977.

Deschaux (R.), voir : Taillevent (Michault).

Deschaux (R.), « La découverte de la montagne par deux écrivains français du 15ᵉ siècle », ds. *Voyage, quête et pèlerinage dans la littérature et la civilisation médiévales*, (CUERMA, Université de Provence), Paris, 1976, p. 61-71.

Di Capua (F.), *Sentenze e proverbi nella tecnica oratoria e la loro influenza sull'arte del periodare*, Napoli, 1946.

Di Stefano (G.), « Ricerche su Nicolas de Gonesse », *Studi Francesi* 26 (1965) 201-21.

Dobiache-Rojdesvensky (O.), *Les poésies des goliards*, Paris, 1931.

Doutrepont (G.), *La littérature française à la cour des ducs de Bourgogne*, Paris, 1909.

Dragonetti (R.), « La conception du langage poétique dans le " De Vulgari Eloquentia " de Dante », *Romanica Gandensia* 9 (1961) 9-77.

Dragonetti (R.), « Lorsque l' " escollier Françoys " teste et proteste », *Lingua e Stile* 5 (1970) 387-407.

Du Bruck (E.), « Villon's Two Pleas for Absolution », *Esprit Créateur* 7 (1967/3) 188-96.

Duchein (M.), voir : Taillevent (Michault).

Dufournet (J.), « Adam de La Halle et le " Jeu de la Feuillée " », *Romania* 86 (1965) 199-245.

Dufournet (J.), *Recherches sur le « Testament » de François Villon*, Paris, 1971, 2 vol.

Dufournet (J.), « Des jeux linguistiques sur les noms propres à l'interprétation du " Testament " de Villon », *Acta Litteraria Academiae Scientarum Hungaricae* 17 (1975) 335-54.

Dupire (N.), *Jean Molinet, la vie — les œuvres*, Paris, 1932.

Edelman (N.), *The Eye of the Beholder*, Baltimore/London, 1974.

Engelmann (J.), *Les testaments coutumiers au 15ᵉ siècle*, Vernier-Genève, Mégariotis Reprints, 1978.

Fehse (E.), « Sprichwort und Sentenz bei Eustache Deschamps und Dichtern seiner Zeit », *Romanische Forschungen* 19 (1905) 545-94.

Fox (J.), *The Poetry of Villon*, London, 1962.

Foulet (L.), « Villon et la scholastique », *Romania* 65 (1939) 457-77.

Franchet (H.), *Le poète et son œuvre d'après Ronsard*, Paris, 1923.

Frank (G.), « Proverbs in Medieval Literature », *Modern Language Notes* 58 (1943) 508-15.

Frappier (J.), « Pour le commentaire de Villon, « Testament », vv. 751-752 », *Romania* 80 (1959) 191-207.

Frappier (J.), « L'Epître à ses amis », *Romania* 87 (1966) 379-84.

Frappier (J.), « Paris dans la poésie de François Villon », *Romance Philology* 22 (1968) 396-407.

Frunz (W.), « *Comedia Nova que Veterator inscribitur alias Pathelinus ex Peculiari Lingua in Romanum traducta Eloquium* » : *Die neulateinische Bearbeitung des « Maistre Pierre Pathelin »*, Zürich (Diss.), 1977.

Fubini (M.), *Entstehung und Geschichte der literarischen Gattungen*, trad. en allemand par U. Vogt, Tübingen, 1971.

Garapon (R.), *La fantaisie verbale et le comique dans le théâtre français*, Paris, 1957.

Genette (G.), « Discours du récit », ds. *Figures III*, Paris, 1972, p. 67-273.

Gerhardt (M. I.), *La pastorale, essai d'analyse littéraire*, Assen, 1950.

Gilson (E.), « De la Bible à François Villon », ds. *Les idées et les lettres*, Paris, 1955, p. 9-27.

Giraud (Y.)/Jung (M.-R.), *Littérature française. La Renaissance, I : 1480-1548*, Paris, 1972.

Glasser (R.), « Abstractum agens und Allegorie im älteren Französisch », *Zeitschrift für Romanische Philologie* 69 (1953) 43-122.

Goglin (J.-L.), *Les misérables dans l'Occident médiéval*, Paris, 1976.

Gompertz (S.), « Le voyage allégorique chez Christine de Pisan », ds. *Voyage, quête et pèlerinage dans la littérature et la civilisation médiévales*, (CUERMA), Université de Provence), Paris, 1976, p. 195-208.

Gonthier (N.), « Les hôpitaux et les pauvres à la fin du Moyen Age : l'exemple de Lyon », *Le Moyen Age* 84 (1978/2) 279-308.

Gorra (E.), « Il Cavaliere Errante di Tommaso III di Saluzzo », ds. *Studi di critica letteraria*, Bologna, 1892, p. 3-110.

Goth (B.), *Untersuchungen zur Gattungsgeschichte der Sottie*, München, 1967.

Gothot-Mersch (C.), « Sur l'unité du " Testament " de Villon », ds. *Mélanges (...) R. Lejeune*, Gembloux, 1969, vol. II/p. 1411-26.

Grabmann (M.), *Die Geschichte der scholastischen Methode*, Freiburg im Breisgau, 1911, 2 vol.

Greimas (A. J.), « Idiotismes, proverbes, dictons », *Cahiers de Lexicologie* 2 (1960) 41-61.

Gröber (G.), *Geschichte der mittelfranzösischen Literatur*, Berlin/Leipzig, 1933, 3 vol.

Guiette (R.), *Forme et senefiance*, études recueillies par J. Dufournet/M. De Grève/H. Braet, Genève, 1978.

Guiraud (P.), *Le « Testament » de Villon ou le gai savoir de la Basoche*, Paris, 1970.

Guy (H.), « L'Ecole des Rhétoriqueurs », ds. *Histoire de la poésie française au 16ᵉ siècle*, Paris, 1910, vol. I.

Harvey (H. G.), *The Theatre of the Basoche*, New York, Klaus Reprints, 1969.

Hausen (A.), *Hiob in der französischen Literatur*, Bern/Frankfurt a.M., 1972.

Heft (D.), *Proverbs and 'Sentences' in Fifteenth-Century French Poetry*, (University Microfilms International), Michigan, 1941.

Heger (H.), *Die Melancholie bei den französischen Lyrikern des Spätmittelalters*, Romanisches Seminar der Universität Bonn, 1967.

Heinimann (S.), *Das Abstraktum in der französischen Literatursprache des Mittelalters*, Bern, 1963.

Helmich (W.), *Die Allegorie im französischen Theater des 15. und des 16. Jahrhunderts*, Tübingen, 1976.

Hopper (V. F.), *Medieval Number Symbolism ; its Sources, Meaning and Influence on Thought and Expression*, New York, 1938.

Huizinga (J.), *L'Automne du Moyen Age*, trad. p. J. Bastin, Paris, 1980.

Humanism in France at the End of the Middle Ages and in the Early Re-

naissance, p.p. A.H.T. Levi, New York, 1970.

Imbs (P.), « Notes sur quelques huitains du « Testament de Villon », *Travaux de Linguistique et de Littérature* 16 (1978) 229-40.

Jakobson (R.), « Linguistique et poétique », ds. *Essais de linguistique générale,* Paris, 1963, p. 209-48.

Jauss (H. R.), *Literaturgeschichte als Provokation der Literaturwissenschaft,* Konstanz, 1967.

Jauss (H. R.), « Ernst und Scherz in mittelalterlicher Allegorie », ds. *Mélanges (...) J. Frappier,* Genève, 1970, vol. I/p. 433-52.

Jauss (H. R.), « Theorie der Gattungen und Literatur des Mittelalters », ds. *Grundriss der romanischen Literaturen des Mittelalters,* Heidelberg, 1972, vol. I/p. 107-38.

Jodogne (O.), « La ballade dialoguée dans la littérature française médiévale », ds. *Mélanges (...) R. Guiette,* Anvers, 1961, p. 71-85.

Jodogne (O.), « La structure des mystères français », *Revue Belge de Philologie & d'Histoire* 42 (1964/3) 827-42.

Jodogne (P.), « Structure et technique descriptive dans le " Temple d'Honneur et de Vertus " de Jean Lemaire de Belges ", *Studi Francesi* 10 (1966) 269-78.

Jodogne (P.), *Jean Lemaire de Belges écrivain franco-bourguignon,* Bruxelles, 1972.

Jonen (G.A.), *Allegorie und späthofische Dichtung in Frankreich,* München, 1974.

Joukovsky-Micha (F.), « La mythologie dans les poèmes de Jean Molinet », *Romance Philology* 21 (1967) 286-302.

Joukovsky-Micha (F.), *La gloire dans la poésie française et néolatine du 15ᵉ siècle,* Genève, 1969.

Jung (M.-R.), « Poetria. Zur Dichtungstheorie des ausgehenden Mittelalters », *Vox Romanica* 30 (1971) 44-64.

Jung (M.-R.), *Etudes sur le poème allégorique en France au moyen âge,* Berne, 1971.

Jung (M.-R.), « Jean de Meun et l'allégorie », *Cahiers de l'Association Internationale des Etudes Françaises* 28 (1976) 21-36.

Jung (M.-R.), « Jacques Milet et son Epitre épilogative », *Travaux de Linguistique et de Littérature* 16 (1978) 21-36.

Jung (M.-R.), « L'Alexandrin au 15ᵉ siècle », ds. *Orbis Mediaevalis : Mélanges (...) offerts à R. R. Bezzola,* Berne, 1978.

Kerdaniel (L. de), *Un rhétoriqueur : André de La Vigne,* Paris, 1919.

Klinger (Chr.), *Godefredi de Traiecto Grammaticale,* (étude et édition), Düsseldorf, 1973.

Kuhn (D.), *La poétique de François Villon,* Paris, 1967.

Lacy (N. J.), « Villon in his Work. The " Testament " and the Problem of Personal Poetry », *Esprit Créateur* 18 (1978) 60-69.

Langlois (E.), « Anciens proverbes français », *Bibliothèque de l'Ecole des Chartes* 60 (1899) 569-601.

Larmat (J.), *Le moyen âge dans le « Gargantua » de Rabelais,* Paris, 1973.

Lausberg (H.), *Handbuch der literarischen Rhetorik,* München, 1960, 2 vol.

Lebègue (R.), *Etudes sur le théâtre français,* Paris, 1977.

Lee (Ch.), « Le convenzioni della parodia », ds. *Prospettive sui fabliaux,* Padova, 1976, p. 3-41.

Le Gentil (P.), « Réflexions sur la création littéraire au moyen âge », *Cultura Neolatina* 20 (1960) 129-40.

Le Gentil (P.), *Villon*, Paris, 1967.

Le Gentil (P.), « Villon, " Lais ", vv. 281-304 », ds. *Mélanges (...) J. Frappier*, Genève, 1970, vol. II/p. 611-17.

Le Goff (J.), *La civilisation de l'Occident médiéval*, Paris, 1967.

Lejeune (R.), « Le vocabulaire juridique de " Pathelin " et la personnalité de l'auteur », ds. *Mélanges (...) R. Guiette*, Anvers, 1961, p. 185-94.

Lejeune (R.), « Pour quel public la farce de Pathelin a-t-elle été rédigée ? », *Romania* 82 (1961) 482-521.

Levi (E.), *Poesia di popolo e poesia di corte nel Trecento*, Livorno, 1915.

Lewicka (H.), *La langue et le style du théâtre comique français des 15ᵉ et 16ᵉ siècles*, Paris, 1960/1968, 2 vol.

Lewicka (H.), *Etudes sur l'ancienne farce française*, Paris, 1974.

Luisa de Malkiel (M. R.), *L'Idée de la gloire dans la tradition occidentale*, Munich/Paris, 1968.

Mâle (E.), *L'Art religieux de la fin du moyen âge en France*, Paris, 1949.

Mann (N.), « La fortune de Pétrarque en France : Recherches sur le " De Remediis " », *Studi Francesi* 37 (1969) 1-15.

Mann (N.), « Pierre Flamenc, admirateur de Pétrarque », *Romania* 91 (1970) 491-520.

Marrone (N.), *Il « Somnium Scipionis » ciceroniano nell'esegesi di Macrobio*, Torino, 1970.

Martineau-Génieys (Ch.), *Le thème de la mort dans la poésie française de 1450 à 1550*, Paris, 1978.

Mela (C.), « Je, Françoys Villon... », ds. *Mélanges (...) J. Frappier*, Genève, 1970, vol. II/p. 775-96.

Menage (R.), « Le voyage délibéré du Chevalier de La Marche », ds. *Voyage, quête, pèlerinage dans la littérature et la civilisation médiévales*, (CUERMA, Université de Provence), Paris, 1976, p. 209-19.

Menage (R.), « Deux poètes en prison : Maître Jean Regnier et le prisonnier desconforté de Loches », *Sénéfiance* 5 (1978), (« Exclus et systèmes d'exclusion dans la littérature et la civilisation médiévales »), p. 239-249.

Ménard (Ph.), « Le sens du " Jeu de la Feuillée " », *Travaux de Linguistique et de Littérature* 16 (1978) 381-393.

Meschonnic (H.), « Les proverbes, actes du discours », *Revue des Sciences Humaines* 161 (1976) 419-30.

Mieder (W.), *Proverbs in Literature : an International Bibliography*, Bern/Frankfurt a.M./Las Vegas, 1978.

Molinier (H.-J.), *Essai biographique et littéraire sur Octovien de Saint-Gelays*, Paris, 1910.

Mombello (G.), « Per la fortuna del Boccaccio in Francia. Jean Miélot traduttore di due capitoli della " Genealogia " », ds. *Studi sul Boccaccio*, Firenze, 1963, vol. I/p. 415-44.

Morawski (J.), « Anciens proverbes français », *Romania* 48 (1922) 481-558.

Mourin (L.), *Jean Gerson, prédicateur français*, Bruges, 1952.

Murphy (J. J.), *Three Medieval Rhetorical Arts*, Berkeley, 1971.

Nolting-Hauff (J.), « Selbsterkenntnis und Selbstironie in Villon's " Testament " », *Poetica* 2 (1968) 178-95.

Nykrog (P.), *Les fabliaux,* Genève, 1973.

Ornato (E.), « La prima fortuna del Petrarca in Francia », *Studi Francesi* 5 (1961) 201-17/401-14.

Ouy (G.), « Paris, l'un des prnicipaux foyers de l'humanisme en Europe au début du 15ᵉ siècle », *Bulletin de la Société de l'Histoire de Paris et de l'Ile-de-France* a. 94-95 (1967-1968 [1970]) 71-98.

Paioni (P.), « I proverbi di Villon (appunti) », *Studi Urbinati di Storia, Filosofia e Letteratura* 45 (1971) 1131-1136h.

Paquet (J.), « Recherches sur l'universitaire " pauvre " au Moyen Age », *Revue Belge de Philologie et d'Histoire* 56 (1978/2) 301-53.

Parfondry (M.), « Apropos d'une ballade de Villon : « Je meurs de seuf auprès de la fontaine », ds. *Mélanges* (...) *R. Lejeune,* Gembloux, 1969, vol. II/p. 1453-67.

Pascal (F.), voir : Chastellain (Pierre).

Patch (H. R.), *The Goddess Fortuna in Medieval Literature,* London, 1967.

Petit-Morphy (O.), *François Villon et la scholastique,* Paris, 1977, 2 vol.

Piaget (A.), « Pierre Michault et Michault Taillevent », *Romania* 18 (1889) 439-52/644-45.

Piaget (A.), « Le " Temps Recouvré ", poème de Pierre Chastellain, composé à Rome en 1451 », ds. *Atti del Congresso Internazionale di Scienze Storiche,* Roma, 1904, vol. IV/p. 37-44.

Poirion (D.), *Le poète et le prince. L'évolution du lyrisme courtois de Guillaume de Machaut à Charles d'Orléans,* Paris, 1965.

Poirion (D.), « Opposition et composition dans le " Testament " de Villon », *Esprit Créateur* 7 (1967/3) 170-79.

Poirion (D.), *Littérature française. Le Moyen Age II : 1300-1480,* Paris, 1971.

Poirion (D.), « L'Allégorie dans le " Livre du Cuer d'Amours Espris " de René d'Anjou », *Travaux de Linguistique et de Littérature* 9 (1971/2) 51-64.

Poirion (D.), « Lectures de la " Belle Dame sans Mercy " », ds. *Mélanges* (...) *P. Le Gentil,* Paris, 1973, p. 691-705.

Poirion (D.), « L'Enfance d'un poète : François Villon et son personnage », ds. *Mélanges* (...) *J. Lods ; du Moyen Age au 20ᵉ siècle,* Paris, 1978, vol. I/p. 517-29.

Poirion (D.), « Ecriture et ré-écriture au Moyen Age », *Littérature* 41 (1981) 109-18.

Rattunde (E.), *Li Proverbes au Vilain,* Heidelberg, 1966.

Raynaud de Lage (G.), « Natura et Genius chez Jean de Meung et chez Jean Lemaire de Belges », *Moyen Age* 7 (1952) 125-43.

Réau (L.), *Iconographie de l'art chrétien,* Paris, 1955, 2 vol.

Regalado (N. F.), « Two Poets of the Medieval City », *Yale French Studies* 32 (1964) 12-21.

Renaudet (A.), *Préréforme et humanisme à Paris pendant les premières guerres d'Italie (1494-1517),* Paris, 1916.

Rey-Flaud (H.), *Le cercle magique,* Paris, 1973.

Rice (W. H.), *The European Ancestry of Villon's Satirical Testaments,* New York, 1941.

Röhrich (L.), « Sprichwörtliche Redensarten in bildlichen Zeugnissen », ds. *Ergebnisse der Sprichwörterforschung,* p.p. W. Mieder, Bern/Frankfurt a.M./Las Vegas, 1978, p. 87-104.

Romanovski (S.), « L'Unité du " Testament " de Villon », *Les Lettres Romanes* 22 (1968) 228-38.

Rossi (P.), « Immagini e memoria locale nei secoli XIV e XV », *Rivista Critica di Storia della Filosofia* 13 (1958) fasc. II/148-90.

Rossmann (V. R.), *Perspectives of Irony in Medieval French Literature*, The Hague, 1975.

Rossmann (V. R.), *François Villon, les concepts médiévaux du testament*, Paris, 1976.

Roth (F.), *Pieter Brueghel der Aeltere : Die niederländischen Sprichwörter*, Stuttgart, 1960.

Rousse (M.), « L'Allégorie dans la farce de « La Pipée », *Cahiers de l'Association Internationale des Etudes Françaises* 28 (1976) 37-50.

Rousse (M.), « Rutebeuf : mariage et folie », (à paraître).

Rouy (F.), *L'Esthétique du traité moral d'après les œuvres d'Alain Chartier*, Genève, 1980.

Rychner (J.), *La littérature et les mœurs chevaleresques à la cour de Bourgogne*, Neuchâtel, 1950.

Rychner (J.), « Or est vray... », ds. *Mélanges (...) A. Henry* (= Travaux de Linguistique et de Littérature 8/1), Paris, 1970, 265-75.

Saccaro (A. P.), *Französischer Humanismus des 14. und 15. Jahrhunderts*, München, 1975.

Sapegno (N.), *Il Trecento*, Milano, 1973.

Sasaki (S.), *Sur le thème de « Nonchaloir » dans la poésie de Charles d'Orléans*, Paris, 1974.

Saulnier (V.-L.), « Proverbe et paradoxe du 15ᵉ au 16ᵉ siècle. Un aspect majeur de l'antithèse : Moyen Age — Renaissance », ds. *Pensée humaniste et tradition chrétienne aux 15ᵉ et 16ᵉ siècles*, Paris, 1950, p. 87-104.

Schmarje (S.), *Das sprichwörtliche Material in den Essais von Montaigne*, Berlin, 1973, 2 vol.

Schmaus (M.), *Die psychologische Trinitätslehre des hl. Augustinus*, Münster, 1927.

Schmidt (A. M.), *14ᵉ et 15ᵉ siècles français. Les sources de l'humanisme*, Paris, 1964.

Schmidt-Hidding (W.), « Sprichwörtliche Redensarten. Abgrenzungen — Aufgaben der Forschung », ds. *Ergebnisse der Sprichwörterforschung*, p.p. W. Mieder, Bern/Frankfurt a.M./Las Vegas, 1978.

Schulze-Busacker (E.), « Proverbes et expressions proverbiales dans les fabliaux », *Marche Romane* 28 (1978) 163-74.

Shapley (C. S.), *Studies in French Poetry of the Fifteenth Century*, The Hague, 1970.

Siciliano (I.), *François Villon et les thèmes poétiques du moyen-âge*, Paris, 1934.

Simone (F.), « Guillaume Fichet, retore e umanista », *Memorie della R. Accademia delle Scienze di Torino*, serie 2a, 69/II (1939) 103-144.

Simone (F.), « R. Gaguin e il suo cenacolo umanistico », *Aevum* 13 (1939) 410-76.

Simone (F.), « La scuola dei " Rhétoriqueurs " », *Belfagor* 4 (1949) 529-52.

Simone (F.), *Il Rinascimento francese : studi e ricerche*, Torino, 1965.

Simone (F.), *Miscellanea di studi sul Quattrocento francese*, Torino, 1967.

Simone (F.), « La présence de Boccace dans la culture française du 15ᵉ siècle », *Journal of Medieval and Renaissance Studies* 1 (1971) 17-32.

Spitzer (L.), « Note on the Poetic and Empirical « I » in Medieval Authors », ds. *Romanische Literaturstudien*, Tübingen, 1959, p. 100-12.

Spitzer (L.), « Etude a-historique d'un texte : " Ballade des dames du temps jadis " », ds. *Romanische Literaturstudien*, Tübingen, 1959, p. 113-29.

Stiennon (J.), *Paléographie du Moyen Age*, Paris, 1973.

Strelka (J.), *Der burgundische Renaissancehof Margarethes von Oesterreich und seine literaturhistorische Bedeutung*, Wien, 1957.

Suchomski (J.), « *Delectatio* » und « *Utilitas* » : *ein Beitrag zum Verständnis mittelalterlicher komischer Literatur*, Bern, 1975.

Süpek (O.), « L'Entroubli de Villon », *Annales Universitatis Scientiarum Budapestinensis. Sectio Philologia Moderna* 4 (1973) 91-100.

Telle (E. V.), « Le témoignage de Guillaume Budé sur Villon », *BHR* 28 (1966) 668-69.

Terdiman (T.), « The Structure of Villon's " Testament " », *Publications of the Modern Language Association of America* 82 (1967) 622-33.

Thiry (C.), *La plainte funèbre*, (Typologie des sources du moyen âge occidental, fascicule 30), Turnhout : Brepols, 1978.

Thoss (D.), *Studien zum Locus Amoenus im Mittelalter*, Wien/Stuttgart, 1972.

Todorov (T.), *Poétique*, Paris, 1968.

Togeby (K.), « La structure des deux testaments de Villon », *Travaux de Linguistique et de Littérature* 8 (1970/1) 315-23.

Trenel (J.), *L'Ancien Testament et la langue française du moyen âge (8ᵉ-15ᵉ siècle)*, Genève, Slatkine Reprints, 1968.

Tuve (R.), *Seasons and Months : Studies in a Tradition of Middle English Poetry*, Paris, 1933.

Tuve (R.), *Allegorical Imagery*, Princeton UP, 1960.

Tynianov (J.), « De l'évolution littéraire », ds. *Théorie de la littérature*, p.p. T. Todorov, Paris, 1965, p. 120-37.

Uitty (K. D.), « A Note on Villon's Poetics », *Romance Philology* 30 (1976/1) 187-92.

Urwin (K.), *Georges Chastelain, la vie, les œuvres*, Paris, 1937.

Valéry (P.), « Villon et Verlaine » ; « Questions de poésie », ds. *Œuvres*, p.p. J. Hytier, Paris, 1960, vol. I/p. 427-42 et 1280-93.

Vinaver (E.), *A la recherche d'une poétique médiévale*, Paris, 1970.

Watkins (J. H.), « Michault Taillevent — a " mise au point " », *Modern Language Review* 46 (1951) 361-67.

Welter (J.-Th.), *L'Exemplum dans la littérature religieuse et didactique du Moyen Age. La « Tabula Exemplorum secundum Ordinem Alphabeti »*, Genève, Slatkine Reprints, 1973 (orig. : 1927).

White (M.), « Petrarchism in the French Rondeau before 1527 », *French Studies* 22 (1968) 287-95.

Woledge (B.), « Le thème de la pauvreté dans la « Mutacion de Fortune » de Christine de Pisan », ds. *Mélanges (...) R. Guiette*, Anvers, 1961, p. 97-106.

Wolf (R. H.), *Der Stil der Rhétoriqueurs. Grundlagen und Grundformen*,

Giessen, 1939.

Zink (M.), « Séduire, endormir. Note sur les premiers vers d'un poème du 15ᵉ siècle », *Littérature* 23 (1976) 117-21.

Zink (M.), « Le ladre, de l'exil au Royaume. Comparaison entre les « Congés » de Jean Bodel et de Baude Fastoul », *Sénéfiance* 5 (1978) (« Exclus et systèmes d'exclusion dans la littérature et la civilisation médiévales ») 71-88.

Zinn-Bergkraut (E.), *Les « Douze Dames de Rhétorique »* ; *le Colloque et les Enseignes,* (Mémoire de Licence dactylographié), Université de Zurich, 1976.

Zoest (A. J. A. van), *Structures de deux testaments fictionnels,* La Haye/Paris, 1974.

Zsuppàn (C. M.), « An Early Example of the Renaissance Themes of Immortality and Divine Inspiration : the Work of Jean Robertet », *Studi Francesi* 28 (1966) 553-63.

Zumthor (P.)/Hessing (E.-G.)/Vijlbrief (R.), « Essai d'analyse des procédés fatrasiques », *Romania* 84 (1963) 145-70.

Zumthor (P.), « Roman » et « gothique », deux aspects de la poésie médiévale », ds. *Studi (...) I. Siciliano,* Firenze, 1966, vol. II/p. 1223-34.

Zumthor (P.), « L'Allégorie chez Charles d'Orléans », ds. *Mélanges (...) R. Lejeune,* Gembloux, 1969, vol. II/p. 1481-1502.

Zumthor (P.), « Entre deux esthétiques : Adam de La Halle », ds. *Mélanges (...) J. Frappier,* Genève, 1970, vol. II/p. 1155-71.

Zumthor (P.), *Essai de poétique médiévale,* Paris, 1972.

Zumthor (P.), « Les grands Rhétoriqueurs et le vers », *Langue Française* 23 (1974) 88-98.

Zumthor (P.), « Le grand " change " des rhétoriqueurs », ds. *Change de forme. Biologies et prosodies,* (Colloque de Cerisy), Paris, 1975, p. 191-218.

Zumthor (P.), *Langue, texte, énigme,* Paris, 1975.

Zumthor (P.), « Le carrefour des rhétoriqueurs. Intertextualité et rhétorique », *Poétique* 27 (1976) 317-37.

Zumthor (P.), « L'Epiphonème proverbial », *Revue des Sciences Humaines* 163 (1976/3) 313-28.

Zumthor (P.), *Le masque et la lumière. La poétique des grands rhétoriqueurs,* Paris, 1978.

Zurich, printemps 1981.

TABLE DES MATIERES

3 9001 01438 5754

ACHEVÉ D'IMPRIMER SUR
LES PRESSES DU PALAIS ROYAL
65, RUE SAINTE-ANNE, PARIS
JANVIER 1983
DEPOT LEGAL N° 9367

Groupement Economique France-Gutenberg